《中国阅读通史》编委会

主　编　　王余光

副主编　　徐　雁　刘洪权　熊　静

理论卷	王余光　汪　琴
先秦秦汉卷	先秦编／徐林祥　张立兵
	秦汉编／张　积
魏晋南北朝卷	何官峰
隋唐五代两宋卷	黄镇伟
辽西夏金元卷	王　龙
明代卷	王　龙
清代卷（上）	何官峰
清代卷（下）	王美英
民国卷	许　欢
图录卷	熊　静　黄镇伟　赵　晓　刘刈青

中国阅读通史

王余光 主编

清代卷（上）

何官峰 著

时代出版传媒股份有限公司
安徽教育出版社

图书在版编目（CIP）数据

中国阅读通史.清代卷.上/王余光主编；何官峰著.—合肥：安徽教育出版社，2017.12
ISBN 978-7-5336-8638-3

Ⅰ.①中… Ⅱ.①王…②何… Ⅲ.①阅读—文化史—中国—清代 Ⅳ.①G252—092

中国版本图书馆CIP数据核字（2017）第292461号

中国阅读通史·清代卷（上）
ZHONGGUO YUEDU TONGSHI·QINGDAI JUAN(SHANG)

出 版 人：郑　可
质量总监：武常春
策划编辑：刘洪权
责任编辑：魏晓玲　周大勤　章慧敏
装帧设计：袁　泉
技术编辑：陈善军

出版发行：时代出版传媒股份有限公司　安徽教育出版社
地　　址：合肥市经开区繁华大道西路398号　邮编：230601
网　　址：http://www.ahep.com.cn
营销电话：(0551)63683012，63683013
排　　版：安徽时代华印出版服务有限责任公司
印　　刷：安徽新华印刷股份有限公司

开　　本：710×1010　1/16
印　　张：20
字　　数：300千字
版　　次：2017年12月第1版　2017年12月第1次印刷
定　　价：135.00元

（如发现印装质量问题，影响阅读，请与本社营销部联系调换）

目 录

导言 ·· 1

第一章 清代前期的社会历史特征 ·· 3
第一节 历史变迁 ·· 3
第二节 文化政策 ·· 8
第三节 文化交流 ··· 15

第二章 清代前期的出版与阅读 ·· 21
第一节 清代前期的出版机构和编撰活动 ·································· 22
第二节 清代前期的出版物和读物 ·· 37
第三节 清代前期的图书流通渠道 ·· 61

第三章 清代前期的藏书与阅读 ·· 71
第一节 清代前期的藏书文化 ·· 71
第二节 清代前期的读书处 ··· 106

第四章 清代前期的教育和阅读 ··· 117
第一节 科举与阅读 ·· 118

第二节　官学 …………………………………………… 128
　　第三节　私学 …………………………………………… 135
　　第四节　书院 …………………………………………… 144
　　第五节　家训和劝读 …………………………………… 160

第五章　清代前期的阅读控制 ………………………………… 176
　　第一节　文字狱与阅读控制 …………………………… 176
　　第二节　禁毁图书与阅读的禁锢 ……………………… 191

第六章　清代前期的阅读精神 ………………………………… 207
　　第一节　护佑读书种子 ………………………………… 207
　　第二节　读书秋树根的勉学精神 ……………………… 215
　　第三节　笃志好学的读书精神 ………………………… 222
　　第四节　博学多闻的读书精神 ………………………… 228

第七章　清代前期的阅读思想与方法 ………………………… 237
　　第一节　阅读思想 ……………………………………… 237
　　第二节　推荐书目与阅读指导 ………………………… 287

主要参考书目 …………………………………………………… 291

索引 ……………………………………………………………… 304

导　言

　　清朝,正式国号为大清,是由女真族(满族)建立的一个专制统治王朝,统治者为建州女真的爱新觉罗氏。1616年,努尔哈赤在今中国东北地区建国称汗,史称"后金"。1636年,皇太极在盛京(今沈阳)称帝,定国号为"大清"。1644年,明末农民起义将领李自成攻占北京,建立大顺政权,明朝灭亡。同年,清军在吴三桂的引领下入关打败李自成,随后多尔衮迎顺治帝迁都北京,清朝入主中原。历经康熙、雍正和乾隆三帝,清朝的综合国力及经济文化逐步得到恢复和发展,史称"康雍乾盛世",是清朝发展的高峰时期。清朝中后期,政治体制僵化、文化专制、闭关锁国导致国力逐步衰退。1840年,中英鸦片战争爆发,中国历史从此转入近代。1911年,辛亥革命爆发,清朝统治瓦解。1912年2月12日,清帝被迫退位,清朝正式灭亡。清朝从后金时期算起,共经历12个皇帝,13个年号,历时296年;自入关并迁都北京算起,共经历10个皇帝,历时268年。

　　1840年,鸦片战争使中国社会性质发生了重大变化。为了便于反映这种变化,史学界一般将清代分为两个历史阶段,即以鸦片战争为断,分为清朝前期和清朝后期。本卷上溯可至1616年努尔哈赤建国,下限可到道光二十年(1840)鸦片战争爆发,即重点考察清代前期的阅读文化发展史。一个时代的阅读史就是一个时代的精神发育史,我们将回望:清代前期时人的精神发育是怎样的情形？他们读何书？如何读书？为什么读书？清代前期时人的阅读的心态是怎样的？"清风不识字,何故乱翻书"到底反映了当时怎样一种阅读的状态？如果从文字狱这个角度看过去,他们的阅读状况可谓非常糟糕,但历史详情到底是怎样的呢？我们不妨开始一段清代阅读史的考察,一览究竟。

清朝皇帝的世系更替如下图①所示:

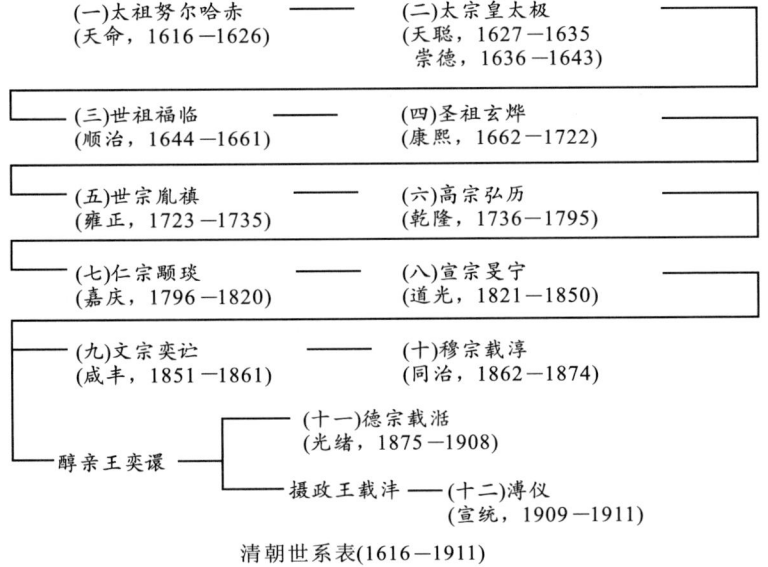

清朝世系表(1616—1911)

---

① 中国大百科全书出版社:《中国大百科全书·中国历史》,北京:中国大百科全书出版社,1994年,1094页。

第一章　清代前期的社会历史特征

第一节　历史变迁

清朝的历史,就像一个沉睡的巨人,从"天崩地解"滑向"天朝崩溃"的衰变史。

一、天崩地解

清代前期的历史叙述,难免要向前延伸一段以便准确认识那段历史,也就是从一般史称的"明末清初"开始。"明末清初",更容易生动地展现历史变革时期的轮廓,也更能真切地反映社会历史变迁的时代背景与特征。关于"明末清初"的历史叙述,很多当时的学者和后来的学者,常常用"天崩地解""天崩地坼""天崩地裂"等词语来形容。据文献爬梳可知,如吴麟征(1593—1644)在《寄从弟雉先》中曰:"天缺地裂,时事之惨,殊数千年所未有。"①徐孚远(1599—1665)在

---

① 吴麟征:《吴忠节公遗集》,见《四库禁毁书丛刊》编纂委员会《四库禁毁书丛刊》,集部81,北京:北京出版社,2000年,413页。

《重哭蒙难诸贤》中,追思反清复明志士时曰:"天倾地蹋十年余,草间义士时相呼。"① 万寿祺(1603—1652)在《甲申》诗中曰:"甲申(1644)三月十九日,地坼天崩,日月昏。"② 彭而述(1605—1665)在《后郤聘书》中曰:"甲申三月之事,天崩地裂,海内丧气。"③ 张履祥(1611—1674),明末清初著名理学家,在《题伤蛇行》中记载了甲申之变:"天崩地裂,投身无所"。④ 钱澄之(1612—1693),明末清初爱国志士、文学家,在《枞阳合祭方中丞贞述公文》中曰:"甲申三月之事,呜呼,天崩地折,率土衔悲,大厦覆矣。"⑤ 凌驷(1612—1645),1645年清兵渡黄河南下,城破,凌驷自缢死以持节。《归德死节臣传》记载,凌驷曾感叹:"当此天崩地裂之时,分应一死。"⑥ 方文(1612—1669),在《赠别周颖侯丙戌》中曰"甲申之变,天地裂遝"。⑦ 归庄(1613—1673)在《除夕七十韵》中有"万古痛心事,崇祯之甲申。天地忽崩陷,日月并湮沦"。⑧ 王弘在《甲申之变论》中,论甲申之变曰"天崩地裂"。⑨

"天崩地解"这个词,黄宗羲1676年在今浙江海宁地区讲学,临走时撰文《留别海昌同学序》中用到,引文于此:"奈何今之言心学者,则无事乎读书穷理,言理学者,其所读之书不过经生之章句,其所穷之

---

① 徐孚远:《钓璜堂存稿》,见郭秋显、赖丽娟主编,徐孚远撰、姚光整理:《清代宦台文人文献选编》,第一种《钓璜堂存稿》,3,台北:龙文出版社股份有限公司,2012年,564页。
② 万寿祺:《隰西草堂诗集》,见《续修四库全书》编纂委员会《续修四库全书》,1394,上海:上海古籍出版社,1996年,208页。
③ 彭而述:《读史亭文集》,卷二十,见《四库全书存目丛书》编纂委员会《四库全书存目丛书》,集部,第201册,济南:齐鲁书社,1997年,252页。
④ 张履祥著,陈祖武点校:《杨园先生全集》,中,北京:中华书局,2002年,588页。
⑤ 钱澄之撰,彭君华点校:《钱澄之全集·田间文集》,卷二十五《祭文》,合肥:黄山书社,1998年,485—486页。
⑥ 屈大均:《皇明四朝成仁录十二卷》,见《四库禁毁书丛刊》编纂委员会《四库禁毁书丛刊》,史部50,北京:北京出版社,2000年,567页。
⑦ 方文:《嵞山集》,上海:上海古籍出版社,1979年,132页。
⑧ 归庄著,中华书局上海编辑所编辑:《归庄集》,上,北京:中华书局,1962年,35页。
⑨ 王弘:《砥斋集》,卷三,见《续修四库全书》编纂委员会《续修四库全书》,1404,上海:上海古籍出版社,1996年,429页。

理,不过字义之从违,薄文苑为词章,惜儒林于皓首,封已守残,摘索不出一卷之内,其规为措注,与纤儿细士不见长短。天崩地解,落然无与吾事;犹且说同道异,自附于所谓道学者,岂非逃之者之愈巧乎?"① 黄宗羲原意是将"天崩地解"用于学术思想的批判,但是学者将其引申为对"明末清初"朝代更替与社会历史大变革的概括。侯外庐在《中国思想通史》第五卷,即《中国早期启蒙思想史》中认为:"中国启蒙思想开始于十六七世纪之间,这正是'天崩地解'的时代。"② 后来多有学者以"天崩地解"来描述"明末清初"那段历史。朱葵菊在《中国思想通史》(清代卷)中,称清代特别是明清之际,成为中国历史上一个"天崩地解"的时代。③ 张立文在《中国学术通史》的总序中,也认同明末清初为"天崩地裂"④时代的观点。

明末清初,很多汉人心中深感悲凄而痛斥其为"天崩地解",既是对明清政权更替结束明朝历史的亡国之悲痛,也是对时代变革带来的剧烈震动之惊恐,并且暗含着对清朝统治者采取的意识形态控制和文字狱等文化恐怖主义的反抗与控诉。后来,龚自珍用"避席畏闻文字狱"这句诗,更加真切直观地揭露了那个时代文人学士的内心恐慌与不安。

二、天朝崩溃

如果我们把目光拉回到清代前期与晚清的转接处,即1840年鸦片战争,向后看是一段从大国之殇到清朝灭亡的崩溃史,向前看是沉

---

① 黄宗羲著,陈乃乾编:《黄梨洲文集》,北京:中华书局,1959年,477页。
② 侯外庐:《中国思想通史》,第五卷,北京:人民出版社,1956年,3页。
③ 朱葵菊:《中国思想通史》,清代卷,武汉:武汉大学出版社,2011年,1页。
④ 张立文:《总序》,见陈其泰、李廷勇《中国学术通史》,清代卷,北京:人民出版社,2004年,11页。

睡的巨人从"天崩地解"滑向"天朝崩溃"的衰变史。

茅海建著的《天朝的崩溃》，通过对鸦片战争的研究，以"天朝的崩溃"为题，高度概括了清朝灭亡的历史轮廓，形象地展现了鸦片战争爆发时仍在做天朝上国梦的清王朝崩溃的剧变。相传拿破仑曾对清朝统治时期的中国有一种比喻，即当时的中国像一个"酣睡的巨人"，并预言"当中国觉醒时，世界也将为之震撼"。[1] 从历史演进来看，至少清代前期直到清朝灭亡，都未见到这个沉睡的巨人真正醒来。从1840年鸦片战争开始回望，我们可以清楚地看到当时沉睡的巨人如何在做不切实际的天朝上国梦，以及发现天朝走向崩溃的那些影响因素。

1858年，马克思在《纽约每日论坛报》上发表了《鸦片贸易史》，其中简要叙述了鸦片贸易史："1800年，输入中国的鸦片已经达到2000箱。在18世纪，东印度公司与天朝帝国之间的斗争，具有外国商人与一国海关之间的一切争执都具有的共同点，而从19世纪初起，这个斗争就具有了非常突出的独有的特征。"他论道："一个人口几乎占人类三分之一的大帝国，不顾时势，安于现状，人为地隔绝于世并因此竭力以天朝尽善尽美的幻想自欺。这样一个帝国注定最后要在一场殊死的决斗中被打垮。"[2]这样一个不能与时俱进的王朝，在天朝上国的迷梦中继续自欺欺人，天朝的崩溃也许不仅仅是偶然的，而是必然的了。

鸦片战争前夕，清朝统治的腐朽衰败气象已经弥漫不堪，天灾人祸，民不聊生，呈现大厦将倾的末世景象。龚自珍曰："今中国生齿日益繁，气象日益隘，黄河日益为患，大官非不忧，主上（朝廷）非不咨，

---

[1] 阿兰·佩雷菲特：《停滞的帝国——两个世界的撞击》，王国卿等译，北京：生活·读书·新知三联书店，1993年，596页。
[2] 马克思、恩格斯：《马克思恩格斯选集》，1，中共中央马克思恩格斯列宁斯大林著作编译局编译，北京：人民出版社，1995年，716页。

而不外乎开捐例、加赋、加盐价之议。譬如割臀以肥脑,自啖自肉,无受代者。自乾隆末年以来,官吏士民,狼艰狈蹶,不士、不农、不工、不商之人,十将五六;又或飨烟草,习邪教,取诛戮,或冻馁以死;终不肯治一寸之丝、一粒之饭以益人。承乾隆六十载太平之盛,人心惯于泰侈,风俗习于游荡,京师其尤甚者。自京师始,概乎四方,大抵富户变贫户,贫户变饿者,四民之首,奔走下贱,各省大局,岌岌乎皆不可以支月日,奚暇问年岁?"①

历史再向前推到 19 世纪初,美国费正清和赖肖尔在其著的《中国:传统与变革》中,虽然承认"到 19 世纪初,满人在统治中国国家和社会方面取得的成功",但是"在我们研究其成就时,不禁想知道在多大程度上他们保持传统秩序的极大成功可能会成为这一秩序后来崩溃的一个因素。中国的传统建立得这样牢固以致很难想象能对制度和价值观做彻底的改变,满人更成功的是做继承者而不是革新者,他们也未能重画中国的蓝图"。② 虽然清代经历了康雍乾盛世,在维护传统秩序方面做出了很大努力,但是乾隆朝后期已是社会矛盾重重,清朝统治者已经无力从内在进行变革和自新,最终难免走向衰败和崩溃。

历史再向前推到 17—18 世纪,徐中约曾分析认为:"对 1600 年到 1800 年间内政与外交的发展进程做概括性的探讨,将为我们正确地理解近代中国提供了必需的背景资料。在这段时期,中国的政治体制、社会结构、经济制度和思想状况,本质上仍然与过去二千年的情形颇为相同。其政体是一个由皇室统治的王朝;经济基本上是自给自足的小农经济;社会以士绅阶层为核心;支配性的意识形态是儒家学说。了解了中国的这种传统状况,我们就能更容易地评判 19 世

---

① 龚自珍:《西域置行省议》,见《龚自珍全集》,上册,北京:中华书局,1959 年,106 页。
② 费正清、赖肖尔:《中国:传统与变革》,陈仲丹等译,南京:江苏人民出版社,1992 年,215 页。

纪中国在应付强烈的西方活动时所采取的行为举措了。"①

通过上述历史的逆向叙述和分析来看,"天崩地解"好比是从大楼内部看帝国大厦的坍塌,即人心向背、文化心理和价值观的坍塌;"天朝的崩溃"则好比是从世界历史的地平线看帝国大厦的倒塌,即在世界的舞台上天朝上国的迷梦被消解了。两者相较而言,都发生在清代前期,整个历史演进过程不足200年,但发生急剧变化,与封建专制统治和腐朽的意识形态不无关系,与闭关自守的天朝迷梦和自欺不无关系,与西方国家在技术变革和知识体系进步方面的差距不无关系,与落后的社会结构和经济制度不无关系。即使明末清初的商品经济萌芽也未能在清朝统治下健康地存活下来,均说明清朝统治者的腐朽和不顾时势,这些因素综合作用,导致清王朝像个"酣睡的巨人"一样,从"天崩地解"一步一步走向"天朝崩溃"。

第二节 文化政策

"作为维护统治者根本利益的手段,一定时期的文化政策总是那一时期统治者思想的集中反映。"②清代前期的文化政策也不例外,承担着维护清朝统治的重要任务,对当时社会思想文化发展产生着深刻的影响。因此,为了考察清代前期阅读文化的发展,我们有必要对影响其发展的文化政策做简要的阐述和分析。历史学家萧一山认为:"清朝所以能成功,不是武力的关系而是政治的关系。政治成功

---

① 徐中约:《中国近代史:1600—2000 中国的奋斗》,计秋枫、朱庆葆译,北京:世界图书北京出版公司,2008年,3页。
② 陈祖武:《清代学术源流》,北京:北京师范大学出版社,2012年,18页。

的最大因素,就是它把握着中国社会的基层,认识了中国人民的特性,一松一紧,一张一弛,深得两重政策的运用,使汉人'啼笑皆非',不知不觉地上了圈套,可是他们也敌不过四千年文化的潜力,糊里糊涂地被牵扯而同化了。"①清代文化政策的实质是为清代政治统治服务的,在文化政策的制定和实施方面,也可谓从中国人民的特性出发,采取了"一松一紧,一张一弛"的双重策略,一方面采取诸如文字狱、禁毁图书等紧张和钳制的文化政策,另一方面采取诸如兴学取士、编纂图书等宽松和笼络的文化政策。

一、文化政策的紧张

清前期文化政策的一个重要维度是,推行了文化专制主义的紧张与钳制政策,突出表现在屡兴文字狱和禁毁图书。

1. 文字狱

文字狱是指旧时统治者故意从作者的诗文中摘取字句,罗织罪状所造成的冤狱。"清朝统治者实行文字狱是为了压制人们的思想和言论。清前期的文字狱始于康熙朝,起初是为了阻遏反清复明思潮而采取的严酷措施。清朝统治稳定以后,文字狱则成为清朝统治者对文化思想领域进行严密控制的产物"。② 清朝统治者在实施文字狱时,发现不利于清朝统治的文字和著述,采取文化专制主义,斥之为"悖逆"和"狂吠",并罗织相应罪名,大多数蒙受冤狱的读书人因此被判处死刑。清代前期,文字狱发生频繁,数量多,危害大。据统计,清前期发生了100多起文字狱,历史影响深远且比较著名的文字狱,

---

① 萧一山撰,杜家骥导读:《清史大纲》,上海:上海古籍出版社,2005年,12页。
② 郑师渠总主编,赵云田分册主编:《中国文化通史》,清前期卷,北京:北京师范大学出版社,2009年,14页。

诸如庄廷鑨《明史》案,戴名世《南山集》案,曾静、吕留良文字狱案等。

清前期的文字狱极大地损伤和禁锢了人们的思想,形成一种紧张窒息的社会文化氛围,对社会人心与文化价值观念造成严重扭曲。受此文化政策的影响,在反抗与牺牲、自危与逃避的逻辑中,很多读书人渐渐失声,造成"万马齐喑"的后果,进而阻碍了社会的发展与进步。

2. 禁毁图书

为了维护清朝统治,在文化政策方面,除了文字狱,清朝还采取了禁毁图书的专制政策。这一政策主要包括清政府禁止出版和焚毁不利于其统治的图书。

清朝禁毁图书,从清初康熙时期开始,在清乾隆时期编纂《四库全书》前后最为严重。俞正燮《癸巳存稿》载:"小说之禁,顺治九年(1652)题准,琐语淫词,通行严禁。康熙四十八年(1709)六月议准,淫词小说及各种秘药,地方官严禁。五十三年(1714)四月,九卿议定,坊肆小说淫词,严查禁绝,板与书尽销毁,违者治罪,印者流,卖者徙。乾隆元年(1736)覆准,淫辞秽说,叠架盈箱,列肆租赁,限文到三日销毁,官故纵者,照禁止邪教不能察缉例,降二级调用。嘉庆七年(1802),禁坊肆不经小说,此后不准再行编造。十五年(1810)六月,御史伯依保奏,禁《灯草和尚》《如意君传》《浓情快史》《株林野史》等……十八年(1813)十月,又禁止淫词小说。"①清代前期的统治者均对淫词小说等文学作品采取严令禁止的措施,不许出版,对已出版的要销毁图书及其书版。

顺治十六年(1659)十月,礼科右给事中杨雍建奏请销毁毁谤"四书"的书籍,《世祖章皇帝实录》记载,康熙表示:"滥刻《四书诸家辩》《大全辩》等书,畔道驳注,应令焚毁。并饬直省学臣校士,务遵经传,

---

① 俞正燮:《癸巳存稿》,北京:中华书局,1985年,269—270页。

不得崇尚异说。"①由此,康熙朝开启了清廷焚书的先例,并且严令不得毁谤"四书"等经传图书。《书坊禁例》记载②,乾隆三年(1738)议准:查定例,凡坊肆市卖一应淫词小说,在内交八旗都统、察院、顺天府,在外交督、抚等,转饬所属官,严行查禁。务将书板尽行销毁。有仍行造作刻印者,系官革职,军、民杖一百流三千里,市卖者杖一百徒三年……乾隆十九年(1754)议准:《水浒传》一书,应饬直省督、抚、学政,行令地方官,一体严禁。乾隆三十九年(1774),谕军机大臣等,下禁毁图书之令:"各省进到书籍,不下万余种,并不见奏及稍有忌讳之书,岂有裒集如许遗书,竟无一违碍字迹之理?况明季造野史者甚多,其间毁誉任意,传闻异辞,必有抵触本朝之语,正当及此一番查办,尽行销毁,杜遏邪言,以正人心而厚风俗,断不宜置之不办。"③清朝统治者利用编纂《四库全书》的机会,销毁了大量书籍,给中国图书文化造成巨大损失,也是中国文化的一场大灾难。

综上所述,清朝统治者屡兴文字狱,禁毁图书,使读书人的生活发生重大改变,出现无书可读、不知何书可读,乃至不敢读书论学,以免遭受迫害的现象,这种"严酷的封建文化专制,禁锢思想,摧残人才,成为一时学术发展的严重障碍"。④

二、文化政策的宽松

相对于紧张的文化政策,清代前期为了巩固统治,适时采取了一些较为宽松的文化政策,笼络读书人,缓和社会矛盾,起到了一定润

---

① 《世祖章皇帝实录》,卷一百三十,见《清实录》,第三册,北京:中华书局,1985年,1006页。
② 索尔纳纂修,霍有明、郭海文校注:《钦定学政全书校注》,武汉:武汉大学出版社,2009年,32页。
③ 陈登原:《古今典籍聚散考·古学纵横》,上海:华东师范大学出版社,2010年,75页。
④ 陈祖武:《清代学术源流》,北京:北京师范大学出版社,2012年,13页。

滑剂的作用,某种程度上对社会文化发展有着积极的影响。具体而言,清廷采取的文化宽松政策主要包括:兴学取士、崇儒重道、编撰图书等。

1. 兴学取士

清代统治者在建国初就诏令天下,沿袭明代的科举制度,为清廷选取治国的士子。顺治帝开国初提出,"今天下渐定,朕将兴文教、崇经术,以开太平"。① 顺治二年(1645),顺治帝颁布诏书,开科取士。在兴科举的同时,相应的教育教学逐渐恢复。清廷恢复太学,并且各府、州、县的官学也不断恢复。有些地方的书院教学得以恢复和重建。总而言之,清朝政府在兴学取士方面,不断完善制度,重视科举和教育,在促进文化发展和社会进步方面采取了一些积极的文化政策和策略。为了吸引更多的读书人和优秀人才为清朝统治者服务,清政府特设博学鸿词科。清初大臣范文程说:"治天下在得民心,士为秀民。士心得,则民心得矣。"②科举考试和特设取士之策,让读书人看到似乎又有了发挥才干的希望,有的因而应举出仕。这些文化政策很大程度上缓和了清初汉族读书人的反清意志及其与统治者间的矛盾。

2. 崇儒重道

重视儒家文化在清代以前的社会已经根深蒂固,清代统治者在面对这样一个深受儒家文化影响的汉人占绝大多数的王朝时,不得不从现实的角度出发,顺应历史和社会发展的潮流,通过崇儒重道建设清代的文化体系。清世祖于顺治二年(1645)更国子监孔子神位为"大成至圣文宣先师"(《清史稿·世祖纪》),至顺治十四年(1657)又

---

① 《世祖章皇帝实录》,卷九十一,见《清实录》,第三册,北京:中华书局,1985年,712页。
② 赵尔巽等:《清史稿》,卷二百三十二,北京:中华书局,1977年,9353页。

改为"至圣先师"。① 顺治九年(1652)九月,举行"临雍释奠"典礼。顺治十年(1653),颁谕礼部,曰"国家崇儒重道。各地方设立学宫。令士子读书、各治一经、选为生员"。"崇儒重道"成为清代一项基本国策。

康熙于康熙二十三年(1684)十一月到曲阜孔庙祭孔,听完监生孔尚任讲《大学》首章后,宣谕曰"欲加赞颂,莫能名言,特书'万世师表'四字悬额殿中",此后孔庙悬挂"万世师表"匾额。康熙九年(1670),清圣祖在清世祖"崇儒重道"的基础上,颁布"圣谕十六条":"敦孝弟以重人伦,笃宗族以昭雍睦,和乡党以息争讼,重农桑以足衣食,尚节俭以惜财用,隆学校以端士习,黜异端以崇正学,讲法律以儆愚顽,明礼让以厚风俗,务本业以定民志,训子弟以禁非为,息诬告以全良善,诫窝逃以免株连,完钱粮以省催科,联保甲以弭盗贼,解仇忿以重身命。"②这是清朝统治者将儒家思想运用于社会管理和民众统治的一个纲领。雍正颁发的《圣谕广训》,对"圣谕十六条"进行了阐释和推广,后又刊印《大礼记注》《钦定书经传说汇纂》《钦定诗经传说汇纂》等,弘扬儒家理想,维护其统治。乾隆曾经五次前往曲阜孔子故里,不断推崇儒家,曾谕旨:"国家崇儒重道,尊礼先师。朕躬诣阙里,释奠庙堂。式观车服礼器,用慰仰止之思。"③在清代前期几位统治者的推行下,"崇儒重道"成为一项重要的文化政策。

3. 编撰图书

清代统治者不仅重视文教,而且重视图书的编撰出版。《清史稿·艺文志》记载:"清起东陲,太宗设文馆,命达海等翻译经史,复改

---

① 张岱年:《孔子大辞典》,上海:上海读书出版社,1993年,17页。
② 索尔纳等纂修,霍有明、郭海文校注:《钦定学政全书校注》,武汉:武汉大学出版社,2009年,291页。
③ 索尔纳等纂修,霍有明、郭海文校注:《钦定学政全书校注》,武汉:武汉大学出版社,2009年,238页。

国史、秘书、弘文三院,编纂国史,收藏书籍,文教始兴。世祖入定中原,命冯铨等议修《明史》,复诏求遗书。圣祖继统,诏举博学鸿儒,修经史,纂图书,稽古右文,润色鸿业,海内彬彬向风焉。高宗继试鸿词,博采遗籍,特命辑修《四库全书》……又别辑《永乐大典》三百八十五种,交武英殿以聚珍版印行……阮元既补《四库》未收书四百五十四种,复刊《经解》一千四百十二卷,王先谦又刊《续经解》一千三百十五卷,而各省督抚广修方志。郡邑典章,粲然大备……而敦煌写经,殷墟龟甲,奇书秘宝,考古所资,其有裨于学术者尤多,实集古今未有之盛焉。"①由此可见,清代统治者在较早期就注意到编撰图书和修史的意义,特别是定都北京不久即开始修《明史》。康熙时编撰了大量本朝史书,如《三朝实录》《太祖太宗圣训》《大清会典》《平定三逆方略》,其间还编撰了大量学术类图书,包括《佩文韵府》《渊鉴类函》《分类字锦》《古今图书集成》《全唐诗》《周易折中》和《朱子全书》等。乾隆皇帝更是下令编修《四库全书》等大型丛书。总而言之,清代统治者重视图书编撰和出版,吸引和笼络了大批读书人和学者参与其中,在客观上推进了图书文化事业的发展,也在某种程度上有利于当时的学术发展。

《钦定古今图书集成》

① 赵尔巽等:《清史稿》,卷一百四十五,北京:中华书局,1977年,4219—4220页。

综上所述,兴学取士、崇儒重道和编撰图书,从其积极影响来看,都属于相对宽松和积极的文化政策。当然,从对阅读文化的影响来看,这些相对宽松的文化政策,一方面增加和拓宽了读书人阅读的空间,另一方面对读书人阅读范围加强了控制和意识形态导向。我们需要从多个角度辩证地看待这些相对宽松的文化政策的影响和效果。

第三节 文化交流

"纵观四百年来中国近代史,其最大特征即为中西文化之冲击、适应及和平共存。在此过程中,一个古老儒家帝国经无比艰难,蜕变为一个近代中国。回溯明清之际,西风东渐,引起中西文化正面冲突的开端。"[1]中国历史上每一次文化交流和碰撞,都是文化蜕变和更新的机遇。明清之际,中西文化交流出现了一轮高潮,发生了间接或直接的接触、碰撞和交流。受西学东渐的影响,中国文化在冲击与碰撞中是蜕变还是更新,历来是学界关注和讨论的重点话题。本书中,我们在考察清代阅读文化的时候,有必要对当时的中西文化交流活动进行一番探讨,因为中西文化交流中很大一部分是通过图书的传播和交流发生的,这些图书和内容通过被阅读而产生了中西方相互的了解和认识。在这次中西文化交流过程中,既有西学之东渐,又有中学之西传。由于西学东渐更直接地影响了中国人的阅读,我们将重点探讨西学东渐及其传播到中国的图书文献有哪些种类,这些图书被当时哪些人阅读到,阅读这些图书产生了哪些影响,这些问题将在

---

[1] 徐中约:《中国近代史:1600—2000 中国的奋斗》,计秋枫、朱庆葆译,北京:世界图书北京出版公司,2008年,15页。

后面进行分析。

一、中学西传

"在1800年以前,中国给予欧洲的,比她从欧洲所获得的要多得多。"①这句话当然没有夸张,因为明清之际中国传统文化中的大量物质文化产品和精神文化内容传入西方国家,并且产生了一定的影响。西传的中国文化包括图书文献、瓷器、丝绸、漆器、绘画、戏剧和园林建筑等方面。本书重点分析图书文献和思想文化的西传。"康熙元年(1662),葡萄牙传教士郭纳爵(Ignatius da Costa)和意大利传教士殷铎泽(Prosper Intercetta)合译的《大学》,取名《中国的智慧》出版。两人还合译了《论语》。康熙六年(1667),殷铎泽又将《中庸》译成《中国政治伦理学》在广州印行。康熙二十六年(1687),比利时传教士柏

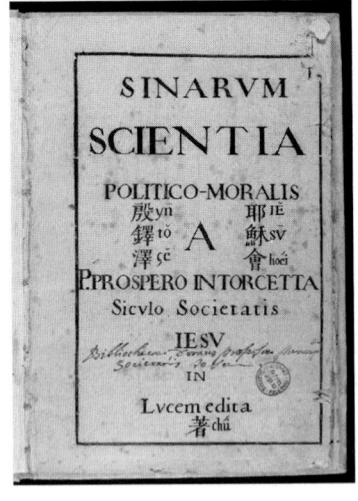
《中国政治伦理学》

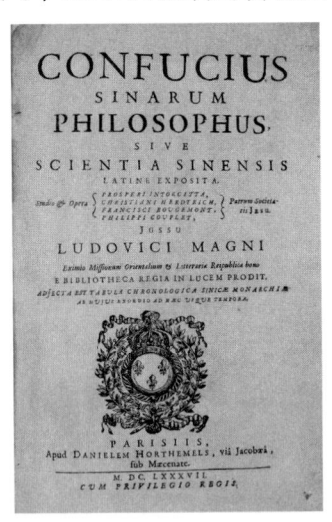
《中国哲学家孔子》

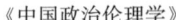

① 米歇尔·德韦兹:《十八世纪中国文明对法国、英国和俄国的影响》,达观译,载《法国研究》,1985年第2期,80—82页。

应理(Philippus Couplet)在巴黎刊印了《中国哲学家孔子》,中文标题为《西文四书解》,书中有中国经籍导论、孔子传和《大学》《中庸》《论语》的拉丁文译文。康熙五十年(1711),比利时传教士卫方济(Franciscus Noel)在布拉格大学印行了他的四书译本和《中国哲学》,比较系统地介绍了中国的儒家经典和古代哲学思想。欧洲传教士还比较早地研究了《易经》。白晋(Joachim Bouvet)曾用拉丁文著《易经要旨》。雍正六年(1728),刘应著有《易经概说》。雷孝思也译有《易经》著作,附有研究和注疏,取名为《中国最古典籍〈易经〉》。欧洲传教士对《书经》《礼记》《诗经》等儒家经典也给予极大关注。白晋著有《诗经研究》,刘应也有拉丁文《书经》译本。《礼记》中的一些篇章也被译成拉丁文。马若瑟(JosMaria de Prémare)所译《书经》《诗经》,被收入《中华帝国志》一书中出版。乾隆三十五年(1770),法国传教士宋君荣译的《书经》在巴黎刊印。乾隆四十九年(1784),钱德明法文本《孔子传》及《孔门弟子传略》在北京刊印。"[1]大量中国典籍,特别是代表中国传统文化的经典图书,包括《大学》《论语》《中庸》《易经》《书经》《礼记》《诗经》等,先后被翻译和介绍到西方国家,对西方国家的学者和社会产生了很大影响,甚至当时在欧洲出现了"中国热"。法国启蒙思想家伏尔泰在对中国文化做了许多研究后得出结论:"当我们还是野蛮人的时候,这个民族已有高度的文明了。"他对孔子十分崇拜,在自己的书房里挂着孔子的画像。[2]《百科全书》的主编狄德罗研究了中国许多著作后感叹说:"中国民族极能同心协力,他们历史悠久……""他们所有的优点,可以和欧洲最开明的民族争雄"。[3] 雍正

---

[1] 郑师渠总主编,赵云田分册主编:《中国文化通史》,清前期卷,北京:北京师范大学出版社,2009年,108页。
[2] 王介南:《中外文化交流史》,上海:书海出版社,2004年,346页。
[3] 张平:《中国文化风靡二百年前的法国》,见李兰琴《中外友好史话》,长沙:湖南人民出版社,1986年,156页。

十年(1732),传教士马若瑟翻译了元曲《赵氏孤儿》,法译本取名《中国悲剧赵氏孤儿》。雍正十二年(1734),巴黎《法兰西时报》杂志刊登了其中的部分内容。不久,《赵氏孤儿》英译本、德译本、俄译本相继问世。乾隆二十年(1755),伏尔泰将它改编成一个新的剧本《中国孤儿》在巴黎公演。①

二、西学东渐

明末清初,西方传教士来华传播西方宗教,伴随而来的西方文化渐渐传入中国。明清之际,著名的传教士包括利玛窦、熊三拔、庞迪我、艾儒略、邓玉函等人,他们在传教的同时,向中国传播了大量西方科学知识和技术,并撰有大量相关图书在中国出版发行。但是随着历史的演进,西方传教士与当时的清廷出现了矛盾,这种矛盾演变为清廷在18世纪初开始"禁教",后又针对西方传教士实施了"闭关"政策。在"禁教"和"闭关"政策的严厉限制下,西学东渐几乎处于停滞状态,这一状态延续到鸦片战争才被打破。

发生在明清之际的西学东渐,并不是一帆风顺的。"面对大量传入的西方文化,中国的士大夫等出现了不同的态度,有的积极吸收,有的坚决抵制,有的犹豫观望。于是中西文化产生了激烈的摩荡。"②具体而言,清代初期,包括康熙在内的统治者阶层对西方文化持有积极的态度,导致西学在传入中国的过程中有过一段暧昧期。在这短暂的暧昧期,将西学传入中国的外国人和对西学感兴趣的中国人,共同推动了西方科学知识和文化在中国的传播。后来,由于矛盾激化,

---

① 郑师渠总主编,赵云田分册主编:《中国文化通史》,清前期卷,北京:北京师范大学出版社,2009年,83页。
② 南炳文等:《清代文化·传统的总结和中西大交流的发展》,天津:天津古籍出版社,1991年,3页。

清廷对西学的态度发生急剧逆转。

在西学东渐的过程中,西方传教士除了传播有关宗教神学和哲学艺术等人文学科的图书文献外,还带来了大量西方自然科学知识,主要包括天文历法、数学、地图学、物理学等,对中国知识界影响很大。

(1)天文历法。继利玛窦于1607年著《乾坤体义》之后,汤若望著《历法西传》,南怀仁著《坤舆图说》。清政府于1646年任命汤若望为钦天监监正(天文台台长),主持制定《时宪历》。康熙偏爱西方天文历法,以南怀仁为师,学习西方天文、历法等知识。康熙对天文历法的这一态度,使得清初西学较为繁荣。

《坤舆图说》

(2)地图学。18世纪初,康熙亲自主持,并让法国传教士白晋、雷孝思和杜德美率领一班人马,采用西方经纬图法、三角测量方法等地图学方法,对全国进行了地图测绘,于1718年绘制成《皇舆全图》。乾隆时期,清政府继续加强测绘,对《皇舆全图》进行修订,绘制成《乾隆内府铜版地图》。通过地图测绘,西方地图学知识,包括地球五带说、五大洲说和三角测量方法传入中国。

(3)物理学。熊三拔著《泰西水法》,介绍了西方的取水、蓄水之法。徐光启利用该书并结合中国原有的水利知识,完成了他的《农政全书》中有关水利的部分。邓玉函与中国学者王徵合译《远西奇器图说》,介绍了重心、比重、杠杆、滑轮的原理及简单的机械制造方法。汤若望在《远镜说》中介绍了西方的光学。南怀仁根据意大利科学家勃朗伽的设想,试制了蒸汽机车。[①]

西学传入中国,给明清之际的中国知识界传来了新的知识信息,示范了一种务实的新学风。陈祖武分析认为,西学东渐对当时中国知识界的影响大致表现在四个方面:开阔了中国知识界的学术视野;耶稣会士示范了一种通达的务实学风;为中国知识界对既往传统的认识提供了有益的启示;耶稣会士学习中国语言文字的实践,为中国语言学研究者提供了可取的借鉴。[②] 在西学东渐过程中传入的大量西方图书文献和知识,丰富了清代前期读书人的阅读内容,也影响了一批读书人的思想意识和科学观念。

[①] 吴乃华:《冲突与融合——近代以来的中国文化与西方文化》,北京:开明出版社,2000年,6页。
[②] 陈祖武:《中国学案史》,上海:东方出版中心,2008年,74—75页。

第二章 清代前期的出版与阅读

"清代前期的出版事业比明代有了很大的发展,在出版书籍的数量、规模和质量上都明显地超过了前代,是中国书籍出版的盛世"。① 清代前期出版的图书数量大,种类丰富,质量高。清代前期的图书出版机构和编撰活动,以官刻为主导和核心力量,出版了不少大型图书,并通过行政化图书流通渠道,使得这些图书流向读者手中。私刻和坊刻出版的大量科举类图书、通俗文学类图书,主要经由市场化图书流通渠道到达读者手中。这些图书出版机构编撰和刊刻的图书数量大,使得清代读者相对有书可读;具体如大型图书、经史子集各类图书、自然科学类图书、科举应试类图书、通俗文学类图书、少数民族出版物等种类丰富的出版物,使得读者可以各取所需;图书经由行政化和市场化等多种流通渠道进入读者的书房,特别是市场化渠道满足了大众读者的阅读需求,这一时期出现了诸如《红楼梦》《西游记》《儒林外史》等畅销图书。图书出版和流通是图书阅读的前提条件。在清代,这一前提条件的情形和程度,可以反映清代前期阅读环境的一个重要支撑方面。为了弄清楚清代前期阅读环境,我们有必要并

---

① 朱赛虹、曹凤祥、刘兰肖:《中国出版通史》,清代卷(上),北京:中国书籍出版社,2008年,15页。

首先对清代前期的图书出版情况进行一番了解和认识。

第一节 清代前期的出版机构和编撰活动

清代前期出版事业的大发展，离不开印刷技术特别是雕版印刷术带来的影响，也离不开出版机构体系的完善带来的影响，它们为图书的编撰和出版发行提供了一套有效的运作系统。具体而言，清代前期的出版机构主要包括官刻、私刻、坊刻、书院刻书。其中官刻的机构设置最为健全和庞大，出版的图书数量和规模为历史之最，其影响也最为深远。清前期的图书编撰和文献整理所取得的巨大成就，为有书可读创造了条件。

一、官刻

1. 官刻机构

清代前期的官刻机构主要集中在中央层面，与清代后期官刻机构重心下移到地方的官书局不同，形成了涵盖常设、例设和特设三种类型的中央官刻机构体系。"常设的有翰林院起居注馆、国史馆、军机处方略馆等；例设的有实录馆、圣训馆。每位皇帝去世之后，新即位的皇帝照例都要开馆为前代皇帝修实录和圣训，此为例设；特设的有三通馆、会典馆、一统志馆和四库全书馆等，此为临时编纂某书而特设馆，书成则馆散"。①

---

① 吴永贵：《中国出版史》，上册·古代卷，长沙：湖南大学出版社，2008年，210页。

常设的刻书馆主要有以下四种。(1)武英殿修书处。康熙十九年(1680),设武英殿造办处(后改名为武英殿修书处),其职责是"掌缮刻装潢各馆书籍及宫殿陈设书籍之事"。① (2)国史馆。康熙二十九年(1690),为纂修天命、天聪、顺治三朝历史,设国史馆;乾隆元年(1736),复开国史馆;乾隆三十年(1765),为纂修国史列传,重开国史馆,此后国史馆成为常设。② (3)方略馆。方略馆是清代编修"方略""纪略"等书的机构。凡遇较大的军事用兵等事毕,清统治者为了歌功颂德,收集有关的文书材料纂修成书,名为"方略"或"纪略",如编纂有《平定三逆方略》等。当然,方略馆还奉旨纂修其他史志书籍。③ (4)起居注馆。康熙九年(1670)始设起居注馆,雍正元年(1723)复设起居注馆,此后为常设。"凡皇帝坐朝或举行典礼、祭祀,记注官均侍班,出行亦随侍,退而记载",④再每年编纂成册,皇帝审阅后,送内阁储藏,副本存在翰林院。此外,起居注馆也负责校对典籍之事。可以看出,这些常设馆都是为统治者及官府藏书服务的,它们所刊刻的图书主要面向统治者及官府的官员等读者。

例设的刻书馆,例如实录和圣训的编纂主要由国史馆负责。《清实录》是清代历朝的官修编年体史料汇编。按照清制,每当新皇帝继位,新皇帝便下诏为前一代皇帝修实录,开设实录馆,书修成即闭馆。编纂人员根据起居注馆及内阁、军机处所存上谕、臣工本章等原始档案编纂前朝实录。修成之实录,分别以汉、满、蒙古三种文字缮写正本四部、副本一部。正本有大红绫本两部,一贮皇史,一贮奉天大内;

---

① 永瑢等:《历代职官表》,二十册,北京:中华书局,1985年,1011页。
② 中国第一历史档案馆:《中国第一历史档案馆馆藏档案概述》,北京:档案出版社,1985年,138页。
③ 中国第一历史档案馆:《中国第一历史档案馆馆藏档案概述》,北京:档案出版社,1985年,140页。
④ 张政烺:《中国古代职官大辞典》,郑州:河南人民出版社,1990年,841页。

小红绫本两部，一贮乾清宫，一贮内阁实录库。副本为小黄绫本，亦贮内阁实录库。圣训，清代皇帝告诫臣下的谕旨、诏令、言辞。新一代皇帝继位，一般会命史官编纂前任皇帝的《圣训》，并每日晨读先皇《圣训》一节，以为施政的座右铭。清代前期编修的圣训有《太祖高皇帝圣训》《太宗文皇帝圣训》《世祖章皇帝圣训》《圣祖仁皇帝圣训》《庭训格言》《世宗宪皇帝圣训》等。

特设的刻书馆，主要有三通馆、会典馆、一统志馆和四库全书馆等。三通馆，属内阁修书馆，编有《续通典》《续通志》《续文献通考》《皇朝通典》《皇朝通志》《皇朝文献通考》。会典馆，专为编纂《会典》而开的修书馆，康熙、雍正、乾隆、嘉庆、光绪五个朝代先后编修会典，史上统称《大清五朝会典》或《大清会典》。设一统志馆，从清康熙二十五年（1686）至道光二十二年（1842），清廷前后编纂了三部地理总志，即康熙《大清一统志》、乾隆《大清一统志》和嘉庆《重修一统志》。设四库全书馆，编修《四库全书》。

2. 官刻图书的主要特点

首先，官刻图书数量大，种类丰富。清代康雍乾三朝中央机构刻印书逾500种，其数量之多、内容之广都是以前各代所不可比拟的。①其中大型丛书《四库全书》集聚了3500多种著作，并按照经、史、子、集四部分类编排。清代前期官刻图书，不仅涵盖了经、史、子、集各部，而且包括了数学、天文、地理、物理等不同学科门类的图书，丰富了图书种类，完善了知识体系。其次，官刻图书质量高。以《明史》为例，从顺治朝开始，耗时超过90年才完成《明史》的修纂工作，共有二三百修撰者参与其中，其质量被后世高度认可。《四库全书》《古今图书集成》《康熙字典》等高质量的图书，被后世广为赞颂，并且被翻刻影印，继续传播和发挥其重要的价值。最后，清代官刻图书创下了多个历

---

① 曹红军：《康雍乾三朝中央机构刻印书研究》，南京师范大学博士学位论文，2006年。

史之最:《四库全书》是中国古代最大的一部丛书;《四库全书总目》是中国古代最大的一部书目;《古今图书集成》是现存最大的一部类书;《康熙字典》是中国古代收字最多的一部字典。

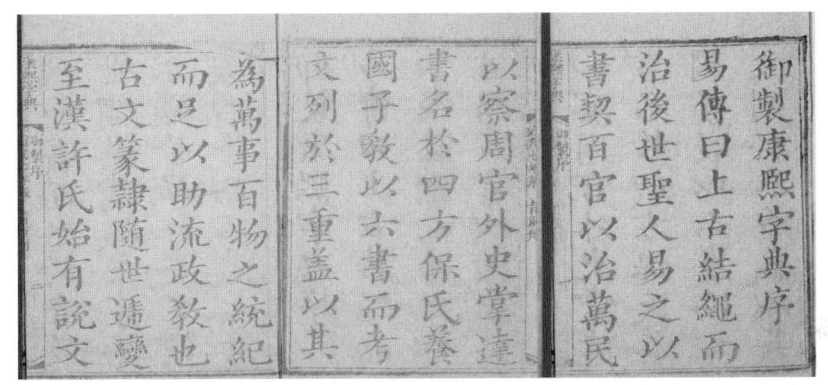

《康熙字典》

3.官刻图书对阅读的影响

一方面,官刻图书对阅读有积极的影响。官刻图书数量大、种类多,促进了学术门类的发展。在官刻图书中,按照经学、小学、天文、地理、数学、物理、文学、目录学等学术门类,编纂刊刻了一些重要的学术著作,促进了当时学术研究的发展。数量庞大的官刻图书,虽然一部分收藏于官府,难以被广大读者所阅览,但是仍然有大量图书流向了社会,流向了民间,使得更多读者有书可读。并且从图书编撰来看,高质量的官刻图书为读者提供了高质量的阅读体验,满足了一些读者的阅读需求。此外,官刻图书对阅读和学术研究有一定的引导作用。昭梿在《啸亭杂录》中记录了清代前期统治者对待儒学的态度。《啸亭杂录·崇理学》曰:"仁皇夙好程朱,深谈性理,所著《几暇余编》,其穷理尽性处,虽夙儒耆学,莫能窥测。所任李文贞(李光地)、汤文正(汤斌)等,皆理学耆儒。尝出《理学真伪论》以试词林,又刊定《性理大全》《朱子全书》等书,特命朱子配祠十哲之列。故当时宋学昌明,世多醇儒耆学,风俗醇厚,非后所能及也。"①皇帝喜好程朱理学,理学大兴,并且刊刻了《性理大全》《朱子全书》等理学书籍。《啸亭杂录·重经学》记载:

> 上初即位时,一时儒雅之臣,皆帖括之士,罕有通经术者。上特下诏,命大臣保荐经术之士,辇至都下,课其学之醇疵。特拜顾栋高为祭酒,陈祖范、吴鼎等皆授司业,又特刊《十三经注疏》颁布学宫,命方侍郎(方苞)、任宗丞(任启运)等裒集《三礼》。故一时耆儒夙学,布列朝班,而汉学始大著,龌龊之儒,自跟足而退矣。②

皇帝重视经学,搜寻经学人才,并刊刻了《十三经注疏》《三礼》等经学典籍。官刻图书代表了统治者的意志,但是统治者崇儒重道,提倡朱学,客观上推动了朱学的繁荣,也引导了更多人研读朱学,对当时学术风气和阅读方向发挥着导向的作用。

另一方面,刻图书对阅读有消极的影响。清代官刻图书的书名冠有"钦定""御纂""御批""御撰""御制""御定""御录""御选""御注"等字样者,不胜枚举。《清代内府刻书目录解题》初步统计:在清代内府印行的1311种书籍中,"钦定"276种,"御定"1种,"御制"82种,"御纂"11种,"御批"4种,"御注"5种,"御撰"2种,"御览"1种,"御书"2种,"御录"2种,"御选"8种,"御译"1种,"御论"3种,"钦颁"2种,总计400种。③清廷把这些著作立为官方标准,没有人敢对其中的谬误进行批判,就阻碍了学术自由和争鸣,限制了读书人的阅读对象和范围,导致人们的思想被禁锢,形成"万马齐喑"的氛围。当阅读

---

① 昭梿:《啸亭杂录·续录》,上海:上海古籍出版社,2012年,4页。
② 昭梿:《啸亭杂录·续录》,上海:上海古籍出版社,2012年,11页。
③ 朱赛虹、曹凤祥、刘兰肖:《中国出版通史》,清代卷(上),北京:中国书籍出版社,2008年,68—69页。

的对象和范围被限制,当阅读内容只有符合意识形态和统治者意志的一种声音时,读书人就会失去学术独立和自由,也就会失去多元学术观点可能形成的学术创新与再创造。有例为证,由于《康熙字典》是钦定的官方字书,即使有些学者发现了其中的问题,他们也不敢指错和直接批判。乾隆时期,王锡侯纂《字贯》60卷,意图对《康熙字典》进行纠错,但是被人告发,后全家被处死,并且王锡侯的著作也被销毁。这就是专制和官方标准带来的学术控制与限制,让读书人和学者们噤声。虽然前面我们分析了清代官刻图书的积极影响,其让读书人有书可读,但是从另外一个角度看,其消极影响也十分深远,不仅给读书人划定了可读内容的范围,而且对越界读书进行惩罚,让读者不敢越雷池一步。

二、私刻和坊刻

1. 私刻

清代前期,私家刻书的数量大、质量高,是历代私家刻书的兴盛时期。其原因主要是清代私家藏书兴盛刺激了刻书,而且学者个人考证、校勘、整理图书之风带动了刻书的发展。

清代前期私家刻书主要分为两类:[①]一类是学者文人将自己的著作和前贤诗文刊刻成书。这类书大都是手写上版,即所谓"写刻",选用纸墨都比较考究,是刻本中的精品,世称"精刻本"。这类书,诸如著名书法家林佶,曾手写汪琬撰《尧峰文钞》、陈廷敬撰《午亭文编》、王士禛撰《古夫于亭稿》《渔洋精华录》,它们被藏书家誉为"林氏四写";康熙四十二年(1703)刻印的《汤子遗书》为古吴范稼庵所写;雍正年间何元安所刻《读杜心解》由张亭俊手写上版;乾隆十二年

[①] 肖东发:《中国编辑出版史》,上册,沈阳:辽海出版社,2005年,354—375页。

(1747)程哲七略书堂写刻了《带经堂全集》;乾隆十四年(1749)郑燮亲自写版,由其门人弟子刻印了《板桥集》。① 另一类是考据、辑佚、校勘学兴起之后,藏书家和校勘学家辑刻的丛书、逸书,或影摹校勘的旧版书。顾千里给黄丕烈校刻的宋本《国语》《战国策》《隶释》《易林》《舆地广记》,给孙星衍校刻的宋本《古文苑》、元本《唐诗疏议》,给汪士钟校刻的宋本《仪礼疏》,给张敦仁校刻的宋本《仪礼注疏》,给吴鼒校刻的宋本《韩非子》等,都属于上乘刻本。据张之洞《书目答问》及叶德辉《书林清话》所记,清代编刻的丛书有130余种之多,较著名的有黄丕烈的《士礼居丛书》、鲍廷博的《知不足斋丛书》、卢文弨的《抱经堂丛书》、毕沅的《经训堂丛书》、孙星衍的《平津馆丛书》、钱熙祚的《守山阁丛书》等。②

  清代前期私家刻书的贡献和对阅读的影响主要有以下三点。(1)私家刻书让学者个人的学术成果和先贤的文章得以流传,丰富了文化成果,也丰富了读书人的阅读书目。(2)私家刻书的非营利性,让更多无钱买书或买不起书的读书人有书可读,真正是嘉惠学林。如清代著名刻书家张海鹏曾经阐发刻书之惠:"藏书不如读书,读书不如刻书。读书只以为己,刻书可以泽人。上以寿作者之精神,下以惠后来之沾溉。"③张之洞在《劝刻书说》中曰:"刻书者,传先哲之精蕴,启后学之困蒙,亦利济之先务,积善之雅谈也。"④这对读书人真是一大功绩。(3)清代前期私家刻书,品质精良,刊刻精致,为读书人提供了质量上乘、版本精美、品质优良的好书,是对出版文化和社会文化发展的一大贡献。

---

① 吴永贵:《中国出版史》,上册·古代卷,长沙:湖南大学出版社,2008年,284页。
② 吴永贵:《中国出版史》,上册·古代卷,长沙:湖南大学出版社,2008年,284页。
③ 严佐之:《近三百年古籍目录举要》,上海:华东师范大学出版社,1994年,91页。
④ 徐雁、王燕均:《中国历史藏书论著读本》,成都:四川大学出版社,1990年,505页。

2. 坊刻

坊刻，是指民间书坊刊刻书籍，一般以营利为目的，其出版发行的图书以面向大众读者为主，主要读物包括小说、私塾教材和蒙学读物、戏曲、唱本、医书、星占书、农书、类书、日用杂书等。坊刻有别于官刻和私刻。从刻书目的而论，官刻主要是为了传道教化，所刻书常常为皇帝赠品；私刻多为了学术名声；坊刻完全取决于市场需求。①官刻图书，多被当作珍品收藏而有碍于流传和借阅；私刻图书，其多在学者文人间流传，与大众读者较远；坊刻图书面向市场，市场需求最大的是大众读物，因而坊刻图书流向大众的范围最广，读者数量最多。

清代前期坊刻，刻书数量大，发行范围广，对清代书业和阅读文化的发展起到了积极的促进作用。清代坊刻遍及全国，主要集中于北京、南京、苏州及扬州等地。②

清代前期坊刻的小说，诸如有益堂刻《儿女英雄传》等，宝经堂刻《绣像第一才子书》等，聚珍堂刻《红楼梦赋》，老二酉堂刻《说岳全传》等，书业堂刻《后西游记》《说呼全传》《豆棚闲话》《英云梦传》等，金阊书坊黄金屋刻《新刻世无匹传奇》，宝翰楼刻《毛宗岗评四大奇书第一种》(即《三国演义》)《李卓吾评忠义水浒全传》等。

私塾教材和蒙学读物，诸如《四书》《五经》《三字经》《百家姓》《千字文》《弟子规》《千家诗》《唐诗三百首》等，如善成堂刻《监本书经》《唐诗三百首补注》等，藜光阁刻《三字经注解备要》《百家姓考略》《千字文释义》等，宏道堂刻《笠翁对韵千家诗》等，聚珍堂刻《幼学琼林》《书经》《御制翻译四书》《初学必读》《四书章句》《满文圣谕广训》等。

清代前期坊刻在官刻和私刻之外，补充了书业市场对于大众读

---

① 黄镇伟：《坊刻本》，插图珍藏本，南京：江苏古籍出版社，2002年，4页。
② 吴永贵：《中国出版史》上册·古代卷，长沙：湖南大学出版社，2008年，297页。

物的需求,特别是小说类图书、私塾教材和蒙学读物的出版发行,这些书籍面向的读者群体人数最多。小说类通俗文学作品,但凡识字就可读,并且坊刻不像官刻和私刻那样注重校勘与纸张等质量要求,相对而言价格较低,容易被读书人接受和购买,因而更容易流传和为广大普通读者所喜爱。私塾教材和蒙学读物,主要面向受教育者和初学者。一般在家庭经济允许的条件下,接受教育者都会购买相关读物。由于初学者数量大,且这些书籍发行数量大、价格不高,最终它们能够影响到的读者数量相对较多。这些由书坊刊刻的图书,在社会上影响并形成了读者数量相对较大的读者群体,相关内容将在本书读者群体研究部分进一步阐述。

三、书院刻书

清代前期的书院经历了被禁止—复苏—兴盛的发展阶段。顺治九年(1652)规定:"不许别创书院,群聚结党,及号召地方游食之徒,空谈废业,因而起奔竞之门,开请托之路。"①清代初期,书院的发展受到政策限制。康熙时政策限制有所缓和。雍正十一年(1733),上谕记载:

> 朕临御以来,时时以教育人才为念,但稔闻书院之设,实有裨益者少,浮慕虚名者多,是以未曾敕令各省通行,盖欲徐徐有待,而后颁降谕旨也。近见各省大吏,渐知崇尚实政,不事沽名邀誉之为;而读书应举者,亦颇能屏去浮嚣奔竞之习。则建立书院,择一省文行兼优之士读书其中,使之朝夕讲诵,整躬励行,有

---

① 索尔纳等纂修,霍有明、郭海文校注:《钦定学政全书校注》,武汉:武汉大学出版社,2009年,94页。

所成就,俾远近士子观感奋发,亦兴贤育才之一道也。督抚驻扎之所,为省会之地,着该督抚商酌举行,各赐帑金一千两。将来士子群聚读书,须预为筹画,资其膏火,以垂永久。其不足者,在于存公银内支用。封疆大臣等,并有化导士子之职,各宜殚心奉行,黜浮崇实,以广国家菁莪棫朴之化。①

雍正皇帝取消了严禁书院的政策,并在财政上给书院发展以支持。此后,各地纷纷新建或者恢复书院,但是此后书院多为官立的,而且处于官办学校的辅助地位。《清史稿》记载:

> 各省书院之设,辅学校所不及,初于省会设之。世祖颁给帑金,风励天下,厥后府、州、县次第建立,延聘经明行修之士为之长,秀异多出其中。高宗明诏奖励,比于古者侯国之学。儒学寖衰,教官不举其职,所赖以造士者,独在书院。其裨益育才,非浅鲜也。②

由此可知,清代前期书院多属于官立并且受官府严格监管。

清代前期的书院不仅数量多,而且刻书的数量也多。但是,有能力刻书的,仅限于一些有影响的、财政实力强的书院,如广雅书院、尊经书院、大梁书院、嵩阳书院、朱阳书院、文清书院、明道书院、紫云书院、豫南书院、百泉书院、南阳书院等。清代书院刻书中,地方文献占据很大部分,主要是地方志和具有地方特色的诗文集。③

清代前期书院刻书主要有以下几种。第一,学规、章程类。第二,参考书类。主讲书院者大都是著名的学者,如孙奇逢主讲百泉书

---

① 《世宗宪皇帝实录》,卷一二七,见《清实录》,第八册,北京:中华书局,1985年,665—666页。
② 赵尔巽等:《清史稿》,卷一百六,北京:中华书局,1976年,3119页。
③ 赵连稳、朱耀廷:《中国古代的学校、书院及其刻书研究》,北京:光明日报出版社,2007年,217页。

院,耿介主讲嵩阳书院,窦克勤主讲朱阳书院,钱仪吉主讲大梁书院,苏源生主讲文清书院。他们往往指定一些参考书让学生阅读,书院也乐意把这些参考书刻印出来让学生使用。冉觐祖在嵩阳书院讲学,书院将其自编参考书加以刻印,出版后,凡是该书院的学生,"各手一册,以奉先儒之典型,即启其地,复垂其训,相须而有成,又深为后学幸也"。① 第三,学术著作类。一些书院往往把师生自己的著作刻印出来,繁荣书院的学术。清初著名数学家杜知耕晚年归故里,游学朱阳书院,著有《数学钥》《几何论约》。清初另外一位大学者,著名道学家、天文学家、数学家、律吕学家李之铉,曾经游学朱阳书院,著述12种,编辑为《隐山鄙事》。这两位学者的著述均由当时的朱阳书院刻印。耿介的《中州道学编》《理学要旨》由嵩阳书院刻印,苏源生的《大学臆说》《贞寿堂赠言》《师友札记》及《国朝中州文征》《鄢陵文献志》由文清书院刻印。第四,历史文献类。康熙时期,朱阳书院窦氏刻印《窦静庵先生遗书》;乾隆时期,嵩阳书院刻印《镜烟堂十种》;道光十年(1830),大梁书院刻印《十一经音训》。第五,方志类。清朝政府重视编修方志,各地书院也纷纷编纂书院志。书院志完整地保存了书院的历史沿革、概况、教学规程、著名学者的活动及其诗文等资料。因此,书院往往对其加以刻印行世。如清初嵩阳书院刻印了敬恕堂主人的《嵩阳书院志》;康熙三十年(1691),紫云书院刻印了李灼然的《赦赐紫云书院志》。②

清代前期书院的学校辅助地位,决定了其所刻图书主要是为书院教学服务的。诸如书院刊刻出版大量教学参考类书和书院师生的学术著作,这些书不仅是书院学生学习的读物,而且是扩大书院影响

---

① 耿介:《中州道学编·冉觐祖序》,见《四库全书存目丛书》编纂委员会《四库全书存目丛书》,史部,第121册,济南:齐鲁书社,1996年,6页。
② 赵连稳、朱耀廷:《中国古代的学校、书院及其刻书研究》,北京:光明日报出版社,2007年,218—220页。

力的重要依据。清代前期的书院刻书是清代前期出版事业的一个组成部分,其出版物以服务教学为主要特征,其读者对象主要是书院的教师和学生,当然学术类著作和历史文献等出版物也可以通过流向社会而产生更深远的影响。

四、清代前期图书整理及其对阅读的影响

清代前期图书整理,主要是指对清代以前和当代出版的图书进行分类编目、校勘等文献整理活动。通过整理,留给当代和后世的图书更具有可读性,图书内容更加可靠和可信,对图书质量和阅读品质的提升都有着非常重要的意义。

清廷崇儒重道,兴学取士,激发了很多读书人走向科场。为了在科举中取胜,学子们读书的热情很高,对图书的需求增加,特别是对儒学和理学等科考图书的需求量大增。但是很多图书由于脱误不全,"有断烂而部不完,有删削而篇不完,有节抄而文不完,有脱误而字不同,有增补而书不同,有校勘而本不同。使不载明为何本,则著者与读者所见迥异",[①]已经无法满足学子和读书人的需要。一些书的残本、误本和别本,"所言是非得失,皆与事实大相径庭,是不惟厚诬古人,抑且贻误后学",[②]学子若读这些书将被严重误导,与读书初衷相去甚远。为此,一些学者对图书进行整理,将其重新刊刻出版。以王念孙父子校勘图书为例,王念孙及其子王引之同是乾嘉学派的代表人物。王念孙师承戴震,对古书博闻强记,精文字、音韵、训诂和校勘。其子王引之,家学相传,亦精小学和校勘。二人知识素养深厚,校书用力最勤,成果显著。王念孙父子校书以方便学子读书为宗

---

① 余嘉锡:《目录学发微》,北京:中国人民大学出版社,2004年,78页。
② 余嘉锡:《目录学发微》,北京:中国人民大学出版社,2004年,79页。

旨，对学子读书的实际帮助主要体现在以下几点。(1)王念孙父子校书主要是为了满足学子读书的需要。古书流传至清，有的脱误严重，义理难寻；有的因脱误使典章的事实与原来大违。学子若读此误书，就会被其所误。针对这种情况，王念孙父子等一些学者认为，为了满足学子读书的需要，必须删衍、补脱、纠谬、理乱，以恢复古书之原貌。(2)为了满足学子读书的需要，王氏父子首先选校他们喜读的书，这些书也是当时实用的书，如《史记》《汉书》《吕氏春秋》等。(3)为使学子能读通古书，王氏父子在校书的同时，对其内容还做了很多诠解工作。章太炎《訄书·订文》评其说："高邮王氏以其绝学释姬(周)汉古书，冰解壤分，无所凝滞。伟哉，千五百年未有此人。"王氏父子的《广雅疏证》《读书杂志》《经义述闻》《经传释词》四部著作被认为是当时训诂和校勘兼而有之的代表作。(4)为了学子检阅方便，王氏父子将每书校毕后，多写序跋和校记附于书之前后。这些序跋和校记不仅能告诉学子某书哪里有误，如何订正，还能告诉他们某书有几种版本，何本为优，怎样读它。这对学子读书治学无疑能起到指示门径的作用。(5)为了使学子能读到校过的书，王氏父子还尽量将所校诠的书刊出。如其刊印所校的《汉书》《淮南内篇》等，有20多种。王氏的做法受到学子欢迎，得到学者赞扬。(6)古书多无句读，学子读起来甚为不便，并且句读不同，文意也就有差异。为此，王氏父子在刊印他们所校的书时加上了句读。此举在清儒中仅有王氏父子为之，其做法对学子理解古书有很大帮助。①

　　清代前期图书整理中的编目分类，最大的官修目录成果就是《四库全书总目》，还有其他私人藏书家编纂的书目，如《绛云楼书目》《述古堂藏书目》《好古堂书目》《读书敏求记》等。这些书目对于读者而言是非常好的工具和助手。首先，读者利用这些书目，可以节省很多

---

① 叶树声、许有才：《清代文献学简论》，合肥：安徽大学出版社，2004年，40页。

查阅的时间,从而提高读书效率。清章学诚说:

> 部次流别,申明大道,叙列九流百氏之学,使之绳贯珠联,无少缺逸,欲人即类求书,因书究学。至理有互通,书有两用者,未尝不兼收并载,初不以重复为嫌,其于甲乙部次之下,但加互注以便稽检而已。古人最重家学,叙列一家之书,凡有涉此一家之学者,无不穷源至委,竟其流别,所谓著作之标准,群言之折衷也。如避重复而不载,则一书本有两用,而仅登一录,于本书之体,既有所不全;一家本有是书,而缺而不载,于一家之学,亦有所不备矣。①

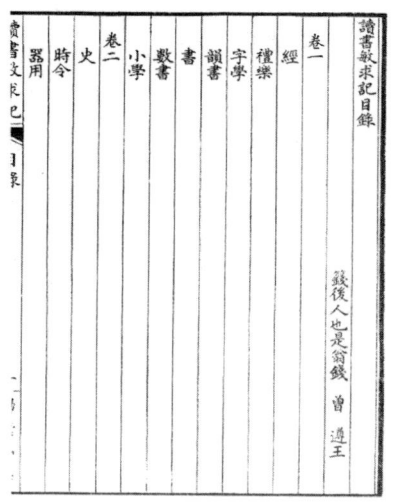 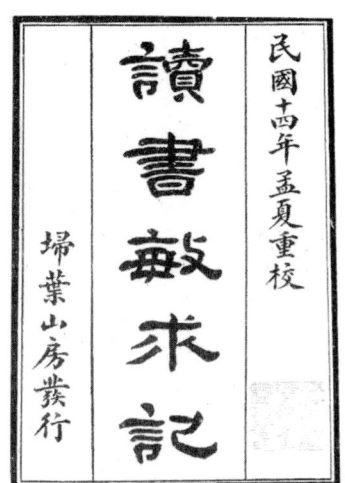

《读书敏求记》

浩繁的图书经过分类,读者可以按图索骥,依类找书,进而将相对集中的同类图书一览究竟,对治一门学问而言,既方便快捷,又能够对一家之学或者同类图书做全面了解和阅读。其次,这些书目是

---

① 章学诚:《校雠通义》,北京:中华书局,1985年,7页。

读书人治学的门径。清代著名学者王鸣盛说:

> 目录之学,学中第一紧要事。必从此问途,方能得其门而入。①

又说:

> 凡读书最切要者,目录之学。目录明,方可读书;不明,终是乱读书。②

《十七史商榷》

清代学人整理编纂的目录,对于读书人的选书和读书治学有着重要的引导价值。

---

① 王鸣盛:《十七史商榷》,商务印书馆,1937年,1页。
② 王鸣盛:《十七史商榷》,商务印书馆,1937年,53页。

第二节　清代前期的出版物和读物

在各出版机构和大量图书编撰人员的努力下,清代前期的出版物数量巨大,种类丰富,为清代读书人创造了一个有书可读的环境。清代前期的出版物,以大型图书《四库全书》最为著名,其次经、史、子、集四部皆备,自然科学类图书丰富了学科门类和知识体系,教材和考试用书为科举士子热衷的读物,通俗文学类图书成为市场热销书籍。

一、大型图书《四库全书》

盛世修书,在清代最好的例证就是,乾隆朝以皇帝的名义,诏令编修《四库全书》。这套耗时约 20 年的大型丛书,就是在史上所称的康乾盛世时期编修而成的。乾隆三十七年(1772),安徽学政朱筠上奏搜访校录图书的四项建议:一、旧刻抄本,尤当急搜。二、金石之刻,图谱之学,在所必录。三、中秘书籍,当标举现有者,以补其余。四、著录校雠,当并重。在第三条建议中,他提议从《永乐大典》中辑录遗书:"臣在翰林,常翻阅前明《永乐大典》,其书编次少伦,或分割诸书以从其类,然古书之全而世不恒觏者,辄俱在焉。臣请敕择取其中古书完者若干部,分别缮写,各自为书,以备著录。"①乾隆皇帝首肯了朱筠的建议,乾隆三十八年(1773),在大学士刘统勋的一份奏折上

---

① 《安徽学政朱筠奏陈购访遗书及校核〈永乐大典〉意见折》,见中国第一历史档案馆《清代档案史料・纂修四库全书档案》,上,上海:上海古籍出版社,1997 年,20—21 页。

批曰:"将来办理成编时,著名四库全书。"①确定开始编书,并明确了《四库全书》之书名。后乾隆帝下诏令"择其醇备者付梓流传,余亦录存汇辑,与各省所采及武英殿所有官刻诸书,统按经、史、子、集编定目录,命为《四库全书》,俾古今图籍,荟萃无遗,永昭艺林盛轨"。② 乾隆下令特设修书馆,即四库全书馆开馆修书。由于"现在办理四库全书,卷册浩繁,必须多派大臣董司其事",因此先期任命刘统勋等人为正总裁,英廉等人为副总裁,③任命翰林院编修纪昀和军机处郎中陆锡熊为总纂官。据统计,自四库全书馆开馆至第一部书成,历任馆职者共360人,④参加抄写、装订的有3000多人。

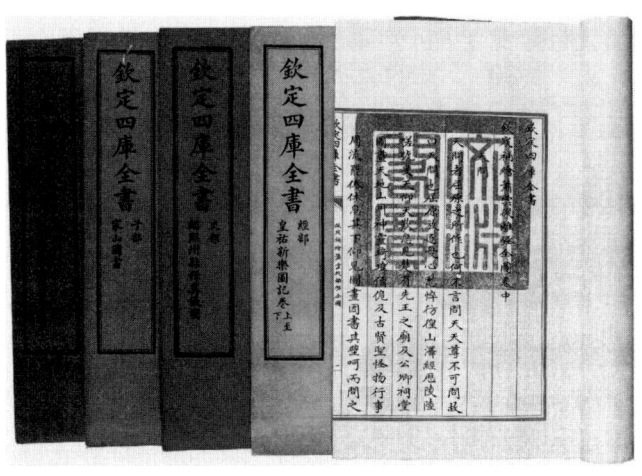

《钦定四库全书》

---

① 《大学士刘统勋等奏议定校核〈永乐大典〉条例并请拨房添员等事折》,见中国第一历史档案馆《清代档案史料·纂修四库全书档案》,上,上海:上海古籍出版社,1997年,58—60页。
② 《谕内阁传令各督抚予限半年迅速购访遗书》,见中国第一历史档案馆《清代档案史料·纂修四库全书档案》,上,上海:上海古籍出版社,1997年,67—69页。
③ 《谕着刘统勋等为四库全书处正总裁张若溎等为副总裁》,见中国第一历史档案馆《清代档案史料·纂修四库全书档案》,上,上海:上海古籍出版社,1997年,73—74页。
④ 任松如:《四库全书答问》,成都:巴蜀书社,1988年,8页。

1. 图书的征集和甄选

乾隆三十七年(1772)下诏:"今内府藏书,插架不为不富,然古来著作之手,无虑数千百家,或逸在名山,未登往史,正宜及时收集,汇送京师,以彰千古同文之盛,其令直省督抚会同学政等,通饬所属,加意购访。"①此前的征书令,为即将开始的《四库全书》编纂工作做好了铺垫。四库全书馆开馆后,征书命令得到有效落实。在中央和地方政府的大力搜集下,以及在众多藏书家的积极配合下,四库全书馆共征集到图书 12237 种。

对所收集的图书,四库全书馆进行分门别类甄选。凡有益于世道人心之书,一面抄列四库中,一面付印流通天下,是为"应刻之书";凡有裨实用之书,仅抄列四库中而不再付印,即为"应钞之书";凡应刻应抄之书,皆收入四库书中,即为"著录之书";其书虽关系世道人心,有裨实用,而其中有俚浅讹谬之言,不抄录于四库中,仅存其书名于总目,是为"存目之书";下列四种,著录、存目一概不收:(1)词意抵触清朝者,(2)其人实不足齿者,(3)释道二教之经忏章咒等,(4)依声填调剧词小曲等。②

2. 图书的整理

对于征集来的图书,首先,校读和比较同书异本,选取较好的底本。其次,对选用的底本做飞签、眉批等初步加工,即提出初审和审读意见。最后,送纂修官复审和送总纂官三审,经过三审之后送御览。这项工作的参与者是所有征集来图书的第一读者,他们务必对选入四库的底本和未选入的图书认真阅读,发现其中的异同和问题,并提出审读意见;二审的纂修官主要读选入的底本,并对初审意见做

---

① 《谕内阁着直省督抚学政购访遗书》,见中国第一历史档案馆《清代档案史料·纂修四库全书档案》,上,上海:上海古籍出版社,1997年,1—2页。
② 任松如:《四库全书答问》,成都:巴蜀书社,1988年,30—31页。

出回应;三审的总纂官也是直接读底本;皇帝不仅读底本,还要对馆臣们的意见做出决断,这将直接影响着之后刊刻的书的全貌,也直接影响着后来阅览四库中图书的所有读者所读的内容。

3.抄写和校订

经过整理的图书,作为定本,将由抄写员按照体例要求抄写。抄写过程也按照分工,进行抄写、校对和校订,尽量避免出现差错。

编纂成果。《四库全书》全本一套,著录之书,3457种,79070卷;存目之书,6766种,93556卷。① 《四库全书》每份装订为36000册,6752函。

在编纂《四库全书》的过程中,还产生了下列各书。

《四库全书总目提要》,对著录和存目之书,汇编书名,每条书目下撰写提要,包括该书原委、著者信息、内容概述等。

《四库全书荟要》,由乾隆皇帝命令四库全书馆臣,择其优精者,在《四库全书》之前编成,收书464种,每书前有提要,缮写两份,分别藏于紫禁城坤宁宫后御花园内摛藻堂和圆明园长春园含经堂内味腴书室。②

《四库全书简明目录》,《四库全书总目提要》的简本,只著录书名、卷数、著者等信息。

《四库全书考证》,由乾隆皇帝命令将编《四库全书》过程中校勘校订图书的记录进行汇编和排版刊印,让此书流传民间。

《武英殿聚珍版丛书》,乾隆皇帝亲自命名的一部书,乾隆三十九年(1774)谕旨曰:"武英殿现办四库全书之活字版,著名为武英殿聚珍版。"③ 所收录的书因为行款版式完全相同,首有高宗题诗十韵,每

---

① 任松如:《四库全书答问》,成都:巴蜀书社,1988年,60页。
② 任松如:《四库全书答问》,成都:巴蜀书社,1988年,61页。
③ 《谕武英殿现办四库全书之活字版著名为武英殿聚珍版》,见中国第一历史档案馆《清代档案史料·纂修四库全书档案》,上,上海:上海古籍出版社,1997年,204页。

书首页首行之下有"武英殿聚珍版"六字。乾隆四十一年(1776),颁布《武英殿聚珍版丛书》排印并广为流传。

4. 藏书七阁与乾隆的初衷

乾隆四十六年(1781)十二月,第一份《四库全书》抄写完毕。① 接着,抄写了第二、三、四份。四份《四库全书》分别藏于文渊阁、文溯阁、文源阁、文津阁,这就是所谓的"北四阁"。后又抄写了三份,分别藏于文宗阁、文汇阁和文澜阁,这就是所谓"南三阁"。具体如乾隆谕旨:

> 朕稽古右文,究心典籍,近年命儒臣编辑《四库全书》,特建文渊、文溯、文源、文津四阁,以资藏庋。现在缮写头分告竣,其二、三、四分限于六年内按期蒇事,所以嘉惠艺林,垂示万世,典至钜也。因思江浙为人文渊薮,朕翠华临莅,士子涵濡教泽,乐育渐摩,已非一日,其间力学好古之士、愿读中秘书者,自不乏人。兹《四库全书》允宜广布流传,以光文治。如扬州大观堂之文汇阁、镇江金山寺之文宗阁、杭州圣因寺行宫之文澜阁,皆有藏书之所,着交四库馆再缮写全书三分,安置各该处,俾江浙士子得以就近观摩誊录,用昭我国家藏书美富、教思无穷之盛轨。②

由此可见,首先,乾隆皇帝对《四库全书》缮写七份,分别庋藏的用心良苦,"嘉惠艺林,垂示万世,典至巨也","昭我国家藏书美富、教思无穷之盛轨"。其次,乾隆皇帝对江浙人文环境以及对江南读书人的褒扬。最后,乾隆皇帝希望读书人,"力学好古之士、愿读中秘书者",能够就近阅览和誊抄《四库全书》。这一点难能可贵,表现了乾

---

① 《谕内阁全书第一分完竣所有总校等着总裁查明咨部照例议叙》,见中国第一历史档案馆《清代档案史料·纂修四库全书档案》,下,上海:上海古籍出版社,1997 年,1446 页。
② 《谕内阁着交四库馆再缮写全书三分安置扬州文汇阁等处》,见中国第一历史档案馆《清代档案史料·纂修四库全书档案》,下,上海:上海古籍出版社,1997 年,1588—1590 页。

隆皇帝比较开放的思想和理念,让读书人可以就近读书,并且《四库全书》可以开放给读书人阅览和誊抄。其实仔细分析,乾隆皇帝有意让这七份《四库全书》分别庋藏于北方和南方各地,能辐射和覆盖到全国,并且有意让这七份《四库全书》都可以给读书人阅览,而不是让它们成为藏而不用的死书。对于分藏于"北四阁"的《四库全书》,乾隆皇帝讲"嘉惠艺林,垂示万世",是让读书人和后世受益;对于分藏于"南三阁"的《四库全书》,乾隆皇帝讲"士子得以就近观摩誊录,用昭我国家藏书美富、教思无穷之盛轨",是让读书人阅读抄写。从统治者教化人的政治意图来看,也许有虚伪成分,毕竟当时发生了文字狱。但是在这里,我们有意识地发现和理解乾隆皇帝刻意让全国读书人就近阅览《四库全书》的良苦用心,也不能违心抹杀和曲解。

5.《四库全书》的阅读政策

具体而言,对于《四库全书》的入阁阅览和抄写,清廷有何规定,我们大致了解如下。

(1)文渊阁本的阅览。乾隆四十一年(1776),《谕内阁着大学士会同吏部翰林院议定文渊阁官制及赴阁观览章程》中,乾隆皇帝谕旨:

> 至于四库所集,多人(间)未见之书,朕勤加采访,非徒广金匮石室之藏,将以嘉惠艺林,启牖后学,公天下之好也。惟是镌刊流传,仅十之一,而抄录储藏者,外间仍无由窥睹。岂朕右文本意乎?翰林原许读中秘书,即大臣官员中,有嗜古勤学者,并许告之所司,赴阁观览。第不得携取出外,致有损失。①

这里乾隆皇帝声明,《四库全书》不仅仅是为了藏,也是为了用,"非徒

---

① 《谕内阁着大学士会同吏部翰林院议定文渊阁官制及赴阁观览章程》,见中国第一历史档案馆《清代档案史料·纂修四库全书档案》,下,上海:上海古籍出版社,1997年,518页。

广金匮石室之藏,将以嘉惠艺林,启牖后学,公天下之好也"。但是对于文渊阁所藏《四库全书》,规定"大臣官员中,有嗜古勤学者,并许告之所司,赴阁观览。第不得携取出外,致有损失",即面向大臣官员,并要经过允许才可以入阁阅览,严禁将书带出藏书阁。

(2)翰林院底本的阅览。乾隆五十三年(1788),《谕内阁文渊阁着交提举阁事一人专管并全书嗣后毋庸曝晒》中曰:

> 编辑《四库全书》,原以嘉惠士林,俾资博览。但文渊、文源、文津三阁储藏,俱系禁籞重地,现在排函列架,珍萃琳琅,自不便任人出入翻阅。且各书底本原系存贮翰林院,以备查核。嗣后词馆诸臣及士子等有愿睹中秘书者,俱可赴翰林院,白之所司,将底本检出抄阅,院署非禁地可比,既便于披览,于体制亦昭慎重。①

乾隆五十五年(1790),《谕内阁着江浙督抚等谆饬所属俟全书排架后许士子到阁抄阅》中曰:

> 翰林院现有存贮底本,如有情殷诵习者,亦许其就近检录,掌院不得勒阻留难。②

(3)"南三阁"藏本的阅览。乾隆四十九年(1784),据《谕内阁将来江浙文汇等三阁分贮全书许读书者领出传写》曰:

> 前因江浙为人文渊薮,特降谕旨,发给内帑,缮写《四库全

---

① 《谕内阁文渊阁着交提举阁事一人专管并全书嗣后毋庸曝晒》,见中国第一历史档案馆《清代档案史料·纂修四库全书档案》,下,上海:上海古籍出版社,1997年,2142—2143页。
② 《谕内阁着江浙督抚等谆饬所属俟全书排架后许士子到阁抄阅》,见中国第一历史档案馆《清代档案史料·纂修四库全书档案》,下,上海:上海古籍出版社,1997年,2189—2190页。

书》三分,于扬州文汇阁、镇江文宗阁、杭州文澜阁各藏庋一份。原以嘉惠士林,俾得就近抄录传观,用光文治。第恐地方大吏过于珍护,读书嗜古之士,无由得窥美富,广布流传,是千缃万帙,徒为插架之供,无裨观摩之实,殊非朕崇文典学,传示无穷之意。将来全书缮竣,分贮三阁后,如有愿读中秘书者,许其陆续领出,广为传写。全书本有总目,易于检查,只须派委妥员董司其事,设立收发档案,登注明晰,并晓谕借抄士子加意珍惜,毋致遗失污损,俾艺林多士,均得殚见洽闻,以副朕乐育人才、稽古右文之至意。①

乾隆五十五年(1790),《四库全书》陆续颁发入藏于"南三阁",乾隆《谕内阁着江浙督抚等谆饬所属俟全书排架后许士子到阁抄阅》曰:

该处为人文渊薮,嗜古好学之士自必群思博览,藉广见闻。从前曾经降旨,准其赴阁检视抄录,以资搜讨。但地方有司恐士子等翻阅污损,或至过为珍秘,阻其争先快睹之忱,则所颁三分全书,亦仅束之高阁,转非朕搜辑群书、津逮鬈髦之意。即武英殿聚珍版诸书,排印无多,恐士子等亦未能全行购觅。着该督抚等谆饬所属,俟贮阁全书排架齐集后,谕令该省士子,有愿读中秘书者,许其呈明到阁抄阅,但不得任其私自携归,以致稍有遗失。至文渊等阁,禁地森严,士人等固不便进内抄阅,但翰林院现有存贮底本,如有情殷诵习者,亦许其就近检录,掌院不得勒阻留难。如此广为传播,茹古者得睹生平未见(之书),互为抄录,传之日久,使石渠、天禄之藏,无不家弦户诵,益昭右文稽古,

---

① 《谕内阁将来江浙文汇等三阁分贮全书许读书者领出传写》,见中国第一历史档案馆《清代档案史料·纂修四库全书档案》,下,上海:上海古籍出版社,1997年,1768页。

嘉惠士林盛事,不亦善乎!①

据了解,有不少读书人到"南三阁"抄阅图书,有些将抄出来的图书翻刻刊印,使得一些图书得以流传更广,泽被更深远。

6.《四库全书》的阅读和抄写

据记载,有不少读书人,特别是一些学者,取道入阁查阅图书和抄写罕见版本,有的将抄写出来的图书翻刻,有的利用《四库全书》做学问撰写著作,利用了《四库全书》可读可用的价值。例如,阮元曾到浙江督学,其间到文澜阁《四库全书》中抄写了金、元时期数学家李冶著的《测圆海镜》,他在《重刻测圆海镜细草序》中曰:

> 《海镜》(《测圆海镜》)者,中土数学之宝书也。惜流传之本,不可多得。元(阮元)视学浙江,从文澜阁《四库全书》中抄得一本,宁波教授丁君小雅杰又以所藏旧本见赠,但通之者鲜。细草多伪,因嘱元和李君尚之锐算校一过。其文字隐奥难晓及立术于率不通者,李君又杂记数十条于书之上下方。盖敬斋此书,为数百年绝学。元(阮元)知学友中,惟尚之(清代数学家李锐)独能明之,其精通妙悟,即今之敬斋也。且其所以发明古人之术,阐绎圣祖之言者,为功亦巨矣哉! 歙县鲍君以文廷博请以是书刊入《知不足斋丛书》第二十集,即以畀之,及其刻成,而为序之如此。②

从中可知,《四库全书》收录了数学名著《测圆海镜》,但是此书流传不

---

① 《谕内阁着江浙督抚等谆饬所属俟全书排架后许士子到阁抄阅》,见中国第一历史档案馆《清代档案史料·纂修四库全书档案》,下,上海:上海古籍出版社,1997年,2189—2190页。
② 阮元:《重刻测圆海镜细草序》,见《续修四库全书》编纂委员会《续修四库全书》,1042,上海:上海古籍出版社,1996年,298页。

佳,阮元利用入文澜阁的机会,抄出此书,后经李锐校勘,再刊刻出版,使得这本数学宝书能够流传更广。

孙星衍(1753—1818)在《平津馆鉴藏记序》中自述其抄书情况:"向余游苏杭,及官京师时,所见秘府及市肆旧本甚多,既不能购写,及官外台,岁秩优厚,又以地僻无所得。先后从翰林院存贮底本及浙江文澜阁写录难得之书,或友人远致古籍,酬以重值。"①记录了他本人在翰林院抄《四库全书》之底本和在文澜阁抄《四库全书》之书,丰富了他的藏书,可见他曾进入文澜阁阅读其中的《四库全书》本图书。

钱熙祚(1800—1844),清代藏书家、刻书家,辑有《守山阁丛书》。阮元在《守山阁丛书序》中曰:"金山钱锡之(熙祚),辑《守山阁丛书》,为目百有十,为卷六百五十有二,其书多从浙江文澜阁录出。"②复仿照鲍廷博《知不足斋丛书》之例,辑为小集,取《抱朴子》语,名曰"指海",亦先后刻成十二集。这里说明了,钱熙祚所辑的《守山阁丛书》,大多是从文澜阁抄录出来的。钱熙祚抄录的图书版本较好,并且在刊刻时采用了《四库全书》中之提要。据记载,道光十五年(1835),钱熙祚等人进入文澜阁开始抄校《四库全书》。张文虎的《舒艺室杂著》中录有《孤麓校书图记》,记载道:"浙江文澜阁,在西湖孤山下,功令愿读中秘书者,许领出传写。道光乙未(1835)冬,钱熙祚通守辑《守山阁丛书》,苦民间无善本,约同人侨寓湖上之杨柳湾,去孤山二里许,面湖环山上有楼,楼下集群胥,间日扁舟诣阁领书,命抄毕,则易之,往返数刻耳。"③船上的人在抄校文澜阁的书时,"日夜读书,若未

---

① 孙星衍:《平津馆鉴藏记序》,见《平津馆鉴藏记·附补遗续编》,北京:中华书局,1985年,1页。
② 阮元:《守山阁丛书序》,见钱熙祚《守山阁丛书》,一,光绪乙丑年(1889)嘉平月鸿文书局石印本。
③ 张文虎:《舒艺室杂著》,见沈云龙《近代中国史料丛刊》,968,台北:文海出版社,1974年,339页。

始知有西湖者,邻人相笑以为痴,而不知湖之奇,吴曹尽之矣"。① 他们都忘了自己是在美景如画的西湖上,可见抄书之专心与用功。

钱熙祚入文澜阁抄校图书之余赋诗一首,记录他们在杨柳湾边的小楼上阅读和抄写文澜阁《四库全书》时的优美景色:

> 杨柳湾边僦小楼,画中诗思镜中秋。
> 清风入座丹黄罢,四壁湖山作卧游。
> 一角孤山倚日边,文澜光彩照潮埭。
> 草茅何福窥中秘,身到琅嬛第四天。②

二、经、史、子、集四部皆备

清代前期官府注重图书编撰,包括官刻、私刻等出版机构刻印发行了大量经、史、子、集各部类图书。

经类图书。清代前期统治者崇儒重道,以官刻为主导,编撰出版了大量经类图书。康熙朝,编撰的经部图书有《大学衍义》《日讲四书解义》《日讲书经解义》《孝经衍义》《春秋传说汇纂》《周易折中》《诗经传说汇纂》《书经传说汇纂》《四书章句集注》等。康熙五十二年(1713),康熙命理学家、大学士熊赐履、李光地等修成《朱子全书》;五十六年(1717),康熙又命李光地等人修订《性理大全》,纂成《性理精义》。雍正朝编撰的经部图书有《钦定诗经传说汇纂》《孝经集注》《钦定书经传说汇纂》《五经四书读本》《大礼记注》等。乾隆朝编撰的经部图书以《十三经注疏》最为著名,乾隆下诏"命大臣保荐经术之士,

---

① 张文虎:《舒艺室杂著》,见沈云龙《近代中国史料丛刊》,968,台北:文海出版社,1974年,340页。
② 叶昌炽著,王欣夫补正,徐鹏辑:《藏书纪事诗(附补正)》,上海:上海古籍出版社,1989年,643页。

钦定四库全书

御制朱子全书序

唐虞夏商周圣贤迭作未尝不以文字为重文字之重莫过五经四书每览古今凡传于世者代不乏人秦汉以下文章议论无非因时制宜讽谏陈事绳愆纠谬绝长补短之计耳若观文辞之雄摛藻之丽古人已有定论予何敢言但不偏于刑名则偏于好尚不偏于释道不偏于词章则偏于怪诞皆不近乎王道

《朱子全书》

辇至都下,课其学之醇疵。特拜顾栋高为祭酒,陈祖范、吴鼎等皆授司业,又特刊《十三经注疏》颁布学宫"。① 乾隆四年(1739),武英殿版

---

① 昭梿:《啸亭杂录·续录》,上海:上海古籍出版社,2012年,11页。

《十三经注疏》刊行,成为经部图书的范本,广为传播。还有其他经部图书,包括《日讲春秋解义》《钦定四书文》《三礼义疏》《周易述义》等书。学者编撰出版的经部图书包括黄宗羲《易学象数论》、胡渭《易图明辨》、惠栋《古文尚书考》、焦循《毛诗补疏》《孟子正义》、姚际恒《诗经通论》、刘宝楠《论语正义》等。

史类图书。诸如《明史》的修纂,从顺治二年(1645)开始,中间断断续续,直至雍正十三年(1735)完成,前后长达90年,成为历代费时最长的官修正史。清代官修实录,有《满洲实录》《太祖实录》《太宗实录》《世祖实录》《圣祖实录》《世宗实录》《高宗实录》《仁宗实录》《宣宗实录》《文宗实录》《穆宗实录》和《德宗实录》。方略的修纂,自康熙二十一年(1682)编纂《平定三逆方略》起,历朝皇帝设方略馆,共编纂了25部方略和纪略,即《平定三逆方略》《平定罗刹方略》《平定海寇纪略》《平定察哈尔方略》《亲征平定朔漠方略》《平定金川方略》《平定准噶尔方略》《开国方略》《临清纪略》《平定两金川方略》《兰州纪略》《石峰堡纪略》《台湾纪略》《安南纪略》《廓尔喀纪略》《巴布勒纪略》《平苗匪纪略》《剿平三省邪匪方略》《平定教匪纪略》《平定回疆剿擒逆裔方略》《剿平粤匪方略》《剿平捻匪方略》《平定陕甘新疆回匪方略》《平定云南回匪方略》《平定贵州苗匪纪略》。地方志和地理志的修纂,全国现存方志7413种,109143卷,而其中"修于清代的最多",诸如乾隆朝编纂的《盛京通志》《热河志》等。乾隆时期修纂的地理志书有《皇清职贡图》《皇舆西域图志》和《大清一统志》等。康熙年间,徐乾学总纂,万斯同等人共同编纂了编年体史书《资治通鉴后编》。章学诚著的《文史通义》,以讨论史学问题为主旨,提出"六经皆史"论,书中很多史学创见直接或间接影响着近代以来史学的发展。

《文史通义》

子类图书。清代前期,子书受到学者们的追捧,一些学者潜心整理子书,推动了子书研究的发展。梁启超曰:"自清初提倡读书好古之风,学者始以通习经史相淬厉,其结果惹起许多古书之复活。内中最重要者为秦汉以前子书之研究。"① 清代前期整理子书促进了子书研

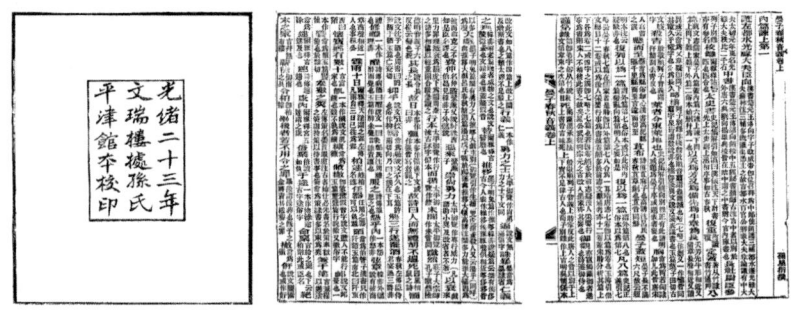

《晏子春秋音义》

究的复活,并为清末民初子书研究奠定了基础,诸如傅山《霜红龛集》《荀子评注》,汪容甫《荀卿子通论》《荀卿子年表》,卢文弨《荀子校勘》《韩非子校正》,毕秋帆集成的《墨子注》和注疏的《老子道德经考异》,

---

① 梁启超:《中国近三百年学术史》,北京:中国社会科学出版社,2008年,233页。

王夫之《庄子解》《庄子通》，阮元《曾子注释》，孙星衍《晏子春秋音义》等。

集类图书。清代前期集部图书，主要包括诗文集、小说、戏曲等体裁的作品。以官刻的帝王诗文集为例，康熙帝的文学类作品主要有《古文渊鉴》《御制诗初集》《御制诗二集》《御制文一集》《御制避暑山庄诗》等。雍正帝的诗文较少，有《悦心集》《清世宗御制文集》等。乾隆帝好文学，编著有《日知荟说》《乐善堂全集》《御制盛京赋》《乐善堂全集定本》《御制诗初集》《御制拟白居易新乐府》《御制全韵诗》《圆明园四十景诗》《御制咏左传诗》等。学者诗文集，诸如顾炎武《亭林诗文集》，吴嘉纪《陋轩诗》，屈大均《翁山诗外》《翁山文外》，钱谦益《初学集》《有学集》《苦海集》，吴梅村《梅村家藏稿》，王士禛《池北偶谈》《香祖笔记》，翁方纲《复初斋文集》，袁枚《小仓山诗文集》《随园诗话》，郑板桥《郑板桥集》等。清代前期的小说作品，诸如钱彩编《说岳

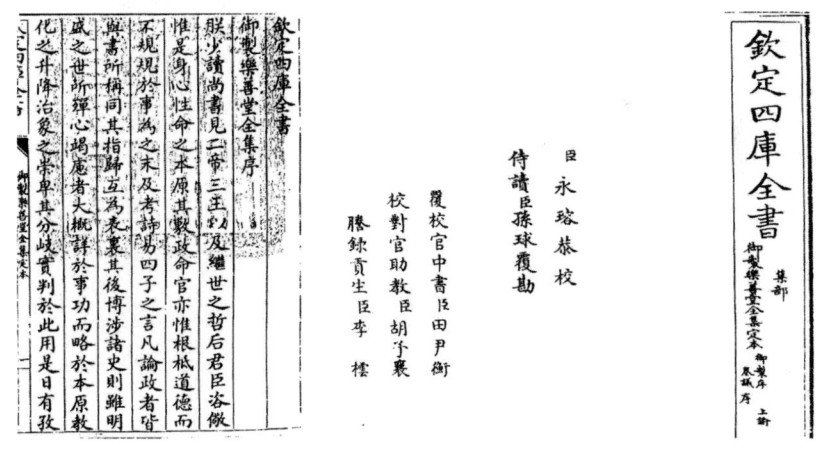

《乐善堂全集》

全传》，褚人获《隋唐演义》，如莲居士《说唐演义全传》，西周生《醒世姻缘传》，曹雪芹《红楼梦》，蒲松龄《聊斋志异》，吴敬梓《儒林外史》，张南庄《何典》，李汝珍《镜花缘》等。戏剧作品，诸如李玉《千钟禄》，

李渔《笠翁传奇十种》,唐英《古柏堂传奇》,洪昇《长生殿》,孔尚任《桃花扇》等。

三、自然科学类图书

清代前期,受西学东渐的影响,大量西方图书进入中国,其中不乏一些经传教士引进并在中国出版的自然科学类图书,此外也有受此影响整理出版的中国古代自然科学类图书。这些图书涵盖了天文学、数学、化学、物理学、医学、生物学、地理学、工艺及技术等自然科学领域,为清代的读书人带来了新的知识和阅读内容,扩展了时人的学术视野,丰富了时人的知识结构,对清代前期阅读文化是一种更新的刺激和充实。

天文学。虽然中国古代天文学成就辉煌,但是近代观测手段和技术相比西方有所落后。西方传教士带来的天文学著作,更新了中国天文学知识体系。利玛窦来中国后著有《乾坤体义》一书,将西方天文历法,即现行的公历引入中国。先后还有汤若望著的《历法西传》和南怀仁著的《坤舆图说》等西方天文学著作传入中国。受西方天文学知识的影响,李之藻撰写了《浑盖通宪图说》,介绍和推广了西方天文学知识。《历象考成》是一部论述历法推算的著作,由传教士戴进贤在底本基础上参与重编而成。乾隆二年(1737),据顾琮的建议,以梅瑴成、何国宗、戴进贤、徐懋德、明安图等人为主要成员,经五年多时间,编成《历象考成续编》,推动了天文学理论的发展。

数学。明末,利玛窦曾与徐光启合译了《几何原本》(前六卷),又与李之藻合译了《同文算指》,西方数学知识传入中国。清初,由于康熙喜好数学,西方数学类著作继续被翻译引进,诸如张诚翻译的《几何原本》(七卷)附《算法原本》(一卷),后又翻译了《算法纂要总纲》

《历象考成》

《勾股相求之法》《八线表根》等数学图书。康熙还令梅毂成整理编纂了《数理精蕴》，收录了明末至康熙年间传入中国的西方数学文献，这是对传入中国的西方数学知识的一次集成。雍正元年（1723），武英殿修书处刊刻了这套书，并多次印刷，使其流传到全国各地。

《数理精蕴》

医学。在古代医学发展成就的基础上,清代医学类新著作的问世,推动了中国医学的发展。出版发行的医学类著作主要有《医宗金鉴》《本草纲目拾遗》《医林改错》等。《医宗金鉴》,是清乾隆四年(1739)由太医吴谦负责编修的一部汉医丛书,被《四库全书》收入,这部御制钦定的医学教科书,汇集了中国古代医书的精华,切合临床实

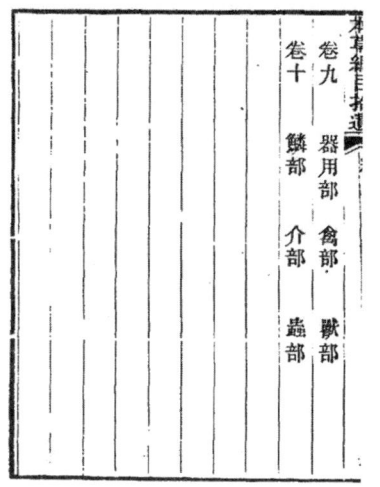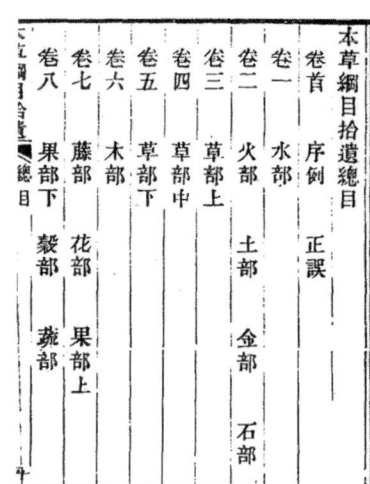

《本草纲目拾遗》

用,被多次翻刻重印,流传很广。《本草纲目拾遗》,由赵学敏编著于1765年,是继李时珍的《本草纲目》后,对药学的再一次总结,其目的是补《本草纲目》之遗和不详之处,有较高的学术价值。《医林改错》,王清任著,于道光十年(1830)在北京刊行,是王清任访验脏腑数十年呕心沥血之作,也是中国中医解剖学上具有重大革新意义的著作,该书由于对脏腑位置等重要医学知识的纠错,被后世多次再版印刷,广为传播,影响巨大。

地理学。随着中西文化交流的深入,西方人绘制的《世界地图》被利玛窦等人带入中国。这幅世界地图,是荷兰地理学家奥尔泰·里沃斯在1570年绘制的《世界地图册》里的世界概图。利玛窦又将其

翻译成中文,让中国人大开眼界。后来的艾儒略撰写了地图学著作《职方外纪》,南怀仁出版了地图学著作《坤舆图说》。这些地理学图书的出版,不仅向中国介绍了世界各地的地理概况,而且向中国传播了更为先进的西方地图学知识。

据统计,从明末刻印《几何原本》(1607 年)至清雍正帝驱逐传教士(1723 年)止,共译述天文学、数学、地理学等自然科学书籍有 132 种,其中有 32 种是在康熙时期翻译的,有的还被翻译成满文,并由内府刻印出版,如《故宫殿本书库现存目·清文书目》中载的《几何原本》《钦定星历考原》《日食图》《月食图》等。①

根据《中国出版通史》(清代卷)统计,现将清代翻译的部分天文学、地理学图书列表如下,以说明当时翻译刻印西方自然科学图书的状况。

书 名	撰译或编译者姓名	出版时间及地点
《康熙十年十一月十五日月食图》	南怀仁	1670 年北京
《验气说》	南怀仁	1671 年北京
《坤舆图说》	南怀仁	1672 年北京
《赤道南北星图》	南怀仁	1672 年北京
《仪象图》	南怀仁	1673 年北京
《御制简平新仪用法》	南怀仁	北京
《黄道总星图》	戴进贤	1737 年北京
《历象考成续编》	戴进贤、徐懋德	1742 年
《仪象考成》	戴进贤	1744 年北京
《仪象考成》	戴进贤	1752 年北京
《地球图说》	蒋友仁	1780 年

---

① 朱赛虹、曹凤祥、刘兰肖:《中国出版通史》,清代卷(上),北京:中国书籍出版社,2008年,80 页。

四、教材和考试用书

清政府入关后不久即实施兴学取士的文化政策，沿袭科举制度，为政府选拔人才。在兴学取士文化政策的激励下，很多读书人投入科举考试当中，意图取得功名。为了参加层层选拔考试并被录取，读书人和学子们都积极搜寻相关图书，特别是对学校教材和考试用书十分热衷。虽然这种为了考试而努力读书的现象不值得提倡，但是当时读书人和学子们在阅读教材和考试类书籍方面却投入了大量时间和精力。下面我们将对这些图书做简要梳理和介绍。

教材。教材的主要读者对象是各类学校的学生。一般学馆教材有《小学》《孝经》《公羊传》《周礼》《尔雅》《高原蒙求》《圣谕广训》等书。清唐鉴《唐确慎公集》卷五云："《孝经》《小学》最为蒙童切要之书，读之即知作人之道。"高一级的经馆教学内容则与官学招生考试相衔接，其教材主要为经、史、性理、时文、制艺等。从地方儒学的情况看，为保证对生员的品德教育及文化教育，清政府规定了一些必读图书，由朝廷统一下发，令所有学生诵读。在思想教育方面，康熙三十九年(1700)颁发了《上谕十六条》，"每月朔望，令儒学教官传集该学生员，宣读训饬，务令遵守"，[1]四十一年(1702)颁发《御制训饬士子文》；雍正元年(1723)颁发圣祖钦定《孝经衍义》，二年(1724)颁发《圣谕广训》，三年(1725)颁发《御制朋党论》。乾隆五年(1740)颁发《太学训饬士子文》。在文化教育方面，"四书""五经"、《性理大全》《资治通鉴纲目》《大学衍义》《历代名臣奏议》等为各儒学生员必读书。康熙时又令读《古文渊鉴》《周易折中》等。嘉庆以后，历朝均有向地方

---

[1] 索尔纳等纂修，霍有明、郭海文校注：《钦定学政全书校注》，武汉：武汉大学出版社，2009年，8页。

学宫颁书之举,包括《御制诗文集》《朱批谕旨》"二十一史""十三经""三通"等图书。①

科举考试用书。清代科举的主要考试内容沿用八股文形式,一般题目出自"四书""五经",所谓"四书"即《论语》《孟子》《大学》《中庸》,所谓"五经"即《易经》《诗经》《书经》《礼记》《春秋》。所有参加文科科举考试的读书人,都绕不开对"四书""五经"的熟读甚至背诵,因为"四书""五经"是他们打开科举大门的钥匙,谁拿到这把钥匙,谁才能考取。因此"四书""五经"在读书人的心目中地位非常高,这些书几乎可以决定他们的命运。其实在科举制度下,决定他们命运的关键是他们读与不读这些书,读懂与没读懂这些书,读懂的程度高与不高。清屈大均《拜五经》记载:"南海陈元,自恨不学,晨夕陈五经拜之,久之忽能识字。"②随着科举考试制度的演变,与考试内容相关的时文类图书大受学子们的喜爱,诸如《皇清经解》《通鉴辑览》《纲鉴易知录》《五经丛解》《大题文府》等时文和考试参考书广为流行,"如《五经夏造》《五经丛解》《大题文府》《小题十万选》等类,当时非不风行,士子辄手一编;迨科举既废,遂不值一钱"。③ 在《四库全书总目》的"存目"中,有大量应对科场考试的"四书""五经"相关辅助读物,以《诗经》为例,王锺毅的《诗经比兴全义》、赵灿英的《诗经集成》、范芳的《诗经汇诂》等都是专供考试用书。《四库全书总目》对赵灿英撰《诗经集成》的评述曰:"是书成于康熙庚午,大旨为揣摩场屋之用,故首列朱子《集传》,次敷衍语气为串讲,串讲之后为总解,全如坊本高头讲章,至总解之后,益以近科乡会试墨卷,则益非说经之体矣。"④可见当时人们对这些书的用途十分清楚。《续修四库全书总目提要》中

---

① 孙文杰:《清代图书市场研究》,武汉大学博士学位论文,2010年。
② 屈大均著,欧初、王贵忱主编:《屈大均全集》,四,北京:人民文学出版社,1996年,248页。
③ 张静庐:《中国近代出版史料》,二编,北京:中华书局,1957年,374页。
④ 永瑢等:《四库全书总目》,上,北京:中华书局,1965年,145页。

对清汪桓、鲁国玺同撰的《诗经衍义大全合参》（八卷）的评述："盖因永福黄坤五、金浦江缙云《诗经衍义》之旧，而略有增删也。其书分上、中、下三格，如高头讲章之式。下格为朱氏（朱熹）《集传》，中格摘录各家之说，上格即所谓《诗经衍义合参》也……鲜有新意，且意在为揣摩场屋之用，签释文义，终不免乡塾之见。如章旨主意，其所推阐，多以意断制，钩剔字句，摹仿语气，不脱时文之习，盖皆为科举而设。"①其中直指此书揣摩科举考试之目的，为科举考生特设相关内容和编写方式，本不应作为解经之作。在清代，这种用于科举的考试类书籍有很多，有些直接为服务科举考试而编写，有的形式稍微隐晦，但是也脱不开科举应试的本质和目的，上述两例就是很明显的实证。虽然我们无法考察清代学子对于科举应试类书籍的阅读产生了多大的效果和意义，但是它们作为考试必读书，想必很多学子和应试者都无法回避对这些书的阅读，这也就出现了一个科举读者群体和一种阅读考试用书的特有现象，这些现象值得我们继续分析和研究。

五、通俗文学类图书

清代的文学著作，无论是诗、词还是戏曲、小说都取得了重要成就。尤其是小说，数量空前，风格流派多样，涌现了具有世界影响的巨著，②诸如《聊斋志异》《儒林外史》《红楼梦》等。明清时期的通俗小说更是小说发展的突出代表，"中国古代文学发展到明清时期，以《三国演义》和《水浒传》的出现为标志，从此进入了通俗小说占绝对主导地位的新时期"。③ 通俗小说，是小说的一种题材类型，以满足社会大

---

① 中国科学院图书馆：《续修四库全书总目提要·经部》，北京：中华书局，1993年，332—333页。
② 郑士德：《中国图书发行史》，增订本，北京：中国时代经济出版社，2009年，554页。
③ 刘洪仁：《古代通俗小说》，成都：四川人民出版社，2009年，33页。

众读者需要为主,以娱乐性和消遣性为创作目的,突出情节的引人入胜和人物形象的传奇脱俗。在清代前期,通俗小说由于受到广大民众的喜爱,即使在清廷有禁令的情况下,其出版发行的数量仍然非常大,市场流通广,有的小说甚至畅销。这个局面的形成,主要原因在于雕版印刷等技术提高了图书出版效率,可流通到市场的图书数量大增;社会文化环境方面,读者在严酷的现实面前,对消遣性和娱乐性的通俗小说需求增大;图书市场方面,书坊增多,他们也更热衷于刻印销量大的通俗小说以谋取更多利润。

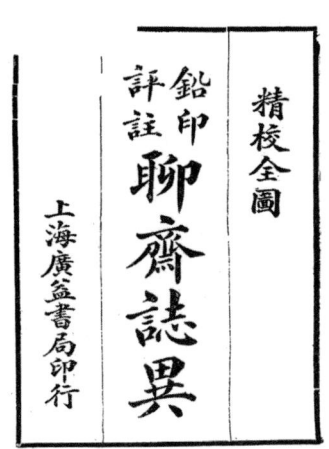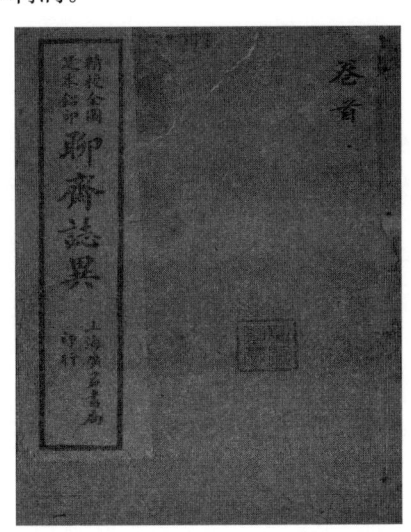

《聊斋志异》

据调查统计,清代前期的小说出版者有 177 家,其中书坊刻主(商业型书坊)有 137 家,另有文人型出版者(多为小说作者及其后来成立书坊的作者)40 家。① "经过调查,现存清代前期所刻新的小说(含新撰及新评)共 113 种(以下简称原刻本),重刻 100 种(以下简称重刻本),共计版本 213 种;已经亡佚的刻本 35 种,其中原刻本 27 种,重刻

---

① 文革红:《清代前期通俗小说刊刻考论》,南昌:江西人民出版社,2008 年,596 页。

本 8 种,全部清代前期版本合计原刻本 140 种,重刻本 108 种,共计版本 248 种"。① 虽然这些小说有一部分是文人作者自己刻印的,但是后来一些文人作者也自己开书坊,成为书坊主,不仅刻印自己的小说作品,也刻印或翻刻其他坊刻作品。因此,社会上流通的通俗小说,绝大多数是由书坊刻印的,发行到书市流通,最终传播到读者手中。通俗小说由于市场需求量大,以营利为主要目的的书坊更积极地刻印通俗小说;由于书坊大量刻印通俗小说,市场上流通的通俗小说很多,造就了通俗小说繁荣发展的时代,也为清代前期大众阅读的兴盛创造了条件。

清代前期的通俗小说可分为七个大类:拟话本小说、人情小说、才子佳人小说、色情小说、神怪小说、讲史演义和时事小说。② 现按种类摘录部分书籍的信息列一简表如下。

通俗小说表③

书 名	刊刻书坊	刊刻时间	小说类别	内容或形式特征
《醒世恒言十二楼》	原刊本	顺治十五年	拟话本小说	创作形式属于白话小说,以书面文字形式呈现的专供人们阅读欣赏的文学作品
《觉世名言十二楼》	英秀堂刊本	雍正年间		
《警世选言》	聚升堂重刊本	康熙四年		
《第一奇书金瓶梅》	在兹堂刊本	约康熙年间	人情小说	立足人间社会,以基本写实的方式来描写家庭、婚姻、男女感情等,反映社会现实
《醒世姻缘传》	吴门刊本	康熙二十年左右		

---

① 文革红:《清代前期通俗小说刊刻考论》,南昌:江西人民出版社,2008 年,12 页。
② 文革红:《清代前期通俗小说刊刻考论》,南昌:江西人民出版社,2008 年,36 页。
③ 文革红:《清代前期通俗小说刊刻考论》,南昌:江西人民出版社,2008 年,715—745 页。

续表

书名	刊刻书坊	刊刻时间	小说类别	内容或形式特征
《新镌玉娇梨》	醒斋堂刊本	清初	才子佳人小说	主要写才子佳人的恋爱故事
《天花藏批评平山冷燕四才子书藏本》	刊本	清初		
《桃花影》	原刊本	清初	色情小说	以色情描写为主要内容的小说
《东游记》	原刊本	康熙年间		
《吕祖传奇》	汪氏蜩寄本	康熙元年	神怪小说	借神魔鬼怪,讽刺、批评社会现实
《新绣出像古本西游记证道书》	汪氏蜩寄本	康熙二年		
《第一才子书三国演义》	姑苏书业怀颖堂刊本	康熙年间	讲史演义	用通俗之语,把历史讲述成故事
《水浒后传》	遗经堂原刊本	康熙三年		
《新编剿闯通俗小说》	兴文馆刊本	清初	时事小说	内容主旨可谓"目击时艰,叹奸恶,真堪泪滴"(《梼杌闲评》)
《新世鸿勋》	姑苏稼史轩刊本	康熙年间		

第三节 清代前期的图书流通渠道

  清代前期,图书出版机构规模扩大,出版物种类和数量增多,推动了图书的流通和传播,导致图书流通总量大幅度增长,流通范围大大扩大,图书贩卖方式多样化。① 在图书流通和传播的迅速发展中,图书流通渠道起着非常关键的作用。这一时期,图书流通渠道既有行政化运作的一条线,也存在市场化运行的一条线。行政化流通渠道和市场化流通渠道,相互补充,共同构成了清代前期图书流通的体系。这个流通体系的不断完善和成熟,最终效果是促进和加快了图书的流通速度,繁荣了图书市场,把大量图书更快地传播到读者面前,让图书流通的范围更加广阔,其辐射范围几乎包括全国,让读者有书可读,直接或间接地促进了阅读文化的发展。

一、行政化图书流通渠道

行政化图书流通渠道,主要是官刻图书经由皇帝或官府机构颁发、赠赐给个人或者机构,或者经由清廷的各级官府机构体系按照层级发行的图书流通渠道。清代的官刻非常发达,刊刻的图书数量非常大,但是很多图书不是直接通过书坊贩卖的,因为这些出版物都属于皇帝和官府,皇帝和官府有权支配这些图书,这也直接决定了这些图书的流通渠道。

1. 颁发、赠赐方式

例如《四库全书》,皇帝把这套大型丛书的刊刻和发行当作一个专项来运作,国库出资编修和抄写,皇帝决定抄写七份,并下令分别建七所藏书阁来存储这些图书,至于藏书阁的保存和管理,都设置了相应的官员来负责。整个项目都是通过行政命令的方式运作,并且是由皇帝下达谕旨颁发,由各级行政部门执行完成。官刻的很多图书,如《武英殿聚珍版丛书》也采用了和《四库全书》类似的流通渠道,只不过《武英殿聚珍版丛书》的收书规模较小,发行数量较大,流通效

---

① 李瑞良:《中国古代图书流通史》,上海:上海人民出版社,2000年,364页。

率更高。

　　皇帝颁赐官刻图书给大臣或者机构，是常有的事。以康熙颁赐《古文渊鉴》为例，《古文渊鉴》是一部历代散文总集，以收录有关教化、有益世用者之佳文为主，卷端题"古文渊鉴御选"六字，彰显这部书由康熙皇帝亲自选录而成。康熙喜好此书，常置案头，并要求大臣官员阅读和学习此书内容。康熙二十四年（1685），刻印颁赐《古文渊鉴》。康熙三十八年（1699），蒲松龄记录道："拟上南巡视河，特赐督、抚、藩、臬大臣御书《御选古文渊鉴》及《御制耕织图诗》，群臣谢表。"①康熙四十四年（1705），颁赐景山、八旗、盛京官学《古文渊鉴》各一部。② 康熙四十五年（1706）谕："朕制《古文渊鉴》《资治通鉴纲目》等

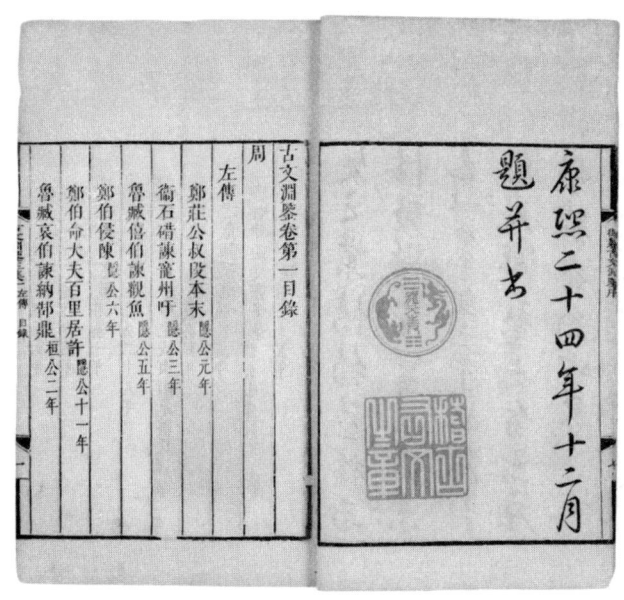

《古文渊鉴》

---

① 蒲松龄著，盛伟编校：《蒲松龄全集》，第叁册，上海：学林出版社，1998年，458页。
② 南炳文、白新良：《清史纪事本末》，第三卷（康熙朝），上海：上海大学出版社，2006年，888页。

书,皆已刷印,颁赐大臣,此等书籍,特为士子学习有益而制,可速颁行直省。凡坊间书贾,有情愿刊刻售卖者,听其传布。"①康熙五十五年(1716),康熙为杭州敷文书院颁赐《古文渊鉴》《渊鉴类函》,日讲"四书"、《易经》《书经》等书。浙江巡抚徐元梦为表达对皇帝赐书的谢意,呈上奏折,并将这些书向书院所有官员陈列展示,《浙江巡抚徐元梦奏谢赏赐匾书折》中记载曰:"恭览圣旨,欢悦不已,随将圣主御笔字匾一、渊鉴及法帖一套、孝经法帖一卷、古文渊鉴一部、渊鉴类函一部、日讲四书、易经、书经各一部,出示聚于书院内之所有官员人等,众员皆云见所未见,无不赞叹欢忻……全省读书之人,亦无不感戴欢忭……奴才将主子所赏法帖及各类书,恭陈书院,永为众学子典范。"②《清圣祖实录》记载,康熙二十九年(1690)"颁发内版'四书''五经'于礼部"。③ 乾隆朝编修《四库全书》时,为奖励献书的藏书家和个人,按贡献大小分别颁赐内府刻书,乾隆谕令曰:

> 今阅进到各家书目,其最多者,如浙江之鲍士恭、范懋柱、汪启淑,两淮之马裕四家,为数至五、六、七百种……鲍士恭、范懋柱、汪启淑、马裕四家,着赏《古今图书集成》各一部,以为好古之劝。又进书一百种以上之江苏周厚堉、蒋曾莹,浙江吴玉墀、孙仰曾、汪汝瑮,及朝绅中黄登贤、纪昀、励守谦、汪如藻等,亦俱藏书旧家,并着每人赏给内府初印之《佩文韵府》各一部,俾亦珍为世宝,以示嘉奖。④

---

① 索尔纳等纂修,霍有明、郭海文校注:《钦定学政全书校注》,武汉:武汉大学出版社,2009年,18页。
② 王小虹等编译,中国第一历史档案馆编:《康熙朝满文朱批奏折全译》,北京:中国社会科学出版社,1996年,1107页。
③ 《圣祖仁皇帝实录》,卷一百四十六,见《清实录》,第五册,北京:中华书局,1985年,608页。
④ 《谕内阁赏鲍士恭等〈古今图书集成〉周厚堉等〈佩文韵府〉各一部》,见中国第一历史档案馆《清代档案史料·纂修四库全书档案》,上,上海:上海古籍出版社,1997年,211页。

《宣宗成皇帝实录》中记载,道光四年(1824),"礼部尚书管国子监事汪廷珍等奏,恭请颁发御集,以惠艺林。得旨,着武英殿将《养正书屋全集》,刷印装潢三十部,赏给国子监分贮,俾多士得资诵习"。①

《清宫藏书》研究,清朝官刻及其藏书的颁发范围主要是中央六部、监、院及地方各级政府、学堂、寺庙、道观等。颁发数量一般为每书各颁一至四部,有的多至五十部甚至百部以上。颁发的目的主要有四点。一是供各级政府部门施政的参考和必须遵行的政策、法令。如有关上谕,《大清律例》《大清会典》、各部《则例》等政书。二是配合吏治教育,作为各级官吏清正廉洁、修身治世的牧令书。如世祖敕编的《人臣儆心录》、圣祖御制的《圣谕十六条》、雍正敕编的《钦定训饬州县条规》等即是此类。三是供各省主要书院、学堂、藏书楼、寺庙等收藏,以便文人学士、生童僧侣们研读、供奉。如乾隆四年(1739)内府刊印的汉文《大藏经》100余部,奉命颁发给全国各地主要寺庙供奉。乾隆十六年(1751)奉旨颁发给江南钟山、紫阳、敷文三大书院《十三经注疏》《二十一史》各一部。乾隆三十六年(1771)译刻的藏文《首楞严经》和蒙古文《首楞严经》,奉旨颁发给京师、热河、盛京、新疆等地63所庙宇,每处各颁一至两部。京师国子监和八旗官学等高等学府,奉颁图书的数量更多,凡有新刻之书,大都以十部或四五十部的数量颁发。四是作为各省翻刻、售卖流通的样本。雍正八年(1726)规定,每省各给两部,一部令其依式翻刻,一部留作校对,用毕全都存贮学宫。颁发通行的书籍,最初都是无偿的。乾隆以后,因颁书数量扩大,内库贮银渐紧,遂决定有的书作价归款,成为有偿。②

2. 利用行政系统发行图书

清代前期,官刻图书的刊印发行的一种方式是,主要依赖行政系

---

① 《宣宗成皇帝实录》,卷六六,见《清实录》,三十四,北京:中华书局,1986年,39页。
② 齐秀梅、杨玉良等:《清宫藏书》,北京:紫禁城出版社,2005年,153页。

统的各级官府。需要官刻图书的各级官员可以到相应的机构购买或者领取,对于这部分图书,清廷是不以营利为目的的,所以它们没有在书坊流通。

雍正十二年(1734),通政使司右通政蒋涟奏请刷印《大清会典》,以满足各级官员的需要,"今三品诸臣已蒙恩共切遵循,其余各馆或尚未窥见全书精深,向慕版藏内府,无由刷印。臣愚仰恳圣慈,敕谕内阁知会各衙门,准令自备纸墨工价赴内阁呈明汇齐刷印。并行文直省督抚,转饬所属地方官,照备纸墨工价具文赴京请领,仍令典籍查考按时给发,毋至抑勒延迟,如此则内外各官俱得深明典制,恪守章程,于实心实政均有裨益"。①《大清会典》的刊印和发行,从行政手续上来看,需要皇帝的谕旨,命内阁通知各衙门,自备材料刷印此书,并发文到直隶地区和各省的督抚,又转到各地方官府,让他们到北京去申请领取此书。可见,当时像《大清会典》这样的大型官刻图书,只有依靠清代的行政系统来完成其刊印和发行。

乾隆三年(1738),乾隆准奏"凡满、汉官员愿意指俸若干刷印者,由其所在旗、县衙门查明,咨送武英殿照数刷给,并行文户部,扣俸还项"(《大清会典事例》)。当时,想要买官刻图书的官员,通过所在官府申报,武英殿刊印发行后,户部会在官员俸禄里扣除相应的书价。

另一种方式是,颁发或者行政系统发行所剩余的官刻图书,通过指定的相关部门负责售卖,这些部门或者自己直接售卖,或者委托与在其监管范围内的大书铺售卖。

乾隆元年(1736),皇帝下发谕旨:"经学盛则人才多,人才多则俗化茂,稽诸史册,成效昭然。我皇祖圣祖仁皇帝道隆义项,学贯天人,凡艺圃书仓,靡不博览,而尤以经学为首重。《御纂周易折中》《尚书汇纂》《诗经汇纂》《春秋汇纂》等编,又有《朱子全书》《性理精义》。正

---

① 翁连溪:《清内府刻书档案史料汇编》,上,扬州:广陵书社,2007年,100页。

学昌明,著作大备。我皇考世宗宪皇帝至德同符,孝思不匮,特敕直省布政司将诸书敬谨刊刻,准士子赴司呈请刷印,盖欲以广圣教,振儒风,甚盛典也,乃闻各省虽有刊版而士子刷印寥寥,盖由赴司递呈,以俟批发,既多守候之劳,且一生所请不过一部,断不能因一部书而特为发版开刷,士子所以欲多得书而其势不能也。朕思诸书实皇祖惠教万世,皇考颁行天下之典籍,安可不广为敷布,着直省抚藩诸臣加意招募坊贾人等,听其刷印,通行鬻卖,严禁胥吏阻挠需索之弊,但使坊贾皆乐于刷印,斯士子皆易于购买,庶几家传户诵,足以大广厥传。"①乾隆皇帝追述了先皇刊刻图书的功绩,表达了对士子欲多得书而不能的体察,下令让各级官员招募并委托书坊增加刊印,让士子能够很方便地买到图书。

乾隆三年(1738)起,"将武英殿各书交与崇文门监督,存贮书局,准予士子购觅"(《大清会典事例》)。清廷规定,将武英殿官刻书交给崇文门掌管,监督销售。武英殿修书处还设立了"通行书籍售卖处",专门负责官刻图书的销售,有时会将图书直接转交给五城司坊,让大书铺来销售。道光九年(1829)武英殿修书处档案记载:"本处其销售对象除满汉官员、军人、市民外,还发交五城书铺售卖流通。"同年修书处还奏称:"本处向例遇有聚珍摆印各书,及刷印通行各种书籍,俱发交五城领卖。令其按四季投缴价银,行文都察院照例饬交五城司坊,派令殷实铺户,第五家连名互保出俱,平价流通。"②

二、市场化图书流通渠道

书坊以营利为目的,其所刻书籍主要面向市场大众读者,其市场

---

① 王炜:《〈清实录〉科举史料汇编》,武汉:武汉大学出版社,2009 年,217—218 页。
② 翁连溪著,李文儒主编:《清代内府刻书研究》,下,北京:故宫出版社,2013 年,342 页。

化的销售方式,增加了图书的销售量,使图书流通更加顺畅。清代前期,家刻、坊刻图书主要通过市场化渠道流通,一些地区的坊刻十分发达,图书销售市场十分繁荣,逐渐形成了一些书业中心,诸如当时的北京、苏州等地。清代前期,图书市场的销售方式多元化:"有主要存在于某一地点的销售渠道,如固定店铺、书摊、考市售书及图书租赁等,也有流动于某一地区或跨地区的销售渠道,有书船、流动售书、邮局寄送等。"① 并且在图书销售市场上,畅销书等市场化现象明显。

1. 书业中心

清代前期,一些地区的图书刊刻和销售市场化体系较为成熟,形成书业中心。清朝前期,清代的书业中心主要为北京,江浙地区的苏州、南京、杭州等地。② 明胡应麟《少室山房笔丛·甲部——经籍会通四》云:"今海内书,凡聚之地有四,燕市也,金陵也,阊阖也,临安也。闽、楚、滇、黔,则余间得其梓。秦、晋、川、洛,则余时友其人。旁诹历阅,大概非四方比矣……燕中刻本自希,然海内舟车辐辏,篚篚走趋,巨贾所携,故家之蓄,错出其间,故特盛于他处。第其直至重,诸方所集者每一当吴中二,道远故也;辇下所雕者每一当越中三,纸贵故也。"③ 清代前期,在继承明代书业的基础上,北京、苏州等地的书业更加发达,依然成为当时的书业中心。"清代书坊最多者为北京,约有百余家,次为苏州,再次为广州。"④ 根据张秀民《中国印刷史》一书的统计:北京可考的书坊有114家,主要集中在内城隆福寺与宣武门外琉璃厂两处,尤以琉璃厂为最盛;⑤ 苏州可考的书坊有57家;⑥ 广州可考

---

① 孙文杰:《清代图书市场研究》,武汉大学博士学位论文,2010年。
② 孙文杰:《清代图书市场研究》,武汉大学博士学位论文,2010年。
③ 胡应麟:《少室山房笔丛》,上海:上海书店出版社,2001年,41—42页。
④ 张秀民著,韩琦增订:《中国印刷史》,上,杭州:浙江古籍出版社,2006年,390页。
⑤ 张秀民著,韩琦增订:《中国印刷史》,上,杭州:浙江古籍出版社,2006年,392—393页。
⑥ 张秀民著,韩琦增订:《中国印刷史》,上,杭州:浙江古籍出版社,2006年,394页。

的书坊有25家。①

2.市场化的图书销售方式

(1)书铺。据统计,清代北京可考的书坊有114家,其中有一些书坊不刻书只销售书籍。当时北京琉璃厂的书肆最为著名。李文藻在《琉璃厂书肆记》中记载了琉璃厂中的声遥堂、嵩口堂、名盛堂、带草堂、同陞阁、宗圣堂、取经堂、聚秀堂、二酉堂、文锦堂、文绘堂、宝田堂、京兆堂、荣锦堂、经腴堂、宏文堂、英华堂、文茂堂、聚星堂、瑞云堂、文粹堂、文华堂等数家书肆,并记载有其在书肆买书的经历。② 书肆加快了图书流通,让图书流通范围更广,全国的图书可汇聚到北京,北京的书肆又可辐射和连接全国各个地域,"九城之肆收九城之书,厂肆收九城之肆之书,更东达齐鲁,西至秦晋,南及江浙闽粤楚蜀,于是举国之书尽归京市,昔人所不及知不及见者,寻常皆能知之见之"。③

(2)书摊。书摊作为一种图书零售和流通的重要场所,受到清代学者和读书人的欢迎。《居易录》记载,王士禛曾在北京慈仁寺的书摊买书,他"过慈仁寺,阅故书摊,买得《陶隐居集》三卷……又二曹诗集各三卷"。④ 王玮庆曾在北京琉璃厂的书摊买书,他在诗文《凤城新年曲》中对此有记录:"入门满地尽摊书,郑笺颜注镂新版。几回翻阅穷搜罗,文字缘结蠹鱼多。洛阳纸贵何暇计,归时还仗青骢驮。"⑤

(3)考市。清代兴科举,刺激了科举考试用书的需求,带动了科举考试用书市场的发展。考市就是专门在考场附近临时开设的书

---

① 张秀民著,韩琦增订:《中国印刷史》,上,杭州:浙江古籍出版社,2006年,396页。
② 李文藻:《琉璃厂书肆记》,见张静庐《中国现代出版史料》,甲编,北京:中华书局,1954年,372—374页。
③ 王钟翰:《北京书肆记》,见张静庐《中国现代出版史料》,甲编,北京:中华书局,1954年,380—381页。
④ 孙殿起:《琉璃厂小志》,上海:上海书店出版社,2010年,217页。
⑤ 孙殿起:《琉璃厂小志》,上海:上海书店出版社,2010年,66页。

铺。考试前考试用书销售量大，考市成为一个重要的图书销售渠道。具体的在前面的"教材和考试用书"这一部分已经做了介绍，所卖书籍，围绕科举考试，有教材和考试辅助用书等。

（4）书船。穿梭于河流湖泊之上的书船（亦称书舫）成为"流动的书肆"。书船成为清代图书的流通渠道之一。清叶德辉在《书林清话》中描述明末清初毛晋汲古阁高价购买古籍时，出现"湖州书舶云集于七星桥毛氏之门矣"。由此可见，书船商人不但给藏家送书、找书，还提供书籍聚散的信息。他们还与书坊有业务往来，有的书就卖给书坊，再转为藏书家所得，书船成为藏书家与征购者之间的桥梁和纽带，成为图书流向市场的渠道之一。①

---

① 孙文杰：《清代图书市场研究》，武汉大学博士学位论文，2010年。

第三章　清代前期的藏书与阅读

第一节　清代前期的藏书文化

一、官府藏书

1. 官府藏书的前期准备

清代前期,官府重视图书的搜藏,从皇帝到大臣,从重文教的地方官员到士绅,他们在不同层面为官府藏书的发展做出了贡献。清代前期,先后通过征集图书、编修图书、刻印图书,逐步为建设官府藏书并形成官府藏书体系创造了条件。其中官府编修和刻印图书部分的内容,在第二章已有阐述,此处不赘述。下面主要就清廷征求图书做简要阐述。

随着清政府的入关,中国进入了爱新觉罗氏统治时期,藏书文化在艰难中发展。《清史稿》记载:"世祖入定中原,命冯铨等议修明史,复诏求遗书。"①康熙二十五年(1686),礼部等遵旨议覆:"购求遗书,应令直隶及各省督抚出示晓谕,如得遗书,令各有司会同儒学教官,转详督学即该督抚酌定价值,汇送礼部。"又得旨:"今搜访藏书善本,惟以经学史乘,实有关系修齐治平助成德化者,方为有用。其他异端稗说,概不准录。"②此次诏书中有明确的规定,求书的政治考量已经比较明显。乾隆六年(1741),上谕曰:"从古右文之治,务访遗编。目今内府藏书,已称大备。但近世以来,著述日繁,如元明诸贤,以及国朝儒学,研究六经,阐明性理,潜心正学,醇粹无疵者,当不乏人,虽业在名山,而未登天府。着直省督抚学政留心采访,不拘刻本抄本,随时进呈,以广石渠天禄之储。"③乾隆十五年(1750),御史王应彩奏称:"伏思草茅下士,皓首穷经;人往而书始出,岁久而学乃传……请敕下内外大臣,细加搜访,上其遗书。"④乾隆三十七年(1772)正月初四,乾隆帝就《四库全书》编纂发出谕旨称:"朕稽古右文,聿资治理,几余典学,日有孜孜……御极之初,即诏中外搜访遗书,并令儒臣校勘十三经、二十二史,遍布黉宫,嘉惠后学,复开馆纂修《纲目三编》《通鉴辑览》及'三通'诸书,凡艺林求学之士,所当户诵家弦者,既已荟萃略备。"⑤乾隆三十七年(1772)又下诏求书曰:"今内府藏书,插架不为不富;然古今来著作之手,无虑数千百家,或逸在名山,未登柱史,正宜及时采集,汇送京师,以彰千古同文之盛,其令直省督抚会同学政等

---

① 赵尔巽等:《清史稿》,卷一百二十,北京:中华书局,1976年,4219页。
② 赵尔巽等:《清史稿》,卷一百二十,北京:中华书局,1976年,4219页。
③ 《高宗纯皇帝实录》,卷一百三十四,见《清实录》,第十册,北京:中华书局,1985年,941页。
④ 《世宗宪皇帝实录》,卷三百五十九,见《清实录》,第十三册,北京:中华书局,1986年,953页。
⑤ 《谕内阁着直省督抚学政购访遗书》,见中国第一历史档案馆《清代档案史料·纂修四库全书档案》,上,上海:上海古籍出版社,1997年,1页。

通敕所属,加意购访。"①

乾隆三十九年(1774),乾隆帝作《文渊阁记》,总结回顾了征求图书的历史及其意义:"国家荷天庥,承佑命,重熙累洽,同轨同文,所谓礼乐百年而后兴,此其时也。而礼乐之兴必藉崇儒重道,以会其条贯。儒与道,匪文莫阐。故予搜四库之书,非徒博右文之名,盖如张子所云'为天地立心,为生民立道,为往圣继绝学,为万世开太平',胥于是乎系。故乃下明诏,勅岳牧,访名山,搜秘简,并出天禄之旧藏,以及世家之独弆,于是浩如渊海,委若邱山,而总名之曰《四库全书》。盖以古今数千年,宇宙数万里,其间所有之书虽夥,都不出四库之目也。乃抡大臣俾总司,命翰林使分校,虽督继晷之勤,仍予十年之暇。"②乾隆帝征求图书,汇编成《四库全书》,不仅体现了"崇儒重道"和稽古右文的目的,而且彰显了嘉惠学林和"为天地立心,为生民立命,为往圣继绝学,为万世开太平"的宗旨,对读书界和读书人都是一种激励与感召。

2.官府藏书体系、内容及特征

清代前期,官府征求、收集、编修、刊刻的书籍数量远超前朝,这些书籍需要妥善安放和存储。文献记载,清代前期官府藏书处,数量多,分布广泛,具体以清代皇家藏书处所为例说明,清代前期官府藏书处所的大致面貌,如下表所示。

---

① 永瑢等:《四库全书总目》,上,北京:中华书局,1965 年,1 页。
② 《文渊阁记》,见中国第一历史档案馆《清代档案史料·纂修四库全书档案》,下,上海:上海古籍出版社,1997 年,2721 页。

清代皇家藏书处所一览表[①]

方位、地点		藏书处所
京城大内	外朝东路	内阁大库、文渊阁、国史馆、实录馆、会典馆、皇史宬等
	外朝西路	武英殿各殿、御书处、方略馆等
	内廷中路	乾清宫、昭仁殿、五经萃室、弘德殿、端凝殿、上书房、懋勤殿、南书房、摛藻堂、延晖阁、位育斋等
	内廷东路	斋宫、钟粹宫、悖本殿、毓庆宫、味余书室、宛委别藏、永和宫、景阳宫、御书房、静观斋、古鉴斋、古董房等
	内廷西路	养心殿、永寿宫、翊坤宫、体和殿、咸福宫、长春宫、怡情书史、重华宫、建福宫、静怡轩、延春阁、敬胜斋等
	内廷外东路	皇极殿、宁寿宫、养性殿、乐寿堂、三友轩、颐和轩、景祺阁、阅是楼、萃赏楼、景福宫等
	内廷外西路	慈宁宫、寿康宫、寿安宫、英华殿等
皇家苑囿	景山	寿皇殿等
	西苑	瀛台、丰泽园、春藕斋、勤政殿、画舫斋等
	清漪园（颐和园北京西郊）	勤政殿、藕香榭、玉澜堂、夕佳楼、宜芸馆、怡春堂、寿堂各处、画中游各处、石丈亭、石舫、香岩宗印之佛香阁等处、惠山园、藻鉴堂、景明楼、凤凰墩等
	圆明园（北京西郊）	文源阁、味腴书室、廓然大公、乐安和、随安室、坦荡荡等
	静明园（玉泉山北京西郊）	竹炉山房、开锦斋、翠太和、慈航普渡殿、圣因综绘、壁诗态、溪田课耕、清凉禅窟、采香云径、峡雪琴音、益书屋、静怡书屋、风篁清听、如如室、莲华室、创斋、近青斋、撷翠楼、飞云喂、漱远绿、延绿厅、华馆、含晖堂、镜影涵虚、空翠岩、云外钟声、碧云深无尽意轩、该庙斋、丛云室等
	静宜园（香山北京西郊）	凭襟致爽、翠微山房、洒兰书屋、林天石海殿、对瀑得一书屋、琢情之阁、山阳一曲精庐、怀风楼、郁阳香岩室、太虚室、重翠埯、玉华岫、溢芳殿、烟霏林秀、情赏为美殿、乐此山川佳殿、得趣书屋、倚吟殿、泽春轩、聚芳图、敷翠轩、学古堂、正凝堂、畅风楼、丽瞩楼、霞标礓等

---

① 肖东发主编，朱赛虹、何东红编著：《中国官府藏书》，贵阳：贵州人民出版社，2009年，151—152页。

续表

各地行宫	热河行宫（河北承德避暑山庄）	文津阁、前宫各殿（烟波致爽、四知书屋等）、绥成殿各殿、旗檀林各殿、有真意轩各殿、梨花伴月各殿、慧迪吉各殿、永佑寺各殿、清溪远流各殿、山近轩各殿、千尺雪各殿、广元宫各殿、霞标各殿、青斋各殿、碧静堂各殿、宜照斋各殿、西岭各殿、环碧各殿、松鹤清樾各殿、春好轩各处、瀑布各殿等
	盘山（天津蓟县）	静寄山庄、四面云山、池上居、养虚斋、太古云岚、智者仁乐处、天岩云秀等
	汤泉行宫（北京西郊）	惠泽阁、石髓苓芬殿、瞻睇烟云殿、水镜秋霜殿、渊清玉洁殿、澜碧殿等
各地行宫	桃花寺行宫（北京西郊）	
	黄新庄行宫（北京房山）	
	团河行宫（北京南苑）	
	丫髻山行宫（北京平谷）	
	隆福寺行宫（天津城东）	
	白涧行宫（天津城西）	
盛京皇宫（沈阳）	西路	文溯阁
	中路	凤凰楼、崇谟阁（西所）、敬典阁（东所）
	大清门内西侧	翔凤阁与西七间楼
南三阁	扬州天宁寺	文汇阁
	镇江金山寺	文宗阁
	杭州圣因寺	文澜阁

注："北四阁"分列于京城大内、圆明园、行宫和盛京皇宫

对于如此繁多的官府藏书处所，我们根据其特征和归属作简要归类，以便阐述和说明清代前期官府藏书体系的形成和构成。其主要可以分为四类：《四库全书》七阁、中央机构下设藏书处、皇宫藏书处、地方官学藏书处。

（1）《四库全书》七阁。

清乾隆时期，官府藏书事业非常繁荣，其中最突出的成就是将《四库全书》分藏于全国七大藏书阁。乾隆帝特别为《四库全书》的庋藏建了藏书阁，先建了"北四阁"，即北京故宫文渊阁、沈阳故宫文溯

阁、北京圆明园文源阁、承德避暑山庄文津阁，后在江浙一带建了"南三阁"，即镇江金山寺文宗阁、扬州天宁寺文汇阁、杭州圣因寺文澜阁。

文渊阁，位于北京故宫内，始建于乾隆四十年（1775），乾隆四十一年（1776）建成。乾隆四十七年（1782），第一份《四库全书》缮写完毕后入藏文渊阁。文渊阁以专藏《四库全书》著称，由于这份《四库全书》非常珍贵和特殊，不对外开放借阅，几乎除了皇帝有入阁阅览图书的记载之外，罕见其他人入阁阅览的记载，当然后来奉乾隆之命入阁校对《四库全书》的人员属于工作职责，不计在内。

文溯阁，位于盛京故宫（今沈阳故宫博物院）内，始建于乾隆四十六年（1781），乾隆四十七年（1782），建成。乾隆四十七年（1782），第二份《四库全书》和《古今图书集成》陆续入藏文溯阁。乾隆四十七年（1782），乾隆亲笔书写《文溯阁记》，阐明"北四阁"命名的本义："四阁之名，皆冠以文，而若渊、若源、若津、若溯，皆从水以立义者，盖取范氏天一阁之为，亦既见于前记矣。若夫海，渊也，众水各有源而同归于海，似海为其尾而非源，不知尾闾何泄，则仍运而为源，原始反终，大易所以示其端也。津则穷源之径而溯之，是则溯也、津也，实亦迨源之渊也。水之体用如是，文之体用顾独不如是乎？恰于盛京而名此名，更有合周诗所谓'溯涧求本'之义，而予不忘祖宗创业之艰，示子孙守文之模，意在斯乎！意在斯乎！"①乾隆帝建"北四阁"，藏《四库全书》，用心良苦，文以载道，藏书于此以铭记清朝入主中原之不易。文溯阁藏《四库全书》也不对外开放借阅。据记载，乾隆四十八年（1783），乾隆巡视盛京时，亲临文溯阁御览《四库全书》。

文源阁，位于北京圆明园内，乾隆三十九年（1774）兴建。乾隆四十八年（1783），第三份《四库全书》入藏文源阁，其间《四库全书总目》

---

① 《文溯阁记》，见中国第一历史档案馆《清代档案史料·纂修四库全书档案》，下，上海：上海古籍出版社，1997年，2724—2725页。

《四库全书考证》和《古今图书集成》也入藏文源阁。《文源阁记》曰："文之时义大矣哉！以经世，以载道，以立言，以牖民，自开辟以至于今，所谓天之未丧斯文也。以水喻之，则经者文之源也，史者文之流也，子者文之支也，集者文之派也。流也，支也，派也，皆自经而生。故吾于贮四库之书，首重者经，而以水喻文，愿溯其源。"①乾隆阐明藏书，注重源流，崇儒重道，重视经学之书。乾隆几乎每年驻跸圆明园时，都会到文源阁阅览藏书，其中《四库全书》即是御览之书。

文津阁，位于承德避暑山庄西山脚下，始建于乾隆三十九年（1774），次年竣工。乾隆五十年（1785），第四份《四库全书》入藏文津阁。文津阁竣工时，先入藏《古今图书集成》一部。乾隆四十年（1775），乾隆撰写《文津阁记》曰："盖渊即源也，有源必有流，支派于是乎分焉。欲从支派寻流，以溯其源，必先在乎知其津，弗知津，则蹠迷途而失正路，断港之讥，有弗免矣。故析木之次丽乎天，龙门之名标乎地，是知津为要也。"②乾隆诠释了文津阁命名之本义，希望通过庋藏典籍，指引迷途之人读书明理，返回正路，此所谓指点迷津。乾隆于乾隆五十二年（1787）到文津阁阅览《四库全书》，之后下谕："热河文津阁所贮《四库全书》，朕偶加翻阅，其中讹谬甚多。"③这里记载了乾隆在文津阁阅览《四库全书》藏书的情况，他因发现书中错误不少，下令官员及时进行复校。

文宗阁，位于江苏镇江金山寺，建于乾隆四十四年（1779），建成后，先入藏《古今图书集成》一部。乾隆五十五年（1790），《四库全书》

---

① 《文源阁记》，见中国第一历史档案馆《清代档案史料·纂修四库全书档案》，下，上海：上海古籍出版社，1997年，2722页。
② 《文津阁记》，见中国第一历史档案馆《清代档案史料·纂修四库全书档案》，下，上海：上海古籍出版社，1997年，2723页。
③ 《寄谕六阿哥永瑢等文渊文源所贮全书著派科甲出身尚书等校阅》，见中国第一历史档案馆《清代档案史料·纂修四库全书档案》，下，上海：上海古籍出版社，1997年，2004页。

入藏文宗阁。

　　文汇阁，位于扬州天宁寺大观堂旁，乾隆四十五年（1780）建。乾隆五十五年（1790），《四库全书》入藏文汇阁。之前乾隆颁赐的《古今图书集成》也入藏文汇阁。

　　文澜阁，位于杭州西湖孤山南麓，始建于乾隆四十七年（1782）。乾隆五十五年（1790），《四库全书》入藏文澜阁。文澜阁中也藏有《古今图书集成》一部。

　　综上所述，"北四阁"所藏《四库全书》，均不对外开放借阅，因而其利用价值不是很明显。但是"南三阁"建阁之初，乾隆皇帝即将之定位于向江浙乃至全国读书士子开放阅览，以嘉惠学林。乾隆四十七年（1782），乾隆谕旨曰："兹《四库全书》允宜广布流传，以光文治。如扬州大观堂之文汇阁、镇江金山寺之文宗阁、杭州圣因寺行宫之文澜阁，皆有藏书之所，着交四库馆再缮写全书三份，安置各该处，俾江浙士子得以就近观摩誊录，用昭我国家藏书美富、教思无穷之盛轨。"①乾隆四十九年（1784），《谕内阁将来江浙文汇等三阁分贮全书许读书者领出传写》中曰："将来全书缮竣，分贮三阁后，如有愿读中秘书者，许其陆续领出，广为传写。"②乾隆五十五年（1790），《四库全书》陆续颁发入藏于"南三阁"，乾隆《谕内阁着江浙督抚等谆饬所属俟全书排架后许士子到阁抄阅》："该督抚等谆饬所属，俟贮阁全书排架齐集后，谕令该省士子，有愿读中秘书者，许其呈明到阁抄阅……如此广为传播，茹古者得睹生平未见（之书），互为抄录，传之日久，使

---

① 《谕内阁着交四库馆再缮写全书三分安置扬州文汇阁等处》，见中国第一历史档案馆《清代档案史料·纂修四库全书档案》，下，上海：上海古籍出版社，1997年，1588—1590页。
② 《谕内阁将来江浙文汇等三阁分贮全书许读书者领出传写》，见中国第一历史档案馆《清代档案史料·纂修四库全书档案》，下，上海：上海古籍出版社，1997年，1768页。

石渠、天禄之藏，无不家弦户诵，益昭右文稽古，嘉惠士林盛事，不亦善乎！"①在乾隆皇帝的大力支持下，"南三阁"的藏书，主要是其中所藏的《四库全书》，陆续被读书人借阅利用，相较"北四阁"而言，其藏书价值得到更大的发挥。

（2）中央机构下设藏书处。

清代前期，中央一些机构中设有藏书处，其中以翰林院、国子监和武英殿修书处所藏典籍为最多，下面分别做简要叙述。

翰林院藏书处。翰林院不仅是官刻图书的中央机构，而且是藏书的重要机构。翰林院所修图书多在其中存有底本，在编修《四库全书》时，大量征集的来采用入目的图书底本均藏于翰林院，这些图书后来也成为翰林院藏书处重要的藏书构成。据乾隆谕旨，翰林院的藏书是可以抄写阅览的，乾隆五十三年（1788），《谕内阁文渊阁着交提举阁事一人专管并全书嗣后毋庸曝晒》中曰："嗣后词馆诸臣及士子等有愿睹中秘书者，俱可赴翰林院，白之所司，将底本检出抄阅。"②乾隆五十五年（1790），《谕内阁着江浙督抚等谆饬所属俟全书排架后许士子到阁抄阅》中曰："翰林院现有存贮底本，如有情殷诵习者，亦许其就近检录，掌院不得勒阻留难。"③从中均可看出，翰林院藏书可以向读书士子和官员开放阅览，这也是翰林院藏书发挥利用价值的重要体现。

国子监藏书处。国子监是清代国家最高学府，作为官学机构，其

---

① 《谕内阁着江浙督抚等谆饬所属俟全书排架后许士子到阁抄阅》，见中国第一历史档案馆《清代档案史料·纂修四库全书档案》，下，上海：上海古籍出版社，1997年，2189—2190页。
② 《谕内阁文渊阁着交提举阁事一人专管并全书嗣后毋庸曝晒》，见中国第一历史档案馆《清代档案史料·纂修四库全书档案》，下，上海：上海古籍出版社，1997年，2142—2143页。
③ 《谕内阁着江浙督抚等谆饬所属俟全书排架后许士子到阁抄阅》，见中国第一历史档案馆《清代档案史料·纂修四库全书档案》，下，上海：上海古籍出版社，1997年，2189—2190页。

中藏书是不可缺少的。据《钦定国子监则例》的记载,国子监藏书主要分为以下几类:一是"圣制诗文集",如《世祖章皇帝圣制资政要览》《圣祖仁皇帝圣制文初集》《圣谕十六条》;二是"御纂、钦定书籍",如《圣祖仁皇帝御纂周易折中》《钦定康熙字典》等;三是"圣制石刻碑记",如《圣制四子赞碑》《圣制训饬士子文碑》等。①《钦定国子监则例》规定,国子监藏书向生员开放借阅:"凡肄业诸生需读书籍,向六堂(即率性、修道、诚心、正义、崇志、广业这六个讲习所)及博士厅取凭移付给发,即登记某厅某堂某人取书若干函若干本。"②由此可见,国子监的在读学生,办理相关手续,就可以借阅国子监藏书。

武英殿藏书处。武英殿位于北京故宫外朝熙和门以西。康熙年间,首开武英殿书局。康熙十九年(1680),在武英殿设立皇家修书机构,初名武英殿造书办,雍正七年(1729)改为修书处,隶属于内务府。乾隆三十八年(1773),命从《永乐大典》中择出珍本排印,御赐名《武英殿聚珍版丛书》,世称"殿本"。武英殿藏书,多存贮于武英殿正殿、东庑凝道殿和后殿敬思殿内。③ 武英殿不仅藏有大量武英殿刻版图书,而且存有编修《四库全书》时的存目和未入存目的书籍。乾隆五十一年(1786),据《吏部尚书刘墉等奏遵旨清查〈四库全书〉字数书籍完竣缘由折》的记载:"翰林院查明付复收过各省采进及各家进呈各种书籍,共计一万三千五百零一种。除送武英殿缮写书籍三千零九十八种,又重本二百七十二种,已经发还各家书三百九十种外,现在

---

① 《钦定国子监则例》,见沈云龙《近代中国史料丛刊三编》,第49辑,台湾:文海出版社,1989年,735—750页。
② 《钦定国子监则例》,见沈云龙《近代中国史料丛刊三编》,第49辑,台湾:文海出版社,1989年,773页。
③ 肖东发主编,朱赛虹、何东红编著:《中国官府藏书》,贵阳:贵州人民出版社,2009年,168页。

存库书九千四百十六种：内应遵旨交武英殿者六千四百八十一种……"①由此可见，当时存储于武英殿的图书数量相当庞大。

(3)皇宫藏书处。

清代前期，皇宫内部的藏书处非常多，这些藏书处的书籍主要服务于皇帝及重要的皇宫内部人员，大多是皇帝到此处休憩或游玩之余，可能会进入藏书处阅览书籍。从《清代皇家藏书处所一览表》中，我们可以看到多数藏书处都在皇宫内部，诸如乾清宫、昭仁殿、五经萃室、弘德殿、钟粹宫、养心殿、永寿宫、翊坤宫、体和殿、宁寿宫、养性殿、乐寿堂、毓庆宫、慈宁宫、寿康宫等。这些藏书处基本都不对外开放，而只针对皇宫内部的皇帝等人开放阅览，其藏书的价值多体现为藏而非用。

(4)地方官学藏书处。

清代前期，地方官学藏书处，主要分布在地方学宫、府学、州学、县学等。虽然藏书处在学宫，但是这些学宫多为官办学校，因此这些藏书处的书籍也属于官藏之类。相对于中央机构藏书的封闭性，地方官学藏书的利用性较好，主要面向学宫的师生读者。为了能更全面地了解学宫藏书的内容和学宫师生阅读的图书内容，在这里我们可以列举出一些嘉庆十四年(1809)颁发于盛京各学宫的图书，有《圣祖仁皇帝文集》《世祖宪皇帝文集》《圣谕广训》《朱批谕旨》《御制乐善堂全集》《高宗纯皇帝文集》《高宗纯皇帝诗集》……《钦定诗经传说汇纂》《钦定春秋传说汇纂》《日讲易经解义》《日讲书经解义》《日讲春秋解义》《日讲礼记解义》《日讲四书解义》《钦定周官义疏》《钦定仪礼义疏》《御注孝经》《御定孝经集注》《御定孝经衍义》……《御纂朱子全

---

① 《吏部尚书刘墉等奏遵旨清查〈四库全书〉字数书籍完竣缘由折》，见中国第一历史档案馆《清代档案史料·纂修四库全书档案》，下，上海：上海古籍出版社，1997年，1926—1930页。

书》《御纂性理精义》《御定子史精华》等著作。① 可见,清廷颁发给各地方官学的藏书,主要是清朝历代皇帝诗文集、儒家经典和理学等方面的书籍。这些书籍的直接读者是各地官学的师生,直接影响着他们的阅读内容和范围。

二、私家藏书

1. 藏书家与藏书楼

"就私家藏书的数量而论,清代当推各代之首;就质量而言,更集中国古代典籍之大成。清代私家藏书之种类多样,分布南北,并在学术研究、文化发展和普及知识、提高社会文明诸方面发挥了积极作用"。② "清代是封建时代私家藏书最鼎盛的时期,整个有清一代确有文献记载藏书事实者,经笔者查明,计有二千零八十二人,超过了前此历代藏书家的总和"。③ 清代前期,私人藏书家和私家藏书数量,都令人叹为观止。我们可以从杨守敬的《藏书绝句序》中的描述,对清代私家藏书和藏书楼之盛况有个概观:"艺圃腾辉,断推昭代。若绛云楼之未火,述古堂之继兴,文字垂光,灿若球贝,犹未已也。聿观常熟之毛、泰兴之季、昆山之徐、天一阁范氏、澹生堂祁氏、道古楼马氏、得树楼查氏、小读书堆之顾抱冲氏、五砚楼之袁寿皆氏、滋兰堂之朱文游氏、百宋一廛黄荛圃氏、长塘鲍氏、楝亭曹氏、香严书屋周氏、艺芸书舍汪氏、开有益斋朱氏、爱日之庐、碧凤之坊、楹书之录、行素之堂、孙氏之祠堂、影山之萃堂、瓶花之斋、稽瑞之楼、拜经之楼、赐书之楼、铁琴铜剑之楼、观海之楼,为世宝称,后先继出。"④

---

① 傅璇琮、谢灼华:《中国藏书通史》,下,宁波:宁波出版社,2001年,814页。
② 傅璇琮、谢灼华:《中国藏书通史》,下,宁波:宁波出版社,2001年,817页。
③ 范凤书:《中国私家藏书史》,郑州:大象出版社,2001年,269页。
④ 吴天任:《杨惺吾先生年谱》,台北:艺文印书馆,1974年,98页。

第三章　清代前期的藏书与阅读　｜　83

　　清代前期,私人藏书家和藏书楼数量大,其中著名的私人藏书家和藏书楼不胜枚举。从藏书目的和利用来看,傅璇琮、谢灼华主编的《中国藏书通史》中将清代私人藏书家分为三类:由著述而藏书、读书的著述家藏书家,为搜集、收藏典籍而藏书的收藏类藏书家,以及为校勘、整理图书进行出版活动的出版家藏书家。① 我们从阅读文化研究的角度来看,将重点关注以藏书、读书为目的的私人藏书家,并且选取和阐述其中因利用藏书而在学术方面取得卓越成就的一些藏书家,以更好地突出和彰显私家藏书在阅读文化中发挥的重要价值。

　　(1)钱谦益与绛云楼。

　　钱谦益(1582—1664),明末清初著名学者。钱谦益嗜好藏书,曹溶在《绛云楼书目题辞》中记载:"虞山宗伯,生神庙盛时,早岁科名,交游满天下,尽得刘子威、钱功父、杨五川、赵汝师四家书,更不惜重资购古版本。书贾闻风奔赴,捆载无虚日。用是所积充初牣,几埒内府,视叶文庄、吴文定及西亭王孙或过之。中年,构拂水山房,凿壁为

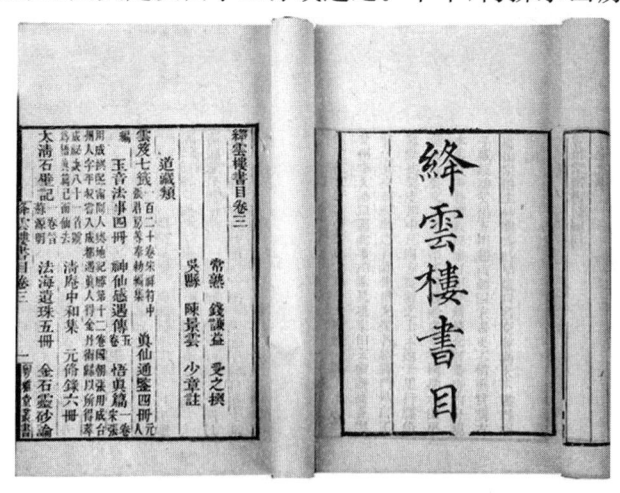

《绛云楼书目》

----
① 傅璇琮、谢灼华:《中国藏书通史》,下,宁波:宁波出版社,2001年,892页。

架,庋置其中。"晚年,钱谦益归乡里,"居红豆山庄,出所藏书,重加缮治,区分类聚,栖绛云楼上,大椟七十有三。顾之自喜,曰:'我晚而贫,书则可云富矣。'"①不幸的是,十余日后,房屋失火,绛云楼与藏书燃为灰烬。从记载中,我们可以看到,绛云楼藏书来之不易,并且藏书数量大。据钱谦益《绛云楼书目》的记载,绛云楼藏有经、史、子、集四部各类图书,并且分类较为详细,显然也反映了其藏书之丰富周全,为他在文学、史学、目录学、版本学等方面取得的成就奠定了基础。清代学者郑方坤在《东涧诗钞小传》中评价曰:"虞山学问渊博,浩无涯涘。"钱谦益著有《明史稿》(毁于火)、《牧斋诗集》《初学集》《有学集》《列朝诗集》《绛云楼书目》《绛云楼题跋》等。

(2)黄宗羲与续钞堂。

黄宗羲(1610—1695),明末清初经学家、史学家、思想家、地理学家、天文历算学家、教育家。黄宗羲丰硕的学术成果,得益于他好抄书和喜藏书,以及其藏书楼续钞堂的丰富藏书。全祖望在《梨洲先生神道碑文》中记录了黄宗羲的藏书经历:"(黄宗羲)愤科举之学,锢人生平,思所以变之。既尽发家藏书读之不足,则抄之同里世学楼钮氏、澹生堂祁氏,南中则千顷斋黄氏,吴中则绛云楼钱氏,穷年搜讨。游屐所至,遍历通衢委巷,搜鬻故书;薄暮,一童肩负而返,乘夜丹铅,次日复出,率以为常。"②黄宗羲之子黄百家在《续钞堂藏书目·序》中,对续钞堂的藏书情况记载甚详:"续钞堂藏书,经若干卷,史若干卷,子若干卷,集若干卷,选文若干卷,选诗若干卷,志考类若干卷,经济类若干卷,性理、语录、天文、地理、兵刑、礼乐、农圃、医卜、律吕、教育、小说、杂技、野史、释道、俳优等若干卷,总合若干万卷。"③可见其

---

① 王余光:《藏书四记》,武汉:湖北辞书出版社,1998年,179—181页。
② 黄炳垕撰,王政尧点校:《黄宗羲年谱》,北京:中华书局,1993年,86—86页。
③ 黄百家:《学箕初稿》,见《清代诗文集汇编》编纂委员会《清代诗文集汇编》,161,上海:上海古籍出版社,2010年,543页。

藏书有数万卷之多,而且藏书内容非常丰富,这为他的学术研究和创作提供了必要的条件。黄宗羲晚年更好聚书藏书,并且提倡藏书致用,告诫学者:"当以书明心,勿玩物丧志也。"①黄宗羲学问渊博,著作宏富,一生著述 50 余种,其中代表作有《明儒学案》《宋元学案》《明夷待访录》《孟子师说》《葬制或问》《破邪论》《思旧录》《易学象数论》《明文海》《行朝录》《今水经》《大统历推法》《四明山志》等。他还撰写了《天一阁藏书记》《传是楼藏书记》等有关藏书文化的文章。

《宋元学案》

(3)朱彝尊与曝书亭、潜采堂。

朱彝尊(1629—1709),清代词人、学者、藏书家。朱彝尊先世本有一些藏书,初在岭表于豫章书肆购书五箱,后在江都购得项氏万卷楼劫余残书,之后,藏书之志愈笃,束修之入,悉以购书。及通籍,又借抄于史馆及宛平孙氏、无锡秦氏、昆山徐氏、晋江黄氏、钱塘龚氏诸

---

① 黄炳垕撰,王政尧点校:《黄宗羲年谱》,北京:中华书局,1993 年,97 页。

书家,合计前后所得约3万卷。归田之后,陆续又收得4万余卷,并得上海李延昰赠送之2500卷,于是拥书8万卷,成为清初大藏书家之一。① 朱彝尊著有《曝书亭集》80卷,《日下旧闻》42卷,《经义考》300卷;选编《明诗综》100卷,《词综》30卷。朱彝尊不仅好藏书,而且好读书和著述。曾将所著《经义考》呈送康熙和皇太子,皇太子评价朱彝尊是"海内第一读书人"。②

(4)周永年与借书园。

周永年(1730—1791),清代学者、藏书家。周永年博古好学,独嗜书,庋藏典籍甲于山左。家有林汲山房、水西书屋,积藏10万卷。并编有《水西书屋藏书目录》《借书园书目》,著录3000余种。③ 周永年开放其藏书供人阅览传抄,章学诚曾慕名参观其藏书并撰有《藉书园图书目叙》和《周书昌别传》,记载曰:"藉书园者,书昌(周永年)之志也。书昌故温饱,橐饯于书,积卷殆近十万。不欲自私,故以藉书名园。藉者借也。尝以其意请余为藉书目录之序……书昌之志,盖欲构室而藏,托之名山。又欲强有力者为之赡其经费,立为法守,而使学者于以习其业,传抄者于以流通其书,故以藉书名园。"④周永年受明代曹学佺的启发,"曹(曹学佺)能始《儒藏》之议,自古藏书家所未及,当亦天下万世有心目者之公愿",⑤提出"儒藏说",认为"书籍者,所以载道记事,益人神智者也",感叹官私藏书"藏之一地,不能藏之于天下;藏之一时,不能藏于万世也",发愿"与海内同人共肩斯任,

---

① 范凤书:《中国著名藏书家与藏书楼》,郑州:大象出版社,2013年,126页。
② 王利民:《博大之宗——朱彝尊传》,杭州:浙江人民出版社,2006年,230页。
③ 范凤书:《中国著名藏书家与藏书楼》,郑州:大象出版社,2013年,171页。
④ 章学诚:《周永年别传》,见袁咏秋、曾季光《中国历代国家藏书机构及名家藏读叙传选》,北京:北京大学出版社,1997年,369页。
⑤ 周永年:《与李南涧札》,见祁承爜等《藏书记(图文本)》,扬州:广陵书社,2010年,136页。

务俾古人著述之可传者,自今日永无散失,以与天下万世共读之"。①这种开放藏书,供人阅览传抄的思想,是古今藏书观念的一大变革,也是这位藏书家在藏书、读书的同时,为学术和文化发展做出的一大重要贡献。

(5)章学诚与漱云山房。

章学诚(1738—1801),清代杰出史学家和思想家。在清代藏书家当中,他的藏书数量不算多,但是学术成就和影响颇为深远。朱筠和毕沅都是清代大藏书家,藏书颇丰,章学诚师从朱筠,馆幕毕沅,喜好读书,广闻博览,因此开阔了视野,增长了学识,在读书时,贯通史学,游心方志,校雠诸学。为了学术研究和著述,他在自家藏书基础上,大量购买和收藏书籍,增至两万余卷,并建有藏书楼,名曰"漱云山房"。章学诚在其所撰《漱云山房乙卯藏书目记》中自述道:"小子

《校雠通义》

---

① 周永年:《儒藏说》,见袁咏秋、曾季光《中国历代国家藏书机构及名家藏读叙传选》,北京:北京大学出版社,1997年,366页。

旅馆京师,嗜书而力不能致。然戊子(1768年)以前,未有家累,馆谷所入,悉以购书。性尤嗜史,而累朝正史计部二十有三,非数十金不能致,则层累求之,凡三年而始全……三十年来,颇有增益。亦渐有古椠秘本、缮抄希觏之书,统计为书五千,为卷二万有盈。"①章学诚性好嗜书,大加利用藏书楼的书籍,在史学、校雠学、方志学等领域取得了卓越的成就。他著有《文史通义》《校雠通义》《史籍考》等论著,对后世史学界产生了重大影响。他曾主修《和州志》《永清县志》《亳州志》《湖北通志》等十多部志书,创立了一套完整的修志义例。

2. 私家藏书利用与藏书家精神

清代藏书家众多,可以将他们作为一个藏书家共同体来看待,并分析这个共同体展现的藏书家精神。清代藏书家,乃至历代的藏书家,都必须面对一个"难"字。由于藏书艰难而能为之,所以更凸现藏书家精神的可贵。在此,我们有必要首先知道藏书如何之难,以便于感知藏书家身上所体现出来的可嘉、可学、可传的精神。藏书不易,是众多藏书家的共同心声。黄宗羲在《天一阁藏书记》中感叹道:"尝叹读书难,藏书尤难,藏之久而不散,则难之难矣。"这是对藏书难的真实感慨。清代藏书家孙从添在《藏书纪要》中总结出藏书有"六难",然后得出结论:"有此六难,则虽有爱书之人,而能藏书者,鲜矣。"② 从藏书家面对"六难"的挑战来看,古代藏书实属不易。遇好书而困于不能得则更体现了藏书的艰难,如全祖望在《双韭山房藏书记》中所描述的:"良会之难,洵可惜也。即以十年来所接,其为梦寐所需而终以高价之莫副、付之云烟之过眼者,不知其几何也。"③历代藏书家为藏书付出的心血昭然可见,藏书的艰难也昭然可见,但是恰

---

① 章学诚:《瀹云山房乙卯藏书目记》,见王余光《藏书四记》,武汉:湖北辞书出版社,1998年,236—237页。
② 王余光:《藏书四记》,武汉:湖北辞书出版社,1998年,189页。
③ 王余光:《藏书四记》,武汉:湖北辞书出版社,1998年,214页。

好彰显了藏书家身上最为可贵的精神特质。

　　藏书如此艰难,而藏书家之薪火千百年不断,非有超越常人的精神而不能为之。那么,藏书家精神到底是什么？来新夏先生将中国藏书文化的人文主义精神概括为"仁人爱物"。① 来新夏先生的概括直指中国藏书文化的核心理念,当然也是对藏书家精神的一种宏观抽象,为当代解读古代藏书家精神开辟了一个方向。由此开去继续探寻藏书家精神,我们提炼出八项精神特质:仁人爱物,嘉惠学林;藏书守道,视书如宝;读书治学,不离不弃;开放维新,悦人悦己。

　　(1)仁人爱物。关于"仁人爱物"中的"仁",《论语》中曰:"樊迟问仁。子曰'爱人'。"(《论语·颜渊篇》)这是讲仁以同情心为本,即所谓仁者爱人。藏书家身上的爱人之仁主要体现在其"私藏"在借阅、传抄等活动中所发挥的"作育人才"的功能。② 藏书家以圣贤为师,集藏先贤经典书籍,一方面是寄托对先贤的敬仰和幽思之情,另一方面是陶醉于先贤的墨香之中,以期望成圣成仁。这是古代读书人的共同梦想,更是藏书家的理想和追求。藏书家的这一梦想直接体现在对藏书的选择方面,如明末清初胡承诺在《读书说》中讲:"好书藏书,

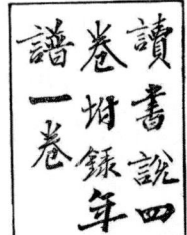

《读书说》

---

① 来新夏:《中国的藏书文化与人文主义精神》,载《图书馆》,1997年第5期,78—79页。
② 来新夏:《中国的藏书文化与人文主义精神》,载《图书馆》,1997年第5期,78—79页。

莫不有正有邪。淮南王安好书，所招致，率多浮辩之士。河间献王所好，皆经传说记七十子之徒。所论邪正不同，故立身亦异。厥后淮南王以叛终，河间称贤王。"①由此可知，藏书分正邪，"正"则是藏书家身上闪光的精神，也是藏书家仁人君子思想的表现，所谓"近朱者赤，近墨者黑"，藏书家的高尚追求同时成就了其在人格上的君子品性。

藏书家的"仁人"精神也体现在其爱人之举中，但凡利用藏书有益于他人之举都值得赞誉，都属于仁人之举。古代藏书家身上的一些为仁善举，体现在诸如一些藏书家为读者提供食宿等方便上。清代藏书家黄澄量向借书者宣告："或海内好事者愿窥秘册者，听偕登焉"，并且"恣其阅览，且供膳宿（《五桂楼书目·题识》）"。"爱物"主要体现在对藏书的保存、版本和校勘等方面。②首先，我们要知道藏书家是如何爱书的，以及通过哪些途径表明自己爱书的。藏书家爱书可以表现在具体细节之中。宋代藏书家司马光有"所读之书终身如新"，元代的赵孟𫖯进一步总结出"六勿四随"的经验，即"勿卷脑，勿折角，勿以爪侵字，勿以唾揭幅，勿以作枕，勿以夹刺，随损随修，随开随掩"（胡应麟《少室山房笔丛正集》）。这些细微之处，均体现出藏书家对书籍的呵护，足可见藏书家对书爱之愈切，护之愈切。

（2）嘉惠学林。嘉惠学林，即公开藏书以惠学林。首先，公开藏书并对外借阅，发挥书籍的最大价值，从而达到嘉惠学林的目的。如明末藏书家李如一认为藏书应该让大家阅读，让更多的人学到知识。他曾说："天下好书，当天下人共之！"（钱谦益《牧斋有学集·李贯之先生墓志铭》）在李如一看来，书籍是社会财富，就应该让大家读，藏书也是大家的事。③杨循吉在《题书橱诗》中写道："朋友有读者，悉当

---

① 胡承诺：《读书说（附年谱）》，一，北京：中华书局，1985年，7—8页。
② 来新夏：《中国的藏书文化与人文主义精神》，载《图书馆》，1997年第5期，78—79页。
③ 郑伟章、李万健：《中国著名藏书家传略》，北京：书目文献出版社，1986年，59页。

相奉捐。"清末张謇在《古越藏书楼记》中称赞徐树兰的义举"捐世舍故,不以所藏私子孙而推惠于乡人",这可以被看作是对这些藏书家极好的评语。其次,藏书家可以通过刻书和整理目录,达到嘉惠学林的目的。《劝刻书说》中指明刻书的深远意义:"且刻书者,传先哲之精蕴,启后学之困蒙,亦利济之先务、积善之雅谈也。"①从古至今的藏书家,大多通过藏书、校书、编书等方式达到"嘉惠学林""裨益后学"的目的。

(3)藏书守道。所谓古代藏书家藏书守道,藏的即是"六艺"之书,守的即是"六艺"之道。这要从中国古代学术分类开始,孔子始教"六艺"者,即《诗》《书》《礼》《乐》《易》《春秋》。马一浮先生曾这样楷定国学:"一切学术之原,皆出于此(六艺),其余都是六艺之流。"②他认为:"学者于何学,学于六艺而已。大哉!六艺之为道。大哉!"③由此可见,学者们守的是六艺之道,学的是六艺之学,藏的也必然是六艺书。又可见孙从添在《藏书纪要》中曰:"余无他好,而中于书癖……然圣贤之道,非此不能考证。"④这也是讲藏书守圣贤之道,即六艺之学。胡承诺在《读书说》中曰:"道生信,信生书,著书明道者也……上自君相,下逮士庶,读之若衣服饮食之切于身,烛照数计之昭于目,殆无不发信心焉者。无他,道生故也。则是书之行,吾知其不来訾也,无容文也。"⑤道因生信而生书,所以藏书即从信而守道。但凡古代的藏书家都能发乎此心而藏书,能上自君王,下至百姓,可谓壮观,也是中华文明之大幸。藏书守道的意义,可引申为宋代张横

---

① 徐雁、王燕均:《中国历史藏书论著读本》,成都:四川大学出版社,1990年,505页。
② 马一浮:《马一浮卷》,见刘梦溪《中国现代学术经典》,石家庄:河北教育出版社,1996年,19页。
③ 马一浮:《马一浮卷》,见刘梦溪《中国现代学术经典》,石家庄:河北教育出版社,1996年,11页。
④ 王余光:《藏书四记》,武汉:湖北辞书出版社,1998年,188页。
⑤ 孙鼎臣:《序》,见胡承诺《读书说(附年谱)》,一,北京:中华书局,1985年,1页。

渠先生所教四句之一"为往圣继绝学"。藏书家藏书守道,不仅对于守六艺之道有实际作为,而且能潜心学问并终了有益于学术发展。古代许多著名学者也是大藏书家,如明清之际著名的思想家、史学家和藏书家黄宗羲,他一生主要著述有《宋元学案》《明儒学案》等,在史学、哲学方面影响显著。

(4)视书如宝。《辞海》"宝"字条下前两种解释:①玉器的总称,引申以泛指一切珍贵的物品。②银钱货币。① 所谓视书如宝就是将书视为金银玉器等珍贵物品。古代藏书家身上这种对书籍的爱,由此可见一斑。我们略数古代藏书家视书如宝的描述,以佐证古代藏书家对书籍的珍爱。《上善堂藏书纪要》中讲:"得一善本为美事者,何也?夫天地间之有书籍也,犹人身之有性灵也。"②由此得出结论:"故书籍者,天下之至宝也。"③其将书籍直接喻为"至宝",但得一至宝并非易事,因为藏书家常常会"菲饮食,恶衣服。减自奉,买书读"(《书林清话·藏书家印记之语》),④并且为了"得一最难得之书籍,不惜典衣,不顾重价,必欲得之而后止"。⑤ 这种得书如得宝的精神,足以彰显藏书家的爱书之情。

(5)读书治学。藏书志在于读书,读书是为了治学,藏书要立治学之心。清代著名藏书家张金吾所谓藏书为"学问之本":"然欲力学者,必先读书;欲读书者必先藏书。藏书者诵读之资,而学问之本也。"张金吾在明确藏书目的之后,进一步论述藏书的意义,即藏书的意义重在治学。"窃尝论之,藏书而不知读书,犹弗藏也,读书而不知研精覃思,随性分所近,成专门绝业,犹弗读也。"(张金吾《爱日精庐

---

① 夏征农:《辞海》,1999年缩印本,上海:上海辞书出版社,2000年,1218页。
② 徐雁、王燕均:《中国历史藏书论著读本》,成都:四川大学出版社,1990年,516页。
③ 徐雁、王燕均:《中国历史藏书论著读本》,成都:四川大学出版社,1990年,516页。
④ 叶德辉:《书林清话》,扬州:广陵书社,2007年,200页。
⑤ 徐雁、王燕均:《中国历史藏书论著读本》,成都:四川大学出版社,1990年,516页。

藏书志·序》)究其所言,张金吾为读书而藏书之心志甚明,且最终欲借藏书以成就"专门绝学"。藏书而后读书,可以解惑。"藏书者无问册帙美恶,意唯欲搜奇索隐,得见古人一言一论之秘,以广心胸未识未闻"。①

《爱日精庐藏书志》

不求仕途,潜心于读书和治学。清代中期的大藏书家吴骞视功名如浮云,不求入仕但求藏书,其情景可见于同时代藏书家陈鳣咏吴骞拜经楼藏书的一首诗《河庄诗钞》:②

人生不用觅封侯,但问奇书且校雠。

却羡溪南吴季子,百城高拥拜经楼。

叶德辉的学生刘肇隅说他:"竭四十年心力,凡四部要籍,无不搜罗宏富,充栋连橱。"(刘肇隅《郋园读书志·序》)叶德辉的侄子叶启发说他早年做官以后,"不乐仕进,日以搜访旧书、刻书为事,专力于

---

① 徐雁、王燕均:《中国历史藏书论著读本》,成都:四川大学出版社,1990年,596页。
② 郑伟章、李万健:《中国著名藏书家传略》,北京:书目文献出版社,1986年,111页。

考据之学"。(叶启发《郎园读书志·跋》)①古代读书人多遵循"学而优则仕"之道,但也有去官而从学者,如清朝大学问家朱彝尊。他去官之后,作书楗铭曰:"夺侬七品官,写我万卷书,或默或语,孰智孰愚。"②此后他潜心藏书治学,表现出读书人的独立人格与精神气质。

(6)不离不弃。前面我们谈到藏书之难,藏书家随时可能面临藏书散失或毁灭等打击,然而依旧能矢志不渝,对书籍不离不弃,当是十分可贵的精神。首先,"嗜书之心火烧不死"是指明末清初藏书家钱谦益,其绛云楼的藏书曾被一次大火全毁,据《藏书纪事诗》的记载,当书楼被火烧时,他痛不欲生,悲愤地高呼:"天能烧我屋内书,不能烧我腹内书。"此话表明他书毁志不毁,要继续读书治学的决心。此后,他一面整理少量残留图书,一面继续收藏,直至82岁去世为止。③ 面对这样的打击,仍能潜心于读书治学,其精神真正可嘉,堪称后学之楷模。其次,"贫而不弃"。孙从添在《藏书纪要》中曰:"家藏卷帙不下万数,虽极贫,不忍弃去。"④再看藏书家的"日日不离"。现代大藏书家傅增湘曾这样形容自己对书之情:"独于古笈之缘,校雠之业,深嗜笃好,似挟有生以俱来,如寒之索衣,饥之思食,如无一日之可离。"(见《文苑英华》校本书后)⑤以上所述,均表达了藏书家对藏书"不离不弃"的精神,值得后学和爱书者敬仰、学习。

(7)开放维新。清代藏书家钱谦益"好自矜啬,傲他氏所不及,片楮不肯借出",之后一场大火烧掉了绛云楼,宋刻元刊顷刻化为灰烬。曹溶有感于"烬后不复见于人间"而拟写了《流通古书约》,大力提倡图书的流通。曹溶在《流通古书约》中体认到藏书:"一归藏书家无不

---

① 郑伟章、李万健:《中国著名藏书家传略》,北京:书目文献出版社,1986年,223页。
② 郑伟章、李万健:《中国著名藏书家传略》,北京:书目文献出版社,1986年,102页。
③ 郑伟章、李万健:《中国著名藏书家传略》,北京:书目文献出版社,1986年,79页。
④ 徐雁、王燕均:《中国历史藏书论著读本》,成都:四川大学出版社,1990年,541页。
⑤ 郑伟章、李万健:《中国著名藏书家传略》,北京:书目文献出版社,1986年,239页。

绨锦为衣、旃檀作室,扃钥以为常。"他鉴于古人常将书籍藏于檀香书室,并将门窗关锁,以致"尽有单行之本,烬后不复见于人间",于是"深以为鉴,偕同志申借书约"(曹溶《绛云楼书目题辞》)。清代藏书家对此做法赞口不绝,缪荃孙曾评价其"为流通古书创一良法,藏书家能守此法,则单刻为千百化身,可以不至湮灭,尤为善计"。(缪荃孙《流通古书约·跋》)①这些都是较早打破陈腐藏书观念以图维新,从而引领新的思潮,直接影响着后来藏书思想的变革。"虽然,我国历史上把自己的藏书捐为公藏,以有益他人的美举,史不绝书。……但是,终未形成风气"。② 直到清末才真正打破了传统藏书楼格局,引领创办公共图书馆之风气者当属徐树兰的古越藏书楼。此后一发不可收拾,中国的藏书事业发生了历史性的变化。总之,钱谦益痛失绛云楼,曹溶有感而发,所以著《流通古书约》,创流通古书之法。徐树兰以实际行动打破传统藏书楼格局,引领创办公共图书馆之风气。这些都体现出藏书家们在不断探索和实践,并以"开放""维新"的心态,大胆推进藏书事业的变革与发展,具有划时代的意义。

(8)悦人悦己。清康熙时桐乡县有藏书家汪文柏,其因好书,曾置"摘藻之堂"和古香楼,并自作《柯庭余习·古香楼》③云:

何物满高楼,宋镌与秘录。
青藜最可人,黄奶我所欲。
香清凝座隅,色古悦心目。
焉敢傲百城,拥书聊自足。

其以藏书自悦自足,爱书之情跃然纸上。

---

① 徐雁、王燕均:《中国历史藏书论著读本》,成都:四川大学出版社,1990年,501页。
② 郑伟章、李万健:《中国著名藏书家传略》,北京:书目文献出版社,1986年,189页。
③ 叶昌炽著,王欣夫补正,徐鹏辑:《藏书纪事诗(附补正)》,上海:上海古籍出版社,1989年,411页。

《古欢社约》记载:"俞邰者,安可不时时语言,取古人之精神而生活者也?尽一日之阴,探千古之秘,或彼藏我阙,或彼阙我藏,互相质证,当有发明。此天下最快心事,俞邰当亦踊跃趋事矣。"①这述说了俞邰与藏书家黄虞稷订立互相交流和质证藏书之约,即达成《古欢社约》,而得"天下最快心事"。高濂颇得藏书之趣,如其论藏书云:"故积书充栋,类聚门分……恍对圣贤,面谈千古,悦心快目,何乐可胜?"②其境界之高、其悦乐之雅,尽在藏书之道。清代藏书家孙从添在《上善堂藏书纪要》中讲:"其既得之也胜于拱璧,即觅善工装订,置之案头,手烧妙香,口吃苦茶,然后开卷读之,岂非人世间一大韵事乎?……以此为乐,胜于南面百城多矣。"③又可知袁枚在《所好轩记》中曰:"余之他好从同,而好书从独,则以'所好'归书也固宜。"④这是说袁枚本人特将其藏书处命名为"所好",寓意其"所好"的是书。但是袁枚也称自己"好葺屋、好游、好友"等,单独以书为"所好",可见书给其带来的愉悦胜过"他好"。

三、书院藏书

1. 清代书院藏书发展

清代前期,书院的发展经历了清初的低潮阶段,政策上"不许别创"。康熙、雍正时期开始扭转形势,在清廷的支持下,书院大量重建或者新建。乾隆时期,清代书院发展处于鼎盛阶段,新建书院达到1139个。截至道光年间,清代前期,新建书院共2593个,恢复前代书

---

① 徐雁、王燕均:《中国历史藏书论著读本》,成都:四川大学出版社,1990年,505页。
② 徐雁、王燕均:《中国历史藏书论著读本》,成都:四川大学出版社,1990年,597页。
③ 徐雁、王燕均:《中国历史藏书论著读本》,成都:四川大学出版社,1990年,516页。
④ 王余光:《藏书四记》,武汉:湖北辞书出版社,1998年,224页。

院共543个,①总数超过了3000多个。纵观历史,清代前期新建、修复前代书院的总数是历朝最多的,②可谓蔚为壮观。

书院藏书是伴随书院一起发展的,书院的功能不仅是教学,藏书也是其中一个非常重要的功能,并且藏书修书是书院原初的主要活动。清代诗人袁枚在《随园随笔》中曰:"书院之名,起唐玄宗时,丽正书院、集贤书院皆建于朝省,为修书之地,非士子肄业之所也。"③清代的书院注重藏书建设,其藏书来源广泛,藏书规模和数量大,对书院发展起着重要的作用。

藏书是书院教学的必备和需要,而且书院藏书规模和数量也代表着书院的发展规模,是社会对书院做评价和反映其影响力的重要指标,因此书院非常重视藏书建设。清代前期,书院藏书的主要来源有以下四个方面。(1)皇帝颁赐给书院的书籍。如乾隆十六年(1751),乾隆上谕:"颁赐江浙各书院殿版经史。谕经史,学之根柢也。会城书院聚簧庠之秀而砥砺之,尤宜示之正学。朕时巡所至,有若江宁之钟山书院、苏州之紫阳书院、杭州之敷文书院,各赐武英殿新刊《十三经》《二十二史》一部,资髦士稽古之学。"④乾隆帝给这几个书院颁赐的书籍均是武英殿版《十三经》《二十二史》,这对书院藏书的规格和数量都有很大提升。(2)书院刻书。这部分内容,第二章已经阐述,这里不再赘述。(3)社会捐赠。社会各界人士,包括本地的官员和乡绅等达官贵人,好学重教之士,或者出资相助,或者捐赠图书充实书院藏书。如学海堂藏书就曾受到捐赠,有记载:"仪征公(即阮元)所授者,有大吏所颁者,有同人所贻者,有学长所购者,藏弆有

---

① 白新良:《中国古代书院发展史》,天津:天津大学出版社,1995年,271页。
② 白新良:《中国古代书院发展史》,天津:天津大学出版社,1995年,273页。
③ 袁枚著,赵新德校点:《随园随笔·书院》,见《袁枚全集》,伍,南京:江苏古籍出版社,1993年,247页。
④ 王炜:《〈清实录〉科举史料汇编》,武汉:武汉大学出版社,2009年,325页。

籍,出入有规,以待堂中之士善读而有得焉,洵快事也。"①(4)书院购买。书院可以通过书坊等途径购买书籍,丰富藏书内容,为书院师生提供更多图书文献。如嘉庆二十四年(1819),岳麓书院山长欧阳厚均等人编订了《岳麓书院捐书详议条款》,提出了藏书征集和管理五原则,即"购求宜广""收发宜清""交代宜严""藏贮宜谨"和"看守宜严",②其中第一条即提出通过各种渠道购买图书。

2. 清代书院藏书数量和内容

清代前期,书院藏书在内容上与书院的宗旨、教学内容一致。康熙、雍正时期,皇帝重视书院的建设,书院发展进入快车道。在书院的建设方面,统治者意志体现明显,官府在提供经济支持的同时也制定了相应的政策,在书院教学和图书收藏等方面都处于主导地位。清代前期,书院藏书内容受当时学术导向的影响,注重收藏理学和经史类文献。而当时的学术方向,受到皇帝的学术意志和理念影响很大。

康熙帝在学术方向从"陆王心学"转向"程朱理学"的过程中产生了直接影响。康熙推崇、提倡朱熹及其理学,曾曰:"宋儒朱子,注释群经,阐发道理,凡所著作,及编纂之书,皆明白精确,归于大中至正。经今五百余年,学者无敢疵议。朕以为孔孟之后,有裨斯文者,朱子之功,最为弘巨。"③他从皇帝的角度,推崇朱子之学。他又提出:"朱夫子集大成而绪千百年绝传之学,开愚蒙而立亿万世一定之规,穷理以致其知,反躬以践其实,释《大学》则有次第,由致知而平天下,自明德而止于至善,无不开发后人而教来者也。五章补之于断简残篇之中,而一旦豁然贯通之为止,虽圣人复起,必不能逾此。问《中庸》名

---

① 林伯桐撰著,陈澧补编:《学海堂志》,台北:广文书局有限公司,1971年,81—82页。
② 朱汉民、邓洪波:《岳麓书院史》,长沙:湖南教育出版社,2013年,334页。
③ 《圣祖仁皇帝实录》,卷二四九,见《清实录》,第六册,北京:中华书局,1985年,466页。

篇之义,则不偏不倚,无过不及之名。未发已发之中,本之于时中之中,皆先贤所不能及也。论语、孟则逐篇讨论,皆内圣外王之心传,于此道人心之所关匪细。以'五经'则因经取义,理正言顺,和平宽弘,非后世借此而轻议者同日而语也。至于忠君爱国之诚、动静语默之敬、文章言谈之中,全是天地之正气、宇宙之大道。朕读其书,察其理,非此不能知天人相与之奥,非此不能治万邦于衽席,非此不能仁心仁政施于天下,非此不能外内为一家。"①康熙帝对朱子之学如此推崇,后来雍正、乾隆朝都将程朱理学定为官学。书院作为官学的辅助,其教学内容自然以理学为主,其所收藏图书也自然以理学书籍为主。康熙五十二年(1713),康熙命李光地等儒臣整理朱熹语录,编纂《御纂朱子全书》,后刊刻颁发到各地官学,包括书院等,都将之作为教材。康熙年间,安徽安庆的敬敷书院,收藏了不少朱子类书籍,如《朱子语类大全》《朱子文集》《朱子奏议》《朱子经济文衡》《朱子学的》和《朱子注解小学》等。康熙年间,李来章曾讲学于嵩阳书院、南山书院等书院。在讲学时,他开列了一份教学推荐书目,名曰《读书次序》,书目中包括大量理学著作,如朱熹、吕祖谦的《近思录》,朱熹门人编的《四书语类》,奉诏编的《御制四书大全》《性理大全》,孙奇逢《四书近指》《理学宗传》,窦克勤《理学正宗》等。②

清代前期,书院注重经史类文献的收藏。乾隆帝重视经史学,乾隆九年(1744)议准:"三通"诸书,令各督、抚转饬布政使及专司书院之道员,于公项内酌量置办,以资诸生诵读。③ 乾隆十年(1745)曾颁布通行政令曰:"书院肄业士子,应令院长择其资禀优异者,将经学、

---

① 玄烨:《御纂朱子全书序》,见朱熹撰、朱杰人、严佐之、刘永翔主编:《朱子全书》,第二十七册,上海:上海古籍出版社;合肥:安徽教育出版社,2002年,845—846页。
② 陈谷嘉、邓洪波:《中国书院制度研究》,杭州:浙江教育出版社,1997年,198—200页。
③ 索尔纳等纂修,霍有明、郭海文校注:《钦定学政全书校注》,武汉:武汉大学出版社,2009年,21页。

史学、治术诸书,留心讲贯,而以其余功兼及对偶、声律之学。其资质难强者,当先工八股,穷究专经,然后徐及余经,以及史学、治术、对偶、声律。至每月之课,仍以八股为主,或论,或策,或表,或判,听酌量兼试能兼长者,酌赏以示鼓励。"①乾隆十六年(1751)又有谕旨曰:"经史,学之根柢也……有若江宁之钟山书院、苏州之紫阳书院、杭州之敷文书院,各赐武英殿新刊《十三经》《二十二史》一部,资髦士稽古之学。"②在皇帝的诏令指引下,各地书院都加强经史类文献的收藏。书院在文化政策的引导下,以收藏经史文献为主体。嘉庆年间,洪亮吉在《毓文书院志》中"书籍志"部分的序言中说:"语录盛而经学衰,明中叶后,复盛行讲章,而圣人之旨益晦。欲救其弊,非研心于'六经'训诂之书,不能挽也,是则经学亟宜备矣。外此则廿二史,可以博览古今,周秦诸子、唐宋总集类集,可以搜采异同,增广闻见,亦儒家不可少之书也。今据书院所有者录于左,亦以经、史、子、集分部,他日复能购唐宋以前异书,以补其缺,则尤所望于后来者矣。"这个书目中收录的图书多为经史类文献。另有一份《书院藏书名目》记载:③道光十二年(1832)六月十八日贮藏书籍,止许向书院中披读,不许出借,以防遗失。

　　《三十名家》二套共十二本。

　　《五经大观》二套共十本。

　　《七经联珠》二套共十二本。

　　《四经左国》一套共四本。

　　《乡党图考》一套共六本。

---

① 索尔纳等纂修,霍有明、郭海文校注:《钦定学政全书校注》,武汉:武汉大学出版社,2009年,286页。
② 王炜:《〈清实录〉科举史料汇编》,武汉:武汉大学出版社,2009年,325页。
③ 陈谷嘉、邓洪波:《中国书院史资料》,中册,杭州:浙江教育出版社,1998年,1858页。

《分国左传》一套共八本。

《律赋会心》一套共四本。

《律赋新研》一套共六本。

《五经类编》二套共十二本。

《小题嘉言》一套共八本。

《二十四家》一套共四本。

《云样记》一套共四本。

《试帖偶余》一本,《试赋偶余》一本,共一套。

《周礼集解》一套共四本。

这份书院藏书目录中,多为经史书籍,如《五经大观》《五经类编》《分国左传》等。

3. 清代书院藏书的借阅管理

清代前期,很多书院在藏书管理和借阅方面都制定了相应的条规,一方面是着眼于藏的保护性管理措施,另一方面是着眼于用的开放性借阅条规。这些条规对读者借阅图书方面的行为有较为具体的说明,也对读者阅读书院图书产生直接的影响。因此,简要列举一些书院向读者开放其图书阅览的相关条规,以反映当时读者借阅书院图书的方式方法。

一些书院比较开明,在藏与用的关系方面,意识到书院藏书开放利用的深远意义,对其书院藏书实施开放阅览的措施。例如道光年间一书院曾规定,书院藏书,"止许向书院中披读,不许出借",[①]规定读者只能在本书院内部阅读所藏图书。

学海堂藏书主要面向书院中的读书人,有记载:"顾名山所藏,靓止匪易,前人白鹿洞书许人借读,近则昆山顾氏介休书堂公之同

---

① 陈谷嘉、邓洪波:《中国书院史资料》,中册,杭州:浙江教育出版社,1998年,1858页。

人……藏弆有籍,出入有规,以待堂中之士善读而有得焉,洵快事也。"①

道光三年(1823),巡抚左辅在《城南书院官书条款》中叙述道:"岳麓书院旧有钦颁书籍,岁久散佚。嘉庆庚辰,前抚李松云先生筹款,发布政司理问瞿中溶购经史子集万余卷贮之,俾便肄业诸生翻读,诚嘉惠士林之意也。"②当中记载道,嘉庆庚辰年(1796),巡抚李松云筹款,购买了经史子集万余卷书籍藏于岳麓书院,为书院士子读书提供方便,以体现其嘉惠士林之意。道光三年(1823),巡抚左辅将书院迁移到新落成的城南书院,继续向书院士子开放藏书,让他们阅览,但是希望严加管理,以免遗失。《城南书院官书条款》第一则曰:"书籍原以备诸生翻阅,然收发须严,书楼锁匙监院收掌。一发一收,监院须登记清楚,以免散佚。"③

四、寺观藏书

1. 寺院藏书

清代前期的寺院藏书状况与当时的佛教发展形势趋同,佛教在清代虽然得到皇帝的支持,但是其影响毕竟有限。清代前期的寺院藏书主要继承了明代以前的藏书,译经和刻书事业都没有明代以前发达。当然,清代的寺院佛典收藏和编目并没有完全停滞不前,也取得了一些新成就。

---

① 林伯桐撰著,陈澧补编:《学海堂志》,台北:广文书局有限公司,1971年,81—82页。
② 余正焕、左辅、张亨嘉撰,邓洪波校点:《城南书院志·校经书院志略》,长沙:岳麓书社,2012年,97页。
③ 余正焕、左辅、张亨嘉撰,邓洪波校点:《城南书院志·校经书院志略》,长沙:岳麓书社,2012年,97页。

(1)刊刻和收藏。

清代前期,官刻图书中包括一部分佛教典籍,其中以乾隆版《大藏经》最为著名,俗称《龙藏》。汉文版《大藏经》,始刻于雍正十一年(1733),完成于乾隆三年(1738),经版近8万块,经书7000多卷,收录佛典1670种,当时刊印了100余部,乾隆帝分别颁赐给全国各大寺院收藏和供奉,有相关记载:北京清梵寺"乾隆二年(1737)颁赐藏经全部"(光绪《顺天府志》卷一七);北京妙应寺"乾隆十八年(1753),重修御书《般若波罗密多心经》一卷及梵文《尊胜咒》,赐《大藏真经》全部七百四十函"(光绪《顺天府志》卷一六);山西五台山塔院寺"殿中有转轮藏,藏《藏经》"(乾隆《五台县志》);江苏扬州法华寺"国朝乾隆三十八年(1773)僧悟德重建,嘉庆四年(1799)其徒达池可修之,十年敕赐《龙藏》全部,《四体大藏全览》"(嘉庆《重修扬州府志》卷二八);福建闽县鼓山涌泉寺"康熙四十九年(1710)赐额,五十二年(1713)赐御藏经四橱。乾隆七年(1742)赐御藏经七千二百四十卷"(道光《福建通志》卷一)。① 满文版《大藏经》,始刻于乾隆三十八年(1773),完成于嘉庆三年(1798)。据了解,这部满文版《大藏经》印本很少,从现有

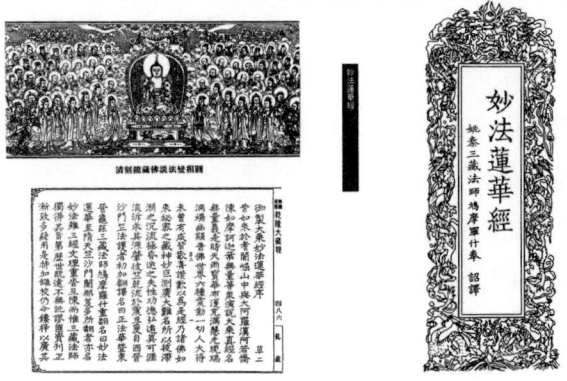

《妙法莲华经》《乾隆大藏经》

---

① 傅璇琮、谢灼华:《中国藏书通史》,下,宁波:宁波出版社,2001年,1003—1004页。

文献考知,仅北京雍和宫、承德殊像寺曾有收藏,余皆不详。① 藏文版《大藏经》,始刻于康熙二十二年(1683),十余年后完成。藏文版《大藏经》分《甘珠尔》《丹珠尔》两大部分。据文献记载,西安广仁寺曾藏有《甘珠尔》107包。另外,四川的德格县和西藏拉萨等地也刊刻有藏文版《大藏经》,西藏、甘肃、青海等地的喇嘛寺庙多有收藏藏文版《大藏经》。② 蒙古文版《大藏经》,元代已有刊行,清康熙时曾重刻,即殿版蒙古文《大藏经》,据文献记载,朝阳佑顺寺曾有收藏。③

(2)佛典编目。

清代前期,佛教文献目录发展的成果以《阅藏知津》为主要代表。《阅藏知津》,是由智旭所著的佛经目录,他鉴于"历朝所刻藏乘,或随年次编入,或约重单分类,大小混杂,先后失准,致使欲展阅者,茫然不知缓急可否。故诸刹所供大藏,不过缄置高阁而已,纵有阅者,亦罕能达其指归,辨其权实"。④ 可见其编目录的初衷是方便佛教典籍的阅读。他在30岁时,发愿阅读前朝所刻佛藏,耗时20多年,编成此目录,期望对读佛藏的人有帮助,即所谓"俾未阅者,知先后所宜;已阅者,达权实所摄。义持者,可即约以识广;文持者,可会广以归约"。⑤《阅藏知津》在佛教文献目录的编制方面,有不少创举和改革,诸如对大乘论藏的释经论、宗经论、绪经论三分法;开创杂藏部类;在众多重印版本中,标识善本,推荐和方便读者选取经典版本阅读。

2.道观藏书

清代前期,道观藏书基本是继承明代及明代以前所刊刻和收藏的道教典籍。距清代最近一次刊刻的《道藏》,是明成祖永乐四年

---

① 傅璇琮、谢灼华:《中国藏书通史》,下,宁波:宁波出版社,2001年,1005页。
② 傅璇琮、谢灼华:《中国藏书通史》,下,宁波:宁波出版社,2001年,1005页。
③ 傅璇琮、谢灼华:《中国藏书通史》,下,宁波:宁波出版社,2001年,1006页。
④ 释智旭:《阅藏知津》,第一册,上海:商务印书馆,民国二十年(1931),1页。
⑤ 释智旭:《阅藏知津》,第一册,上海:商务印书馆,民国二十年(1931),2页。

(1406),张宇初及其弟张宇清奉诏主持编修的。明英宗正统九年(1444),邵以正奉诏校正增补,于正统十年(1445)刊版完成,共计5305卷,后世称其为《正统道藏》。明神宗万历三十五年(1607),又命张国祥主编成《万历续道藏》。《正统道藏》和《万历续道藏》共收入各类道书1476种,分装成512函,经版121589块。进入清代,经版藏于大光明殿,日有损缺。光绪庚子年(1900)八国联军进入北京,存版尽毁。① 据此文献记载可知,清代前期朝廷没有刊刻和重修《道藏》。清代前期,各地一些大的道观所收藏的多是明正统年间刊刻的《道藏》。浙江杭州吴山的火德庙就以收藏有《道藏》而著称,这套《道藏》即为明正统年间所颁赐。清朝乾隆五十六年(1791),萧山藏书家、十万卷楼主人王端履陪同其师王南陔和其父王宗炎(十万卷楼创始人)到火德庙抄录、阅读《道藏》,王端履留有《寓火德庙两次翻阅道藏》诗曰:

> 册府图书秘护严,重楼管钥紫泥缄。
> 石郎与我曾相识,偷示南华第一函。
> 石室收藏并石渠,迄将秘笈付钞胥。
> 元珠密语金丹注,俱是人间未见书。
> 玉宇西风拂面寒,胡麻饭熟劝加餐。
> 洞真部录三千卷,不是神仙不许看。②

这首诗,不仅记载了他们前往火德庙阅读《道藏》的经历,而且反映出其间的藏书保管甚为严密,"册府图书秘护严,重楼管钥紫泥缄",并且"洞真部录三千卷,不是神仙不许看"。

---

① 陈国符:《道藏源流考》,北京:中华书局,1963年,174页。
② 顾志兴:《浙江藏书家藏书楼》,杭州:浙江人民出版社,1987年,322页。

第二节 清代前期的读书处

除了前面一节中所介绍的官府藏书阁(处)、私人藏书楼、书院藏书室、寺观藏书阁等藏书处均可以看作相应的读书处之外,还有一些文献也记载了清代前期的专用读书处,例如王余光、徐雁主编的《中国读书大辞典》中辑录了一些名人学者的读书处,一些诗文集中也记录了清代前期的一些读书处。读书处在古人藏书和阅读中发挥了重要作用,因而汇集于此,逐一阐述,以凸显这些读书处的读书阅览功能。

一、名人学者读书处

清代前期一些名人学者有自己独立的读书处,据《中国读书大辞典》中对文献记载和实物资料的整理,现选录部分名人学者读书处于此,以示当时读书处的大概。

孙承泽读书处,位于北京西郊寿安山西麓樱桃沟花园隆教寺西,是明史学家、藏书家孙承泽(1592—1676)书屋所在地。他的著述有《天府广记》《春明梦余录》《九州山水考》《学典》《四朝人物略》《研山斋集》等20余种。该读书处名"退翁书屋",环境优美,其《天府广记》中有"谷口甚狭,乔木荫之,有碣曰退谷。谷中小亭翼然,曰退翁亭。亭前水可流觞。东上则石门巍然,曰烟霞窟。入则平台南望,万木森森,小房数楹,其西三楹则为退翁书屋"的记载。

张溥读书处,位于今江苏太仓市西门内兴福桥东原故居内七录斋，是明文学家张溥（1602—1641）少年读书的地方。他六岁入塾，蒙师刘振溪见其读书认真，认为可教。旋可日诵数千言。每早入塾，从师受读，晚间归家，其父时常考问当日读书情况，必琅琅背诵。而立之年，文名已满天下。藏书数万卷，披阅著述甚勤，常"日高起，漏下四鼓息"，传世名篇有《五人墓碑记》《七录斋集》。张溥苦读勤学，学童时读书必先手抄，读毕焚去再抄，复读再焚，必如此六七遍而止，以资熟记和运用。后以之自励，命名书斋为"七录斋"，环置典籍。天启三年（1623）张采来七录斋共学，凡五年。二十四岁后，张溥治学益勤，用心更专。夏天多蚊，便在书桌下置一大瓮以纳两足，坚持夜读。曾夜读灯油尽，见窗外光亮如昼，以为天晓，视之方知户外已积雪盈尺。

　　傅山读书处，位于山西晋阳县乘息洞和菩萨寺内，相传是明代医师、思想家傅山（1607—1684）读书的地方。傅山博通经史诸子和佛道之学，兼工诗文、书画、金石。少时能过目成诵。其诗文信笔挥洒，雅俗共赏。尤精医术，邃于脉理，长于妇科，传世有《傅青主女科》《产后编》等，颇为风行。傅山读书治学甚勤，藏书颇丰，以经史子和医书为多。其《训子侄》中尚"自恨……不曾闭门十年读经史，致令著述之志不能畅快"，并指导他们"除经书外，《史记》《汉书》《战国策》《左传》《国语》《管子》、骚、赋，皆须细读。其余任其性之所喜，略之而已。廿一史，吾已尝言之矣；金、辽、元三史列入载记，不得作正史读也"。其子眉有志，常樵于山中，置书担上，休憩则取书读。随父出行，则于旅舍中课读甚严。清康熙十八年（1679）傅山有书教其孙的《十六字格言》中以首字"静"为读书的首义，以第十一字"勤"为嘱，并自注道"读书勿怠，凡一义一字不知者，问人检籍"，不可苟且。后人辑有《霜红龛集》。该读书处边柱下方有一方高不盈尺的石碑，系1949年以后立，上书"傅青主读书处"。

　　吴伟业读书处，位于今江苏太仓市西郊吴氏故居梅村内西侧旧学庵中,系明清之际诗人吴伟业(1609—1672)青年时读书之处。明万历四十三年(1615),吴伟业始读书于太仓江用世家塾。十一岁时与邻里学子穆云桂结识,"居同巷,学同师,出必偕,宴必共"(《穆苑先墓志铭》),曾就其斋共读。又先后读书于王在晋家塾、吴继善南楼。其《送志衍入蜀》诗有"我昔读书君南楼,夜寒拥被谈九州"之句。好古书,厌苦俗儒之所为。善属文,少富才华,博学多能。受学张溥,亲见张溥治学著述之勤。吴伟业一生著述甚多,有《梅村集》40卷、《梅村家藏稿》58卷等。该读书处系吴氏崇祯十四年(1641)招同里学友读书之处。清顺治五年(1648),其补撰有《旧学庵记》。其《徐季重诗序》中有"梅村之西偏曰旧学庵,余与同里诸子读书咏诗其中"的记载。旁有梅花书屋、鹿樵溪舍等,其中鹿樵溪舍为其藏书之处,"舍中藏书万卷……此先生焚香看书处也"(钱浚《乐志堂记》)。

陆世仪读书处,位于今江苏太仓市东州泾桥南原桴亭遗址,系明末清初学者陆世仪(1611—1672)读书的地方。他曾师从刘宗周问学,精研程朱理学,以"居敬穷理"为旨,力主实学和内心修养,不尚虚谈,著述有《复社记略》《思辨录》《三吴水利志》《桴亭全集》等。该处旧有碑石一方,镌有乡人彭甘亭所书"陆世仪先生读书处"。

顾炎武读书楼,位于江苏昆山市城东南15公里处的茜墩镇顾氏故居北宅内,是明末清初思想家、学者顾炎武(1613—1682)青少年时代读书之处。其家有祖遗藏书,嗣祖绍芾(德甫)有"读书不如抄书"的遗训。七岁后入家塾、县学,先后学习了"四书"、《周易》《孙子》《吴子》《左传》《国语》《国策》《史记》《资治通鉴》等书。早年与归庄书有"吾辈不能多读书,未宜轻作诗文"之语。后"历览二十一史以及天下郡县志书、一代名公文集及章奏文册之类"(顾炎武《吴同初行状》),开始编纂《天下郡国利病书》《肇域志》。其学识渊博,精于国家典制、天文仪象、经史百家、音韵训诂之学。藏书藏碑颇丰,《清史稿·儒林传》称其"生平精力绝人,自少至老,无一刻离书"。其著述甚多,另有

《日知录》《京东考古录》《亭林诗文集》等。该读书楼为其青少年时读书、抄书和写作的地方。相传清兵入关，顾氏闻讯曾足不下楼，只在楼上读书著书，以示不愿踏"清地"一步。

侯方域读书处，位于今河南商丘市刘家寓首南街东侧壮悔堂内，是明末清初文学家侯方域（1618—1655）幼年读书的地方。该读书处系侯氏老宅，原名杂佣堂。两侧原有的翡翠楼、香君楼等建筑，今已不存。相传侯方域35岁时，反思以往奔走经历，乃悔恨感慨，改堂名为"壮悔"，并潜心著述，《四忆堂诗集》《壮悔堂文集》即成书于此。

王夫之读书处，位于今湖南衡阳县曲兰镇石船山下湘西草堂内，是明清之际思想家、学者王夫之（1619—1692）晚年著书、读书的地方。他博学广识，涉及天文、历法、数学、地理学等，尤精经学、文学、史学。在哲学上，他总结和发展了中国传统的朴素唯物论和辩证法。他善诗文，工词曲，在美学、文学上有独到见解。他认为"读古人文字，以心入古文中，则得其精髓；若以古人文填入心中，而亟求吐出，则所谓道听而途说者耳"（《姜斋诗话》）。其著述甚富，有《周易外传》《尚书引义》《读四书大全说》《张子正蒙注》等，后人编为《船山遗书》。该读书处所在的湘西草堂始建于康熙十四年（1675），初为草屋，王夫之居此18年，成书数百卷。王敔的《姜斋公行述》谓："自潜修以来，启瓮牖，秉孤灯，读《十三经》《廿一史》及张（载）、朱（熹）遗书，玩索研究，虽饥寒交迫、生死当前而不变"，"迄暮年，体羸多病，腕不胜砚，指不胜笔，犹时置楮墨于卧榻之旁，力疾而纂注"，"年七十三，久病喘嗽，而吟诵不辍"。由此可看出王夫之读书之坚毅，他的《读通鉴论》《宋论》等重要著作即于此著成。

王弘撰读易庐，位于今陕西华阴市南华山谷口内约10公里处青柯坪下，是清学者王弘撰（1622—1702）读《易》等书之处。读易庐筑于康熙十四年（1675）春，又名"学易庐"。门楣上有手书朱熹语"闲中今古　静里乾坤"联。李因笃有《题无异先生顾庐三首》诗，其中有

"学易中年自结庐，衡门忽系远游车。双飞遂合延津剑，万卷同归遁世书"之句，记载了他建读易庐、藏书读书于读易庐的情形。

蒲松龄读书处，位于今山东淄博市淄川区蒲家庄蒲氏故居内聊斋，是清文学家蒲松龄（1640—1715）读书的地方。蒲松龄著作甚丰，以《聊斋志异》最为著名。其故居的北院有正房三间，是其书斋所在地，名曰"聊斋"。现存室内有蒲氏用过的桌、椅、床、几和砚台等物，并有画像、墨迹，是典型的清代书房格调。

孔尚任读书处，位于今山东曲阜市孔庙承圣门内故宅井前诗礼堂，是清代剧作家、孔子的64代孙孔尚任（1648—1718）读书讲经之处。康熙十八年（1679）孙尚任写成传奇剧本《桃花扇》，旋罢归乡里，著有《湖海集》《石门山集》《岸塘文集》等。诗礼堂是一座殿式建筑，堂名出典于孔子诲其子孔鲤的"趋庭受教"故事。

郑燮读书处，位于今江苏兴化市东门古板桥郑家巷9号郑氏故居内小书斋，是清书画家、诗人郑燮（1693—1765）读书的地方。郑燮著有《板桥诗钞》《板桥全集》等。其故居正东边书房即"小书斋"，系郑氏当年读书、作诗、绘画之地。在乾隆十年（1745）范县任上的《怀扬州旧居》诗有"楼上佳人架上书，烛光微冷月来初。偷开绣帐看云鬟，擘断牙签拂蠹鱼"等句。其故居门前左行，有古板桥旧址。屋侧群房曾是郑氏宗祠，位于江苏兴化市原天宁寺内。雍正六年（1728），郑氏于此手写《论语》《孟子》《大学》《中庸》各一部。该小书斋位于江苏镇江市的焦山别峰庵中，又称"板桥读书处"。

吴敬梓读书处，位于安徽全椒县襄河镇城西北襄河湾吴氏故居探花第中，是清文学家吴敬梓（1701—1754）少年时读书的地方。吴敬梓所著的现实主义文学巨著《儒林外史》，被称为"十才子书"之一。他另著有《文木山房集》。其筑有专门的藏书处所"赐书楼"。吴敬梓少时勤于苦读，多为四书、五经、制艺之类，"成童咿哑抽琅函"（金两铭诗），"涉猎群经诸史函"（吴檠诗）是其当年读书生活的写照。其

《遗园》诗也有"辛苦青箱业,传家只赐书""无聊爱坟籍,讵敢说书淫"等句。

周榘读书处,位于江苏南京市城区清凉山脚下乌龙潭附近幔亭,是清学者、科学家周榘(1712—1779)读书的地方。他工诗、善书,勤于治学,善融会中西,谙天数历算之学,擅长科技,制有天地球及《长江万里图》等。他与吴敬梓为好友,著有《清凉山志》《清凉散》《阙里小志》《幔亭诗钞》。幔亭旧有额,题"周幔亭先生读书处"(顾云《盋山志》)。

袁枚读书处,位于江苏南京市广州路西段路南五台山原随园内,是清诗人袁枚(1716—1797)隐居读书的地方,有藏书处"小仓山房""所好轩"。袁枚诗名极盛,主张抒写性情,反对儒家诗教。他著述甚丰,有《随园诗话》《随园随笔》《子不语》等30余种。袁枚辞官后退隐于此,读书写诗,度过了近半个世纪的文学生涯。其自题《山居》诗有"朱藤花压读书堂,分得桐阴半亩凉"之句。时两江总督尹继善赞说"此地有崇山峻岭、茂林修竹,是能读三坟五典、八索九丘"。

戴震读书处,位于安徽黄山市隆阜村戴氏故里,是清思想家、考据学家戴震(1723—1777)少年读书的地方。戴震学识广博,精研经学、天文、历算、地理、音韵、训诂等,系乾嘉间皖派考据大师,在中国学术史上有"独寻真知启后人"之功。其著述甚富,多编入《戴氏遗书》。戴氏读书时的洗砚池,在今戴震纪念馆附近,现为该村的小学所在地。

李调元书冢,位于四川罗江县南村坝(今属四川安县),是清学者、藏书家李调元(1734—1802)葬其万卷楼藏书余烬之处。李调元幼而好学,从"四书"、《尔雅》始,终通经史百艺。他能诗,善书,擅于戏曲,尤嗜书,勤于抄录。二十岁时,他常游书肆博览群书,购有近万卷图书回乡。入仕后,他购读著述益勤,并利用任职和人事之便,大量披阅、抄录皇家所藏和所征的副本图书。他纂有《雨村诗话》《新搜神记》等,编刊有《函海》丛书,后又编成《童山诗集》40卷、《童山文集》20卷。万卷楼在李氏故居翰林府府第后车家山上,当年藏有四部图书40橱,时有"西川第一楼"和"西川藏书第一家"之名。其自咏诗有"我家有楼车山北,万卷与山齐嵯峨""曾到名山游脚倦,此生只合老丹铅"之句。后万卷楼及其藏书遭火焚毁,有诗记其实:"烧书犹烧我,我在书不在。比如良友殁,一恸百事哀"。"不使坟埋骨,偏教家藏书。焚如秦政虐,庄似陆浑居。人火同宣谢,藜燃异石渠。不如竟烧我,留我待何如? 云绛楼成灰,天红瓦剩坯。半生经手写,一旦遂成灰……读书无种子,一任化飞埃。"(同治《罗江县志》卷三十五)

胡积堂"书香人家",位于安徽黟县城东8公里处的西递村里,是清画家、收藏家胡积堂(1787—1845)家居之地。胡积堂毕生读书甚勤,为学提倡"致知而力行"。道光十五年(1835),胡积堂于家乡西递村东郊建造家塾"笔啸轩",将藏书、字画入藏其中,以树人育才。他曾将其所藏书画编纂成《笔啸轩书画录》。"书香人家"即指胡氏故居"履福堂",是典型的清代读书人的家居宅邸。中堂两侧和厅堂两槛分别有家训式联语"孝悌传家根本,诗书经世文章""世事让三分天宽地阔,心田存一点子种孙耕"和"几百年人家无非积善,第一等好事只是读书"。①

二、诗文中的读书处

拂水山庄,在虞山之麓(今常熟虞山脚下),是钱谦益曾经的读书处。钱谦益在《广陵舟中观程端伯画册戏为作歌》②中,记载了他曾在

---

① 王余光、徐雁:《中国读书大辞典》,南京:南京大学出版社,1993年,49—59页。
② 钱谦益著,钱曾笺注,钱仲联标校:《牧斋有学集》,上,上海:上海古籍出版社,1996年,18页。

拂水山庄读书的情形:"少年结隐虞山麓,把酒看山每日暮⋯⋯我昔读书此山中,丙舍连山抱丘墓。"钱谦益也记录了他曾经读书的一些经历。钱谦益儿时,"受《春秋》于先夫子",其老师教授了他《匡解》篇。① 十五六岁时读《吴越春秋》,"余十五六喜读《吴越春秋》,流观伉侠奇诡之言,若苍鹰之突起于吾前,欲奋臂而舆共嫩击者,刺其语作《伍子胥论》,长老吐舌击赏"。他小时候也喜欢读李贽的书,"余少喜读龙湖李秃翁(李贽)书,以为乐可以歌,悲可以泣,欢可以笑,怒可以骂,非庄、非老,不儒、不禅,每为抚几击节,盱衡扼腕,思置其人于师友之间"。② 他还对所读的李贽的书做出评价:"余少读李卓吾之书,意其所与游者,必皆聪明辨博、恢奇卓诡之士。"③

养心轩读书处,为清初将领陈锦(?—1652)长期读书之处。陈锦为其赋诗一首作为纪念,《养心轩读书处》:④

  万山围绕碧云居,廿载偷闲此读书。花木有情怀旧雨,朝朝扶影上庭除。

  几度云窗坐绿阴,青毡风味此中深。寒虫认得欧阳子,先作秋声对客吟。

这首诗记录了陈锦在养心轩读书20年,此读书处环境优美,使他长期以来与花草树木都产生了情怀,读书处与天地自然融为一体了。

和一峰读书楼,为明末清初思想家、史学家王夫之(1619—1692)

---

① 钱谦益著,钱曾笺注,钟仲联标校:《钱牧斋全集》,贰,上海:上海古籍出版社,2003年,876页。
② 钱谦益著,钱曾笺注,钟仲联标校:《钱牧斋全集》,贰,上海:上海古籍出版社,2003年,884页。
③ 钱谦益著,钱曾笺注,钟仲联标校:《钱牧斋全集》,伍,上海:上海古籍出版社,2003年,917页。
④ 陈锦:《补勤诗存》,见《清代诗文集汇编》编纂委员会《清代诗文集汇编》,687,上海:上海古籍出版社,2010年,80页。

的读书之所。王夫之有诗《和一峰读书楼》,①描述了读书处的景色和阅读的情境:

> 竹户绿光迥,疏窗素影幽。曲通邀月径,直上摘星楼。
> 片字非虚设,孤心自泳流。陈言皆此日,无往不天休。

原心亭,位于翰林院内,为翰林院校书场所,有不少学者记载了在此读书和校书的情形。阿克敦(1685—1756),清代前期满族诗人、思想家,撰有《原心亭记》,记载了他在此读书的史实和对原心亭命名的儒家解读:"原心亭,在院署之坤方,与教习厅相对……在己丑,余蒙圣恩得读书其中,与诸同馆把笔吟诵于斯亭者,迄今三易寒暄矣,独是亭以原心名者,何也?圣贤之学不外传,心书曰人心惟危,道心惟微,惟精惟一,允执厥中,古帝以之递,相授受而遂为千古心法之祖……亭名原心,殆亦原其所谓,有体有用之心,而不可入于释氏之空虚乎,于是而为之记"。② 后有纪晓岚的记载:"偶在五云多处(即原心亭),检校端学《春秋解》。"③纪晓岚曾在原心亭校订程端学的《春秋解》。关于原心亭的位置,《钦定日下旧闻考》卷六十四中载曰:"先师祠,祠南为西斋房,又南为原心亭。"④鄂尔泰、张廷玉等纂的《词林典故》卷六记载:"先师祠之南有门,门内为西斋房,凡五楹,南向,以编校《皇清文颖》,置馆于此。馆之南为原心亭,凡三楹,北向。"⑤《钦定日下旧闻考》卷六十四载:"乾隆三十八年(1773),于(翰林)院署置钦定四

---

① 王夫之:《王船山诗文集》,北京:中华书局,1962年,299页。
② 阿克敦:《德荫堂集》,见《清代诗文集汇编》编纂委员会《清代诗文集汇编》,256,上海:上海古籍出版社,2010年,600页。
③ 纪昀:《阅微草堂笔记》,北京:中华书局,2013年,185页。
④ 于敏中等:《钦定日下旧闻考》,北京:北京古籍出版社,1985年,1056页。
⑤ 鄂尔泰、张廷玉:《词林典故》,见傅璇琮、施纯德《翰学三书》,二,沈阳:辽宁教育出版社,2003年,151页。

库全书馆,原心、宝善二亭及西斋房皆为校雠之所。"①原心亭作为《永乐大典》校订和辑佚之所,有不少翰林院编修人员在此阅览校对图书。

岳麓书院及其藏书处是很多读书人向往之地。清代前期有不少读者留下诗文,记录在此读书的情形,现摘录几首如下。

祁曜征,曾为岳麓书院的生员,他在此学习时留下读书诗文《岳麓读书诗同闽中罗孝廉六首》:②

仗剑辞故乡,纫兰涉湘水。浮云闲岳阴,书堂暂栖只。松崖涧水鸣,泠泠涤氛滓。隐几博群籍,冥心究神理。一事不能知,深用为己耻。流光似隙驹,荏苒风尘里。倚杖望前山,遥看夕阳紫。

长啸倚松风,空山涌明月。流辉鉴罗帷,皎皎积寒雪。揽衣步前除,乡思欲凄绝。愁来把素书,金灯夜中设。宴坐不知疲,草虫鸣切切。隔江玉漏残,城笳晓呜咽。

芳草满幽径,风吹蝴蝶翻。欣欣桃李树,蔼蔼向春暄。物候多迁变,抚时感岁年。校书扬子阁,下帷董生园。赏奇并析义,景行在前贤。愿言日夕里,为我开蒙颛。

流泉泻曲磴,抱膝横鸣琴。琤琤寒玉响,山水生妙音。闲花落磐石,密树啼幽禽。时偕同调客,纵步相行吟。清虚日以来,悠然太古心。

荆山有宝玉,鏪错成大器。当其未遇时,尘埃空弃置。我爱平原公,高怀真好士。门墙无废材,作人于未遇。赠以买山赀,藏修得静地。绝学在性天,大儒鄙章句。与君共勉旃,毋负甄陶意。

汲水不及泉,泉深汲绠短。为学不务成,气盈学力缓。大禹古圣人,惜阴以自勉。念此常喟然,闭户恣搜览。把彼洞庭波,

---

① 于敏中等:《日下旧闻考》,北京:北京古籍出版社,1985年,1056页。
② 吴道行、赵宁:《岳麓书院志》,长沙:岳麓书社,2012年,321—322页。

助我湘妃管。披襟历晦明,高吟无昏旦。人生能几何,踟蹰意凄婉。读残一卷书,目送归云晚。

康熙二十四年(1685)拔贡生黄宁峨,曾就学于岳麓书院,写有诗文《读书岳麓》,①描写了在此读书的心境:在山水花鸟相伴中读书,让人心得到放逐和宁静,一切尘寰琐事都被抛之脑后。诗文曰:

帷下书堂久不开,几多花木半蓬莱。天空尽放云飞去,心定何妨月到来。肯抱虎眠山上石,却看莺过院前台。逢人懒问尘寰事,分付烟岚琐洞苔。

名山花鸟旧知音,尽日青窗伴晓吟。曲水流清杯泛玉,赫曦台静韵敲金。想通河汉星千座,味透芝兰月半林。谁道杏坛身不到,自无人向个中寻。

刘大抚,康熙年间任岳麓书院山长,有诗《读书岳麓书院中》②一首,描写了岳麓书院读书处的景色优美,山水相伴,白云深处似仙境。诗曰:

高山流水发清音,好傍南窗拂素琴。壁嶂开时清昼永,图书拥处白云深。下帷遮莫窥三策,走笔犹惭赋上林。抱膝空斋何所有,松风谡谡伴豪吟。

谢元昌,湘潭拔贡生,康熙四十一年(1702)、雍正元年(1723)两中副榜,曾在岳麓书院读书,留下了《春日读书岳麓》③诗一首:

峰隔尘嚣净,阴重草木幽。鸟依窗外集,水向涧中流。世事频添泪,名贤不可留。朱张堂尚在,今是御书楼。

---

① 谭修、周祖文:《岳麓书院历代诗选注》,长沙:湖南大学出版社,1995年,81页。
② 谭修、周祖文:《岳麓书院历代诗选注》,长沙:湖南大学出版社,1995年,82页。
③ 吴道行、赵宁:《岳麓书院志》,长沙:岳麓书社,2012年,323页。

第四章　清代前期的教育和阅读

　　清代前期,从入主中原开始基本沿用明朝的教育制度,全国有官学、私学和书院教学。官学分为中央和地方官学,中央设立有国子监等,地方设立有府、州、县学等。清代前期,私学和书院在地方教育中发挥重要作用,但是其本质上属于官办性质,要受官府监督管理和影响。蒙馆教育作为启蒙教育,坚持蒙以养正的传统,与私塾教育在很多方面有相似之处。书院也根据办学理念和目标,分为不同类型,在教育和教学内容改革以及学术发展中发挥着重要作用。清代前期,科举是整个教育制度设计的中心枢纽,几乎与包括官学、私学和书院等全部学校教育的目标紧密相连,科举制度直接或间接地指引着学校的教学目标和教学内容,并且影响着学子们的阅读和学习内容。清代前期,家训和庭训的发展处于高峰阶段,不仅著作数量历代最多,而且内容更加丰富,其中有很多家训论述了读书的重要意义、应该读什么书和怎样读书等有关阅读的内容,促进了清代阅读文化的发展。

第一节　科举与阅读

一、科举制度

清代教育以科举为重,全国知识分子——勿论士族的或庶民的——莫不趋向于科举一途。① 可见,科举制度在清代教育中的影响之大。因此,我们以清代科举作为起点,逐步了解清代教育的大致情况及其对清代阅读产生的影响。

"科举制度立于隋,盛行于唐,发展于宋,衰亡于明清。它是一种建立在小农经济基础上并与君主专制统治相适应的官员铨选制度,同时也是一种与教育紧密相连的考试制度"。② 科举,原义是一种采用分科取士的办法,即分科目考试选举人才。"科举"相关内容,在《皇朝通典》中归属于"选举"部分,说明清代将"科举"当作官员选举的一项重要制度。具体而言,科举主要通过考试的方式,对教育产生直接而深远的影响。清代的科举制度,沿袭明代,主要分设文科、武科、制科等类,另外,针对八旗子弟的有八旗乡试、会试。

1. 文科

清代文科,进入选举取士阶段的考试主要分为乡试、会试、殿试三个级别。乡试之前还有童试,童试是参加科考的资格性考试,是读书士子的进身之始,应试者被称为童生。童试包括县试、府试、院试三个阶段。院试通过者可进入当地官方学校,成为生员,俗称"秀

---

① 陈青之:《中国教育史》,下,上海:东方出版社,2012 年,472 页。
② 潘洪钢:《细说清人社会生活》,北京:中国社会科学出版社,2008 年,204 页。

才"。生员考试合格后,就有了参加乡试的资格,称"科举生员"。至此进入科举考试的行列,读书士子可逐级参加乡试、会试、殿试以取得功名。"有清科目取士,承明制用八股文。取《四子书》及《易》《书》《诗》《春秋》《礼记》五经命题,谓之制义。三年大比,试诸生于直省,曰乡试,中试者为举人。次年试举人于京师,曰会试,中试者为贡士。天子亲策于廷,曰殿试,名第分一、二、三甲。一甲三人,曰状元、榜眼、探花,赐进士及第"。①

清代文科乡试,"除直隶不派考官,参加顺天乡试之外,其他各省都在省城举行。考试的试场称为贡院"。② 乡试考中的称举人。依据科场条例,乡试分三场:"首场'四书'三题,'五经'各四题,士子各占一经。'四书'主朱子集注,《易》主程传、朱子本义,《书》主蔡传,《诗》主朱子集传,《春秋》主胡安国传,《礼记》主陈澔集说。其后《春秋》不用胡传,以《左传》本事为文,参用《公羊》《谷梁》。二场论一道,判五道,诏、诰、表内科一道,三场经史时务策五道。"③第一场考试,"四书"三题,"五经"各四题,考生任选一经,"四书"以朱熹的《四书章句集注》为主,"五经"中,《易》以程颐的《易传》、朱熹的《周易本义》为主,《书》以蔡沈的《书集传》为主,《诗》以朱熹的《诗经集传》为主,《春秋》以胡安国《春秋传》为主,《礼记》以陈澔的《礼记集说》为主,对相应的考试范围及其"教材"规定了注释的参照标准。可以从上述考试内容和相关标准得知,"清廷教育完全以宋儒学说——尤其以程朱学说为标准。"④第二场考试,论一篇,诏、诰、表各一通,判五条。第三场考试,经史时务策五道题。之后,考试内容和形式几经调整,针对"士子专习一经"的流弊,从乾隆五十三年(1788)开始,在五科(即五次乡

---

① 赵尔巽等:《清史稿》,卷一百八,北京:中华书局,1976年,3147页。
② 王道成:《科举史话》,北京:中华书局,1988年,49页。
③ 赵尔巽等:《清史稿》,卷一百八,北京:中华书局,1976年,3148页。
④ 陈青之:《中国教育史》,下,上海:东方出版社,2012年,471页。

试)之内,按"五经"之《诗》《书》《易》《礼记》《春秋》的顺序轮流出题考试,考完"五经",第二场裁去论一篇,从"五经"中各出一题进行考试,此后乡会试以此为定制。① 关于乡会试科场条例的定制和乾隆皇帝的良苦用心,可见谕旨详文:"士子束发受书,原应五经全读,向来只就本经按额取中,应试各生只知专治一经揣摩诵习,而于他经并不旁通博涉,非敦崇实学之道。今改用五经,既可令士子潜心经学,又可以杜绝场内关节弊端,而衡文取中,复不至限于经额致佳卷被遗,自应于分年轮试毕,后即以五经出题并试,惟所请明岁戊申乡试,先用易经出题之处,周易理蕴深奥猝难通晓,并恐边省未必人人诵习,明岁乡闱为期较近,若遽以易经命题考试,其向非专经者或致不谙经旨难于取中,因思士子以诗经为本经者多,所有明岁戊申乡试,着先以诗经出题,次年会试着用书经,俟下次乡试再用易经,以后按照乡会科分,轮用礼记春秋,庶士子得以渐次兼通,讲求精熟,不致临时草率应试。"②

乡试考中的举人经过磨勘和复试,有资格参加文科中的会试。会试是比乡试更高一级的国家级分科选举士子考试,考试的内容和形式与乡试基本相同,在京师(北京地区)举行考试。会试考中的称贡士。

文科中的殿试,是清代最高级别的科举考试,由皇帝亲自主持。贡士经过磨勘和复试,合格后将会参加殿试。殿试内容为经史时务策一道,每策出3—5道题。殿试考中的称进士。"进士,是科举的终点,也是仕途的起点。在清代的政治舞台上,许多飞黄腾达的人物,

---

① 《钦定科场条例》,见沈云龙《近代中国史料丛刊三编》,第48辑第3册,台湾:文海出版社,1989年,1113页。
② 《钦定科场条例》,见沈云龙《近代中国史料丛刊三编》,第48辑第3册,台湾:文海出版社,1989年,1114—1115页。

都是由进士出身的,即使不做官,进士也有很高的社会地位"。① 由于科举是清代仕途的法门,所以很多读书人争先恐后地挤入科举考场。《儒林外史》第十七回中说:"读书毕竟中进士是个了局。"②但是,参加科举考试的读书人到底读了哪些书?他们为什么读书?这是值得我们深入分析和研究的。

2. 武科

清代武科也分为乡试、会试、殿试三个级别,依次进取,每个级别的考试分为三场。第一、二场是以骑马和射箭等为外场考试,第三场以策论为内场考试。清代武科历来重外场轻内场,这也是满族重武力的传统观念之反映。道光十三年(1833),道光帝谕示:"武科之设,以外场为主。其弓力强弱,尤足定其优劣。至马、步箭本有一日之长短,第能合式,即可命中。"③关于内场的考试内容,从乡试到殿试都以《武经》为主,或者默写,或者论策,后来道光年间认为默写《武经》这样的标准略显多余,"默写《武经》,又其余事,断不能凭此为去取"。④因此,武科在重外场的思想引导下,重武轻文,对于经书甚至《武经》的阅读和诵记要求都不高。

清代前期科举中,除了文科、武科之外,还有制科(如博学鸿词科)和八旗乡试、会试等形式不同的考试,由于涉及的阅读内容与文科差别不是很明显,在此不予赘言。随着科举制度的不断腐朽,最终发生了激变,清末慈禧根据张之洞、刘坤一等人的建议,在光绪三十

---

① 王道成:《科举史话》,北京:中华书局,1988年,84页。
② 吴敬梓:《儒林外史》,南京:凤凰出版社,2011年,138页。
③ 刘锦藻:《皇朝续文献通考》,卷八十八,见《续修四库全书》编纂委员会《续修四库全书》,817,上海:上海古籍出版社,1996年,29页。
④ 刘锦藻:《皇朝续文献通考》,卷八十八,见《续修四库全书》编纂委员会《续修四库全书》,817,上海:上海古籍出版社,1996年,29页。

一年(1905)七月宣布:"自丙午科为始,所有乡、会试一律停止。"①科举制度从此退出中国历史舞台,读书人身上的枷锁也因而被解除,读书人在身心方面得到了解放。

二、科举制度对阅读的影响

1. 科举制度对读书人的影响

科举制度发展到清代,已经腐朽不堪,顽固不化,通过对学习和阅读内容的严格限制,以"四书""五经"为考试范围,并限定注释的标准教材,严格控制读书人的思想,限制其独立思考意识和自由探索精神。清廷通过将考试固化为八股文的形式来禁锢读书人的思考和表达方式,实质是对思想意识和思维方式的禁锢,对读书人产生了严重而深远的影响。

2. 科举制度如何毁了读书人

科举制度就像给进入科场的读书人戴上一套枷锁,让他们在有限的规定的舞台范围内,戴着镣铐跳出难看扭曲的舞姿,不能不说是以科场功名为诱饵,让读书人尝尽心灵与肉体的摧残和痛苦。有学者认为科举是"人类所发明的最恶劣的知识枷锁"。

清代科举对读书人的摧残,可谓形神俱毁。一种情况是,科场耗尽很多人一生的心血,也许依然徒劳无功,让读书人年华尽逝、形容苍老,失去对人生意义的追求。不少科场考生为了考取功名和追逐官职,一头扎进了科举的牢笼。一入科场深似海,从此自由是空谈,正如缪艮所言"闱屋磨人不自由,英雄便向彀中求"。② "清代读书人

---

① 上海商务印书馆编译所:《大清新法令(1901—1911)》,第一卷,北京:商务印书馆,2010年,32页。
② 缪艮:《浙江乡闱诗》,见璩鑫圭《鸦片战争时期教育》,上海:上海教育出版社,1990年,79页。

迂腐的多，抱着功名不放是表现之一。年过花甲犹是童生，古稀秀才尚进考场，并且被视为美事；再一种表现是行事迂拙，泥古不化，除读诗书外缺少新知识，但对于忠孝节义往往身体力行，宣扬不遗余力。"①童试是科举行列之前的资格考试，有的人为了这个考试，耗费了大半辈子的时间和精力。《清朝野史大观》卷十一载："久试不第者尤甚。某叟，年五十余，应县试考三十次，尚考未冠。自题七绝云：县试归来日已西，老妻扶杖下楼梯。牵衣附耳高声问，'未冠今朝出甚题？'"②这位 50 多岁的老者，考了 30 次县试，考试归来，其老妻扶着拐杖下楼问的第一句话仍是考试题目是什么。可见这位老人的一生基本献给了可怕的科举考试，极其迂腐，失去了对自由人生的追求，人生除了科举几乎没有其他意义。

《聊斋志异》的作者蒲松龄早年也一心热衷科举，四次参加乡试都落榜，直到 72 岁才补为贡生。他对参加科举有着深刻的感悟，在《聊斋志异·王子安》中，他通过文学形式对科举之害进行了尖锐的讽刺和批判，曰："秀才入闱，有七似焉：初入时，白足提篮似丐。唱名时，官呵隶骂似囚。其归号舍也，孔孔伸头，房房露脚，似秋末之冷蜂。其出场也，神情惝怳，天地异色，似出笼之病鸟。迨望报也，草木皆惊，梦想亦幻。时作一得志想，则顷刻而楼阁俱成；作一失志想，则瞬息而骸骨已朽。此际行坐难安，则似被絷之猱。忽然而飞骑传人，报条无我，此时神色猝变，嗒然若死，则似饵毒之蝇，弄之亦不觉也。初失志心灰意败，大骂司衡无目，笔墨无灵，势必举案头物而尽炬之；炬之不已，而碎踏之；踏之不已，而投之浊流。从此披发入山，面向石壁，再有以'且夫''尝谓'之文进我者，定当操戈逐之。无何，日渐远，气渐平，技又渐痒，遂似破卵之鸠，只得衔木营巢，从新另抱矣。如此

---

① 冯尔康、常建华：《清人社会生活》，沈阳：沈阳出版社，2002 年，454 页。
② 陈汉才：《中国古代教育诗选注》，济南：山东教育出版社，1985 年，236 页。

情况,当局者痛哭欲死,而自旁观者视之,其可笑孰甚焉。"文中将一个参加科举考试的秀才形象,描写得惟妙惟肖,让人感到其纠结焦虑之心、卑微怯懦之态、紧张不安之状、六神无主失魂落魄之色,犹如无头苍蝇,其人已被摧残得失去了精气神,既可怜亦可恨,实可笑之至。这样的读书人形象,也许是蒲松龄对当时所见所感的文学化浓缩和理性化总结,虽然表达夸张,但是旨在对导致读书人如此病入膏肓背后的科举制度进行揭露和讽刺,希望人们反思科举制度之弊端和危害。

另一种情况是,八股文毒害大脑和思维,让读书人失去自我意识和独立思考的能力,成为脑残和没有灵魂的躯体。清朝的文人徐大椿在《时文叹》中,对八股文深刻批判道:"读书人,最不齐,烂对文,烂如泥。国家本为求贤计,谁知变了欺人技。看了半部讲章,记了三十拟题,状元塞在荷包里。等到那岁考日,乡试期,房行墨卷,汪汪念到三更际。也不晓得'三通''四史'是何等的文章,也不晓得汉祖唐宗是那样的皇帝。案头放高头讲章,店里买新科利器。读得来肩背高低,口角离奇,眼目眯娈,脚底下不晓得高低,大门外辨不出东西。更有两个肩头,一耸一低,直头吃了几服迷魂剂。又不能稳中高魁,只落得昏沉一世。甘蔗渣儿嚼了又嚼,有何滋味?辜负光阴,白白昏迷一世。就教他骗得高官,也是百姓朝廷的晦气!得趣的是衙役长随,只有百姓门清遭晦气。劝世人何不读几部有用书,倘遇合有期,正好替朝廷出力。"①"时文"是明清期间对八股文的称呼,徐大椿对读书人误入歧途,只读死书,不读真书,全然以科举为纲,深陷八股文的圈套之内,对真才实学全然不知不顾,没有自己独立思考的意识,如此浑浑噩噩,对八股文沉迷不悟,最终辜负光阴荒废一生的情形进行了辛辣的嘲讽。因此,其劝诫世人,远离八股文之害,应读有用之书,从而

---

① 陶尔夫、韩式朋:《中国历代诗词译释》,哈尔滨:黑龙江人民出版社,1980年,407页。

立功于世。

清代科举在本质上是对读书人思想的钳制。清统治者入关不久,开科举,其主要目的在于笼络读书人,排除异己,维护统治。顺治二年(1645),浙江总督张存仁上书曰:"速遣提学,开科取士,则读书者有出仕之望,而从逆之念自息以",并称这是"不劳兵之法"。① 这揭示了清廷着急实施科举制度的本质和用意。科举制度发展到清代前期,其消极影响日益明显,"以八股文作为考试的主要内容之后,科举制度更成为禁锢思想,摧残人才的工具了"。② 其实,清廷中皇帝和官员,并非不知道科举以八股文取士的弊端,康熙皇帝曾经说:"八股文章,实于政事无涉。"③乾隆年间兵部侍郎舒赫德曾直言:"今之时文(八股文),徒尚空言而不适实用……墨卷房行,转相抄袭,肤词诡说",已经不得人心,建议改革考试制度,重新思考遴选真才实学之道。④ 时任执政大臣鄂尔泰曾说:"非不知八股为无用,而用以牢笼志士,驱策英才,其术莫善于此。"⑤清廷以科举制度为手段,实质上是禁锢和扼杀读书人的思想,摧残和钳制读书人的精神,让他们成为清朝统治者的奴隶和牺牲品。

面对科举制度的流弊及其对读书人的钳制和摧残,清代前期一些进步学者,对科举制度进行了激烈的批判。明末清初著名思想家黄宗羲曾屡次急疾呼:"科举之弊,未有甚于今日矣!"他又说:"今日科举之法,所以坏天下之人才唯恐不力。"颜元曾说:"八股之害,甚于焚坑。"明末清初著名思想家顾炎武曾在《日知录·拟题》中沉痛地呐喊:"八股之害,等于焚书。而败坏人才,有甚于咸阳之郊,所坑者但

---

① 王炜:《〈清实录〉科举史料汇编》,武汉:武汉大学出版社,2009年,7页。
② 王道成:《科举史话》,北京:中华书局,1988年,132页。
③ 章开沅:《清通鉴》,1,长沙:岳麓书社,2000年,529页。
④ 戴逸、李文海:《清通鉴》,10,太原:山西人民出版社,2000年,3444页。
⑤ 《满清稗史》,上,北京:中国书店,1987年,17页。

四百六十余人也。"①在《经义策论》,他中又严肃地警示:"此法不变,则人才日至于消耗,学术日至于荒陋(中国日至于衰弱),而五帝三王以来之天下,将不知其所终矣。"②吴敬梓在《儒林外史》中,对科举制度进行了辛辣的讽刺,书中对范进中举过程的心理变化和周围人物的心理状态,做了淋漓尽致的描绘,可以想见清代科举对各阶层人特别是读书人影响之深。③《聊斋志异》的作者蒲松龄,在他的一些作品中,对科举制度埋没人才和摧残知识分子的身心也做了深刻的揭露。④

1839年,鸦片战争前夕,清代著名思想家龚自珍撰写了《病梅馆记》和《己亥杂诗》等文章,讽喻和批判清廷科举制度之害。《病梅馆记》,以病梅做比喻,反映清代的专制统治和科举制度对人的压抑和摧残;以"文人画士"隐喻清朝统治者,他们对梅花,即对人才和读书人"斫直""删密""锄正",从而"以绳天下之梅";导致遍地病梅,"皆病者,无一完者",可见当时的读书人和人才像"梅"一样,被扭曲、摧残和戕害。《己亥杂诗》第一百二十五首中的呐喊,更是气势磅礴、振聋发聩:

九州生气恃风雷,万马齐喑究可哀。
我劝天公重抖擞,不拘一格降人才。

3.科举缺乏实用性

陈东原曾经分析道:"试问天地之间,足以磨炼才智的事物何限,何必单取这种无用的八股? 即不说自然科学或人生艺术了,即以日常生活国家社会的事理而言,何一不足以讲求,更何一个足以发达才

---

① 顾炎武著,张京华校释:《日知录校释》,上,长沙:岳麓书社,2011年,684页。
② 顾炎武著,张京华校释:《日知录校释》,上,长沙:岳麓书社,2011年,680页。
③ 高时良:《中国教育史纲(古代之部)》,北京:人民教育出版社,1991年,496页。
④ 王道成:《科举史话》,北京:中华书局,1988年,132页。

智。试一回思王安石的话:'今士之所宜学者,天下国家之用也,今悉使置之不教,而教以课试之文章。使其耗精疲神穷日之力以从于此,及其任之以官也则又悉使置之,而责以天下国家之事……宜其才足以有为者少矣。'又'夫课试之文章,非博诵强学穷日之力则不能,及其能工也,大则不足以用天下国家,小则不足以为天下国家之用'。以此论之,八股取士,真无一是处了。"①可见,科举考试偏离实际,八股文真正无用。徐中约认为,科举制度最大的缺点是欠缺实用性,"文才和干才是两码事:精通其中一项并不意味着胜任另一项。对严格的'八股文'模式之适从,使思维僵化,抑制了思想的自由发展。也许最重要的是,这种考试制度只强调儒家价值观,以牺牲科学、技术、商务和工业等知识为代价,奖赏在文学和人文领域的成就"。② 科举缺乏实用性,近代以来的学者对此已经达成共识。

关于科举误导读书人,凭时文不务实学,缺乏实用的批评言论,在清代就有发生。康熙皇帝曾经说:"八股文章,实于政事无涉。"③《清史稿》记载,乾隆三年(1738),兵部侍郎舒赫德上奏曰:"科举之制,凭文而取,按格而官,已非良法。况积弊日深,侥幸日众。古人询事考言,其所言者,即其居官所当为之职事也。时文徒空言,不适于用,墨卷房行,辗转抄袭,肤词诡说,蔓延支离,苟可以取科第而止,士子各占一经,每经拟题,多者百余,少者数十。古人毕生治之而不足,今则数月为之而有余。表、判可预拟而得,答策随题敷衍,无所发明,实不足以得人。应将考试条款改移更张,别思所以遴拔真才实学之道。"④兵部侍郎舒赫德直陈科举之积弊,痛批时文之空言抄袭,考生

---

① 陈东原:《中国教育史》,下,福州:福建教育出版社,2009年,292页。
② 徐中约:《中国近代史:1600—2000 中国的奋斗》,计秋枫、朱庆葆译,北京:世界图书北京出版公司,2008年,56页。
③ 章开沅:《清通鉴》,1,长沙:岳麓书社,2000年,529页。
④ 赵尔巽等:《清史稿》,卷一百八,北京:中华书局,1976年,3150页。

答卷的论策实在无用,建议更改科举考试条款,选拔出有真才实学的人。

光绪二十四年(1898),维新派代表人物康有为痛批八股文的危害:"今日之患,在吾民智不开,故虽多而不可用。而民智不开之故,皆以八股试士为之。学八股者,不读秦汉以后之书,更不考地球各国之事,然可以通籍累至大官,今群臣济济,然无以任事变者,皆出八股致大位之故。故台辽之割,不割于朝廷,而割于八股;二万万之款,不赔于朝廷,而赔于八股;胶州、旅大、威海、广州湾之割,不割于朝廷,而割于八股。"光绪深表认同并感慨道:"西人皆为有用之学,而吾中国皆为无用之学,故致此。"①此后几经周折,1905年,清廷宣布废止科举。这一禁锢和摧残读书人的制度,这一于国于民都无用的科举制度,寿终正寝了。

第二节 官学

清代前期的官学教育,在中央主要有国子监,在地方主要有府学、州学、县学等。清代前期的官学教育,在历史环境中形成了以下主要特点。

1. 尊儒重经和推崇程朱理学

清代前期,皇帝多次谕旨声明尊儒重经的理念。顺治二年(1645),顺治帝加封孔子为"大成至圣文宣先师"。顺治十二年(1655),顺治帝谕礼部曰:"帝王敷治,文教为先。臣子致君,经术为

---

① 张耀南、陆丽云、孙宇阳:《戊戌百日志》,北京:北京燕山出版社,1998年,37页。

本……今天下渐定,朕将兴文教,崇经术,以开太平。尔部传谕直省学臣,训督士子,凡理学、道德、经济、典故诸书,务研求淹贯。明体则为真儒,达用则为良吏。"他明确提出尊儒重经的文化政策。康熙二十二年(1683),康熙亲自为孔庙题写"万世师表"的匾额。康熙二十三年(1684),康熙亲自到曲阜孔庙举行祭孔大典,称颂孔子为"开万世之文明,树百王之仪范"。乾隆帝曾九次亲赴曲阜孔庙朝拜。清廷还多次以"御纂""钦定"的名义,将儒家的"四书""五经"和"十三经"等经籍,列为太学乃至府、州、县学的官学教材,刊印颁发给国子监和地方官学。

康熙帝推崇程朱理学,特别是将朱熹的地位大大提高,并主持编印朱熹的理学著作。康熙五十二年(1713),康熙帝召集理学名臣熊赐履、李光地等人,编印《御纂朱子全书》,在序言中,他说:"朱子集大成而绪千百年绝传之学,开愚蒙而立亿万世一定之规,穷理以致其知,反躬以践其实。"此后,程朱理学成为清代官学的主要教学内容。

2. 科举取士与教化的官学本质

"清朝的教育制度完全采取明朝的办法,学校与科举相辅而行"。到了清朝中后期,一般读书人趋重在科举,"这种趋势,直演到清朝二百多年而更厉害,所以学校教育在清朝可说完全是一个具文"。① 顺治九年(1652),清廷向官学颁发《训饬士子卧碑文》,开宗明义,清代官学的主旨是科举取士和教化民众,规定"朝廷建立学校,选取生员,免其丁粮,厚其廪膳。设学院、学道、学宫以教之。各衙门官以礼相待,全要养成贤才,以供朝廷之用。诸生皆当上报国恩,下立人品"。其后列有具体教条八项,训诫各地官府和学官"要养成贤才,以供朝廷之用",官学生员要"上报国恩,下立人品",清晰可见清代官学科举取士和教化民众的功用。康熙年间先后又颁布《圣谕十六条》和《训

---

① 陈青之:《中国教育史》,下,上海:东方出版社,2012年,456页。

饬士子文》。《圣谕十六条》以教化为宗旨,规定有"笃宗族以昭雍睦""隆学校以端士习""黜异端以崇正学"等。《训饬士子文》,开篇曰"国家建立学校,原以兴行教化",训饬官学生员要"先立品行,次及文学、学术、事功"。雍正即位后又向全国颁布了《圣谕广训》,它更成为科举士子必读的典范,也是教化民众的通用教材。

一、国子监

1. 清代国子监

国子监,清代中央设立的官方学校,又称太学。清朝入主中原后,在明制基础上设立太学,设置了祭酒、司业等官职,分设六堂为讲习之所,即率性、修道、诚心、正义、崇志、广业六堂。国子监的学生分为贡生、监生两类,贡生包括岁贡、恩贡、拔贡、优贡、副贡、例贡,监生包括恩监、荫监、优监、例监。

乾隆年间,国子监在一段时期内,实施过分斋教学制,对后来的学校制度和教学内容都产生了深远影响。乾隆二年(1737),孙嘉淦以刑部尚书身份管理国子监事务,其间上奏:"请仿宋儒胡瑗经义、治事分斋遗法。明经者,或治一经,或兼他经,务取《御纂折中》《传说》诸书,探其原本,讲明人伦日用之理。治事者,如历代典礼、赋役、律令、边防、水利、天官、河渠、算法之类。或专治一事,或兼治数事,务穷究其源流利弊。"当时乾隆加意太学,在这一政策影响下,国子监六堂精选讲师:"分长六堂,各占一经,时有'四贤五君子'之称。师徒济济,皆奋自镞砺,研求实学。"①分斋教学的制度,当时如果能够长久实施,将对科举制度是一大改革,毕竟这种制度追求实学,并且针对不同的教学目的和人才培养目的,分别设置教学内容,是比较现代的教

---

① 赵尔巽等:《清史稿》,卷一百六,北京:中华书局,1976年,3103页。

学制度。

清代前期,临雍视学是国子监教学中的一个重大环节,不仅体现了皇帝对国子监的重视和巡察,而且彰显了皇帝崇儒重道的教育理念。顺治九年(1652),顺治帝视学国子监,听取满汉祭酒依次讲《易经》,满汉司业依次讲《书经》,其余翰林官四品以下及五经博士和各执事官、学官、诸生都立于彝伦堂外听讲。① 后来清代皇帝视学国子监,都尊崇先制,听大臣讲解儒家经典。乾隆五十年(1785),乾隆帝驾临国子监辟雍殿,命大学士伍弥泰、大学士兼管监事大臣蔡新讲"四书",祭酒觉罗吉善、邹奕孝讲《周易》。乾隆帝特制御论二篇,宣讲义蕴,王公大臣等官员和国子监观礼学生等3088人在临雍殿外听讲。② 临雍视学,作为国子监教学中的一个重要部分,所讲授内容不离四书五经等儒家经典,听讲人员除了大臣官员,很多是国子监的学生。

2.国子监的教学内容及其对阅读的影响

国子监的教学内容是我们关注的重点,因为教学内容直接影响着当时在国子监学习的学子们的阅读内容。除了上述实施分斋教学制的时期,国子监生员或者以学习经学为主,或者以历代典礼、赋役、律令等实务为主要学习内容外,临雍视学和国子监平常的教学,以儒家经学和程朱理学为主要内容,当然也包括科举应试的内容。《清史稿·选举志》记载,国子监生员平常学习的内容主要是"'四书''五经'、《性理》《通鉴》诸书,其兼通'十三经''二十一史',博极群书者,随资学所诣";③国子监讲师轮流讲课,并定期对国子监学生进行考核,"祭酒、司业月望轮课'四书'文一、诗一,曰大课。祭酒季考,司业

---

① 王炜:《〈清实录〉科举史料汇编》,武汉:武汉大学出版社,2009年,23页。
② 文庆、李宗昉等:《钦定国子监志》,下,北京:北京古籍出版社,2000年,362—363页。
③ 赵尔巽等:《清史稿》,卷一百六,北京:中华书局,1976年,3101页。

月课,皆用'四书''五经'文,并诏、诰、表、策论、判。月朔,博士厅课经文、经解及策论。月三日,助教课,十八日,学正、学录课,各试'四书'文一、诗一、经文或策一"。① 国子监的教学内容设置到教学方式安排,都体现出当时国子监教育对经史和程朱理学内容的重视,经学诸如"四书""五经""十三经"等,史学诸如《资治通鉴》、"二十一史",程朱理学诸如《性理大全》《大学衍义》《朱子全书》《钦定孝经衍义》《御制性理精义》等,其他相关内容如《文章正宗》《古文渊鉴》《御制律学渊源》《资治通鉴纲目》《钦定四书义》等,还有关于科举考试的策论等内容。

另据《钦定国子监志》记载,清代前期皇帝颁赐给国子监等官学大量典籍,其中经、史、子、集各类均有,现在列举其中主要书目,从中可一窥国子监学生需要修习的科目内容和阅读的藏书范围。世祖章皇帝颁赐:《御制资政要览》。圣祖仁皇帝颁赐:《日讲四书解义》《御选古文渊鉴》《钦定孝经衍义》《御批资治通鉴纲目前编》《正编》《续编》《御定全唐诗》《钦定佩文韵府》《御制文初集》《御纂朱子全书》《御纂性理精义》《钦定康熙字典》等。世宗宪皇帝颁赐:《圣谕广训》《钦定清字大清律集解》《钦定汉字大清律集解》《钦定子史精华》《大清会典》等。高宗纯皇帝颁赐:《御制日知荟说》《钦定日讲春秋解义》《钦定四书文》《钦定三礼义疏》《钦定大清会典》《御制诗初集》等。仁宗睿皇帝颁赐:《味余书室全集》《御制诗初集》《御制文初集》《钦定大清会典》《钦定大清会典则例》等。御书楼存贮的图书包括经、史、子、集各类。六堂存贮的图书包括《御纂周易折中》《御纂性理精义》《钦定春秋传说汇纂》《圣谕广训》《钦定诗经传说汇纂》《钦定书经传说汇纂》《钦定四书文》《五经旁训》《四书解义》等。②

---

① 赵尔巽等:《清史稿》,卷一百六,北京:中华书局,1976年,3101页。
② 文庆、李宗昉等:《钦定国子监志》,下,北京:北京古籍出版社,2000年,1144—1149页。

二、地方官学

1. 清代地方官学

清代地方官学，沿袭明朝的制度，主要包括府学、州学和县学。地方官学，主要的学生对象是参加科举考试的生员，其导向是围绕科举考试设置科目和教学内容，各级考试和平时训练以八股文和四书五经等为主。

进入地方官学的入门考试，称为童试，"儒童入学考试，初用'四书'文、《孝经》论各一，《孝经》题少，又以《性理》《太极图说》《通书》《西铭》《正蒙》命题。嗣定正试'四书'文二，覆试'四书'文、《小学》论各一。雍正初，科试加经文。冬月晷短，书一、经一。寻定科试'四书'、经文外，增策论题，仍用《孝经》。乾隆初，覆试兼用《小学》论。中叶以后，试书艺、经艺各一。增五言六韵诗。圣祖先后颁《圣谕广训》及《训饬士子文》于直省儒学。雍正年间，学士张照奏令儒童县、府覆试，背录《圣谕广训》一条，著为令。凡新进生员，如国子监坐监例，令在学肄业，以次期新生入学为满。"①通过上述对考试内容的叙述，我们可以了解到童试之前，学生们要学习和阅读的主要内容包括"四书""五经"《孝经》《性理大全》《太极图说》《通书》《西铭》《正蒙》《小学》《圣谕广训》和《训饬士子文》等，也就是儒家经典、程朱理学以及小学文字等内容。这些内容与国子监的教学内容比较接近，属于科举考试的基础内容。考取童试的人称为生员，这个时候才算真正进入了科举考试的序列。

2. 地方官学的教学内容及其对阅读的影响

清代前期，在科举的引导下，府、州、县学生员的主要学习内容和

---

① 赵尔巽等：《清史稿》，卷一百六，北京：中华书局，1976年，3115页。

阅读内容由府、州、县学的考试内容和教学内容决定。那么清代前期，府、州、县学的考试内容有哪些呢？《清史稿·选举志一》记载："考试生员，旧例岁、科试俱'四书'文二，经文一。自有给烛之禁，例不出经题。雍正元年(1723)，科试增经文，冬月一书、一经。六年，更定岁试两书、一经，冬月一书、一经。科试书一、经一、策一，冬月减经文。乾隆二十三年(1758)，改岁试书一、经一，科试书一、策一、诗一，冬月亦如之。"①可见，在学的府、州、县学生员，在校的考试内容与将要参加的科举乡试、会试的考试内容基本一致，无非"四书""五经"和策论等内容以及八股文的写作。那么，清代前期，府、州、县学的教学内容有哪些呢？据记载，清廷时常会刊刻和颁发一些书籍给地方官学，这些书籍成为地方官学师生的必读物，诸如顺治九年(1652)，礼部题准："今后督学，将'四书''五经'、《性理大全》《蒙引存疑》《资治通鉴纲目》《大学衍义》《历代名臣奏议》《文章正宗》等书，责成提调、教官，课令生儒诵习讲解。"②顺治十二年(1655)，谕礼部："尔部即传谕直省学臣，训督士子，凡经学、道德、经济、典故诸书，务须研求淹贯，博古通今。"顺治十四年(1657)，"令直省学臣校士，务遵经传，不得崇尚异说"。康熙三年(1664)，印刷监本《四书大全》《五经》等书，颁发直隶各省。康熙三十九年(1700)，令直省考试儒学，课以五经及小学性理诸书。有将经书、小学精熟，及能成诵三经、五经者，学臣酌量优录。论题将性理中《太极图说》《通书》《西铭》《正蒙》一并出题。康熙四十五年(1706)，颁行钦定《古文渊鉴》《资治通鉴纲目》等书于直省。康熙五十二年(1713)，《御纂朱子全书》告成，颁发直省刊版通行。康熙五十四年(1715)，《御纂周易折中》告成，颁发中外刊行。雍

---

① 赵尔巽等：《清史稿》，卷一百六，北京：中华书局，1976年，3116页。
② 索尔纳等纂修，霍有明、郭海文校注：《钦定学政全书校注》，武汉：武汉大学出版社，2009年，26页。

正二年(1724),颁发《圣谕广训》并御制序文于直省学宫。雍正三年(1725),颁发《钦定孝经衍义》于直省学宫。令直省各学儒童诵习《圣谕广训》,凡不能背诵者,不准录取。雍正七年(1729),颁发《御制性理精义》《书诗春秋三经传说汇纂》,每书二部于直省,令各布政司重刊流布。乾隆元年(1736),敕各省通行御纂诸经,并谕士子诵习成熟者,听学臣考试优录。先是圣祖仁皇帝《御纂周易折中》《尚书汇纂》《诗经汇纂》《春秋汇纂》等编,及《朱子全书》《性理精义》诸书,颁行直省。乾隆六年(1741),颁发《四书文》。乾隆二十九年(1764),颁发《周易述义》《诗义折中》《春秋直解》于直省学宫,又颁发《御制诗初集》《二集》《御制文初集》各一部于直省。① 这些颁发到各地方学宫的书籍,是皇帝指定地方官学的教学内容,在文网严密的清代,各地方官学应该不敢违背,所以当时的地方官学生员也将不可避免地阅读和学习这些内容。

第三节 私学

一、私塾

1. 教育阶段及课程设置

清代前期,很多地方都设有私塾,既有面向少年儿童的私塾,也有面向青少年和科举的私塾。有学者将清代私塾分为三类:一类是有钱人家请教师到家里去教子弟,这叫作教馆或坐馆;另一类是教师

---

① 《辽宁省教育志》编纂委员会:《辽宁教育史志资料》,第一集,沈阳:辽宁大学出版社,1990年,32页。

自己在家设学,这叫作家塾或私塾;还有一类是由地方出钱请教师在一个公共地方设塾,招收那些家境贫寒的子弟,谓之义学或义塾。①清代学者认为,学生进入私塾接受教育,应从五六岁开始。陆世仪在《陆桴亭思辨录辑要·小学》中曰:"古者八岁入小学,十五入大学,此自是正理,然古者人心质朴,风俗淳厚,孩提至七八岁时,知识尚未开。今则人心风俗,远不如古,人家子弟至五六岁,已多知诱物化矣,又二年,而始入小学,即使父教师严,已费一番手脚,况父兄之教,又未必尽如古法乎,故愚谓今之教子弟入小学者,决当自五六岁始。"②陆世仪分析了古人八岁入小学的原因,阐释了清代孩童入小学者为五六岁的原因,颇有一定道理,这一入学年龄与当今相类似。陆世仪对小学教学内容和教学方式均有阐述,他认为"小儿五六岁时,语音未朗,未能便读长句,窃欲仿明道之意,采择《礼经》中之《曲礼》《幼仪》,参以近礼,斟酌古今,择其可通行者,编成一书,或三字或五字节为韵语,务令易晓,名曰《节韵幼仪》。俾之即读即教,如头容直,即教之以端正头项,手容恭,即教之以整齐手足,合下便教他知行并进,似于造就人才之法,更为容易"。③ 他结合五六岁小孩的实际,认为他们发音未朗,不能熟练读长句子,建议选择和参考《礼经》中的《曲礼》《幼仪》部分,编成《节韵幼仪》一书,以三字或五字为一个韵律,简单明了,便于孩童明白和记诵。采用边读边教的方式,让孩童们在朗朗上口的诵读过程中,理解所教内容。

对于十五岁以前的学习和阅读内容,陆世仪的分析也颇有见地:"凡人有记性有悟性,自十五以前,物欲未染,知识未开,则多记性,少悟性。自十五以后,知识既开,物欲渐染,则多悟性,少记性。故人凡

---

① 陈东原:《中国教育史》,下,福州:福建教育出版社,2009年,313页。
② 陆世仪:《陆桴亭思辨录辑要》,北京:商务印书馆,1936年,1页。
③ 陆世仪:《陆桴亭思辨录辑要》,北京:商务印书馆,1936年,1页。

有所当读书,皆当自十五以前,使之熟读,不但四书五经,即如天文地理、史学算学之类,皆有歌诀,皆须熟读,若年稍长,不惟不肯诵读,且不能诵读矣,今人村塾中开蒙,多教子弟念诗句,直是无谓。"①他从记性和悟性两个方面的变化,对不同年龄阶段应该重点学习和阅读的内容以及学习方式提出了自己的看法。他认为十五岁以前的青少年,应该熟读四书五经,背诵天文、地理、史学、算学之类的歌诀,这符合这个年龄阶段的教育和学习规律。

在孩童的学习和阅读进度方面,清代学者王筠在《教童子法》中分析认为:"八九岁时,神智渐开,则四声、虚实、韵部、双声叠韵,事事都须教。兼当教之属对,且每日教一典故。才高者,全经及《国语》《国策》《文选》尽读之;即才钝,亦"五经"、《周礼》《左传》全读之,《仪礼》《公》《谷》摘抄读之。才高者十六岁可以学文,钝者二十岁不晚。初学文,先令读唐宋古文之浅显者。即令作论,以写书为主,不许说空话,以放为主,越多越好。但于其虚字不顺者,少改易之,以圈为主,等他知道文法而后,使读隆万文(时文或八股文),不难成就也。"②

《教童子法》

---

① 陆世仪:《陆桴亭思辨录辑要》,北京:商务印书馆,1936年,2页。
② 周洪宇主编,中国昌副主编:《教育经典导读》,中国卷,武汉:华中科技大学出版社,2013年,184页。

王筠在此论述了孩童识字、读书、作文的年龄分段问题,并根据不同年龄阶段和智力发展水平,提出相应的学习和阅读内容,在八九岁到十六岁之间,对于智力水平较高者,可以全读精读"四书""五经"、《国语》《国策》《文选》等书;对于智力水平较低者,可以全读精读"五经"、《周礼》《左传》,摘抄和泛读《仪礼》《公》《谷》等内容。

2. 教学程序及教学内容

清代前期的私塾教育,继承了明代及以前较为成熟的教学成果,已经形成了一定的教学程序,①其中所涉及的教学方式直接影响了清代私塾学子们的学习方式和阅读习惯。

(1)识字。私塾中五六岁的儿童,先习坐、习静、识字。识字之法,在未曾教书之前,将《百家姓》《千字文》及书中之字,一个一个教儿童认识。由此儿童先通过阅读《百家姓》《千字文》,识得其中的汉字,是读书学习的基础。

(2)教书。教书之法,大多先教"三百千",即《三字经》《百家姓》《千字文》,也有教《龙文鞭影》《幼学琼林》。亦有识字数千后,读"四书",先从《大学》读起,继而读《中庸》《论语》《孟子》。教书方法大多是学生跟着教师念。当今小学语文教学也有类似教法。但是,当时私塾最初教学子读的内容是"三百千",再是"四书"(《大学》《中庸》《论语》《孟子》)。

(3)背书。学生在熟读后,要求背诵所学内容。《醒世姻缘传》中有记载背书的情形:"那南边的先生,真真实实的背书,真真看了字教你背,还要连三连五的带号,背了还要看着你当面默写。"②

(4)理书。每逢十日,须总理十日书文,限午前背完,下午念生书。逢二十日理二十日书文,作两日理,限次日午前理完。逢月总理

---

① 陈东原:《中国教育史》,下,福州:福建教育出版社,2009年,316—319页。
② 西周生:《醒世姻缘传》,中,北京:中华书局,2005年,449页。

一月书文，作三日理，限第三日午前理完。逢季总理一季书文，作五日理。凡书念完一本，则通本理一遍。年终将一岁书文，总理一遍。依次对《大学》《中庸》《论语》《孟子》如此理书。"四书"读完，进而读经，亦用此法。随读随理，旋转不穷，则书无不熟。这种理书方法，也就是如今的所谓复习方法——温故而知新，温习复习，加深和巩固记忆，这也符合人脑记忆的一般规律，是对抗大脑遗忘的一种读书复习办法。

（5）讲书。在前面各阶段的基础上，讲书阶段正式开始。如果上述的阶段是读书学习的表层文字，那么讲书阶段则进入读书的深层学习理解阶段，即对书的内容和含义进行讲解，帮助学子阅读理解。

（6）习字。习字即学习书法和练字。

（7）作对。古人重文辞对仗有韵律，作对作诗都有章法。私塾学生先读书一二首，以《千家诗》《唐诗三百首》为教本，兼读《龙文鞭影》《幼学琼林》等故事书，这些书都是私塾中的通用读物，为训练作对的必读之书。专教作对的《声律启蒙》是很多私塾的教材。

（8）学文。学文主要是指学习科举应试的八股文或时文。所谓本经，是报考时申明应考之一经。以《春秋》为本经者，则读《左传》；以《诗》为本经者，则读《诗经》；尤以《左传》与古文相近之故，学塾中读者最为普遍。学塾之教学目的，无非是科举，故欲求笔力遒劲，文机畅发，必须多读古文，如读《东莱博议》《唐宋八大家文》以及《古文观止》一类选本，同时或读制艺程墨。

从私塾教学程序的落脚点是学习时文和作八股文来看，清代前期私塾教育也不过是科举的前期准备阶段而已。从学子在私塾不同阶段所受的教育和所学习阅读的内容来看，我们不难理解，清代科举渗透之深入，已经从孩童最初的教育开始，可谓在起跑线上就设定了最终的目标是科举，清代教育如此也可见一斑。

3. 科举式学习和阅读

从上述私塾教育的课程设置与教学程序安排，可对其教学内容和教材大致有所了解，清代前期私塾学子学习和阅读的内容也大致如此。我们再通过一些关于私塾教学的清代文献记载，加深对清代私塾教育以科举为中心的认识和理解，看清当时学子阅读和学习的内容是如何体现并突出科举应试的。

顾炎武《日知录》记载："今南人教小学，先令属对，犹是唐宋以来相传旧法。北人全不为此，故求其习比偶、调平仄者，千室之邑几无一二人。而八股之外，一无所通者比比也。愚幼时，'四书'本经俱读全注。后见庸师窾生，欲速其成，多为删抹，而北方则有全不读者。欲令如前代之人，参伍诸家之注疏而通其得失，固数百年不得一人，且不知《十三经注疏》为何物也。间有一二'五经'刻本，亦多脱文误字，而人亦不能辨。此古书善本绝不至于北方，而蔡虚斋、林次崖诸

《日知录》

经学训诂之儒皆出于南方也。"①此处,顾炎武虽旨在比较南北方教学之不同,但也从侧面反映了当时私塾教学的一些情况。第一,私塾教学重八股时文,学子中"八股之外,一无所通者比比也"。第二,顾炎武小时候读'四书',是读全文,并且原文和注释都是要阅读的。他发现当时一些私塾的庸师,为了让学子速成,就选择删减的读本教学,学子也就不能全然整体了解'四书'原义。更有甚者,一些地方的私塾在教'四书'时全文都不通读的,可能只选读部分内容。第三,由此导致经学及其注疏被荒废,书经文本真伪难辨和不全者多有出现,学子甚至不知道《十三经注疏》为何物。

又有清代李伯元著的《官场现形记》,记述了一位王乡绅在饭桌上给子侄讲科举"制艺",先介绍了几位因读科举制艺书籍而进身的当朝高官:"一位路润生先生,他造就的人才也就不少。前头入阁拜相的阁老先生,同那做刑部大堂的他们那位贵族,那一个不是从小读着路先生的制艺,到后来才有这门大的经济!"②这几位高官在科举中取胜,都得益于路润生所编的制艺。接着,王乡绅讲述了自己在私塾受教时的情形:"记得那一年,我才十七岁,才学着开笔做文章,从的是史步通史老先生。这位史老先生虽说是个老贡生,下过十三场没有中举,一部《仁在堂文稿》,他却是滚瓜烂熟记在肚里。我还记得,我一开手,他叫我读的就是'制艺引全',是引人入门的法子,一天只教我读半篇。因我记性不好,先生就把这篇文章裁了下来,用浆子糊在桌上,叫我低着头念,偏偏念死念不熟。为这上头,也不知挨了多少打,罚了多少跪,到如今才挣得这两榜进士。唉!虽然吃了多少苦,也还不算冤枉。"③虽然是文学作品,但逼真的记述是对现实的批

---

① 顾炎武著,张京华校释:《日知录校释》,上,长沙:岳麓书社,2011年,710页。
② 李伯元:《官场现形记》,上海:上海古籍出版社,2005年,7页。
③ 李伯元:《官场现形记》,上海:上海古籍出版社,2005年,7页。

判,揭露了科场重八股文和制艺的现实与本质。不仅王乡绅上学时私塾老师所教和学生所读的就是制艺之书,而且那些已经取得高位的官员不少也是因读制艺类书籍而中举的。

二、蒙学

清代前期,官府和民间都十分重视蒙学。"有的是地方政府设立,有的是地主、商人设立,有的由市民或农民集资设立。它的主要教育对象为十五岁以下儿童"。① 陈宏谋(1696—1771),历任吏部尚书、工部尚书、协办大学士、东阁大学士等职,编纂有《五种遗规》。在《养正遗规》的序言中,他说道:"天下有真教术,斯有真人才。教术之端,自闾巷(乡里)始,人材之成,自儿童始。大易以山下出泉,其象为蒙。而君子之所以果行育德者,于是乎在? 故蒙以养正,是为圣功,义至深矣。"②《养正遗规》中收录了前人大量有关蒙学教育的论述,陈宏谋在序言中强调了蒙学在作育人材中的重要地位,同时引用《周易·蒙卦》阐述了蒙以养正的蒙学教育本质。他认为:"人材之成,未有不自幼时始者。诸凡正本清源,防微杜渐,以至随时引掖,俾习与智长,化与心成,胥可见之施行,而不为迂远阔情之论。"③蒙学教育的重要价值,也就在于此,正本清源,防微杜渐,启蒙和培养孩童心智长成,引导其行为理智端正,从而成为有用之才,有益社会。

由于蒙学与私塾教育在课程设置、教学程序等方面大致接近,相关内容就不重复讲述,在此仅就蒙学类教材和蒙学读物做简要阐述,以便对孩童在蒙学教育中所受教育和所读内容有所了解。清代前期

---

① 高时良:《中国教育史纲(古代之部)》,北京:人民教育出版社,1991年,489页。
② 陈宏谋:《养正遗规》,北京:中国华侨出版社,2012年,1页。
③ 陈宏谋:《陆桴亭论〈小学〉按语》,见《养正遗规》,北京:中国华侨出版社,2012年,146页。

的蒙学教材,根据孩童的年龄阶段进行划分,从"三百千"到"四书五经",逐渐提高学习和阅读内容的难度。前面对"四书五经"已叙述较多,下文将对庭训等蒙学内容进行专题阐述,在此重点考察清代前期采用的"三百千"等蒙学教材及其内容。

清代前期蒙学教育,《三字经》《百家姓》《千字文》仍然是重点内容,但是清代对"三百千"等蒙学教材多有增补和修订。清初黄周星新编有《三字经》,清康熙皇帝新编有《御制百家姓》,清何桂珍编有《训蒙千字文》,清龚璁编有《续千字文》等。《千家诗》在清代蒙学中也颇受欢迎,与《三字经》《百家姓》《千字文》合称"三百千千"。

《唐诗三百首》,是清乾隆年间编纂和刊印的一部唐诗选集,流传至今,影响深远。谚语"熟读唐诗三百首,不会作诗也会吟",就是代指清代所编的《唐诗三百首》。书上署名蘅塘退士编,编者在《唐诗三百首》题词中表明编纂初衷为"家塾课本,俾童而习之,白首亦莫能废"。① 由于此书便于诵习,脍炙人口,在民间和蒙学中广为流传,《唐诗三百首》成为蒙学的重要读物。

《增广贤文》,又名《昔时贤文》《古今贤文》,作者不详,据推算明代有初稿,后经明清文人提炼增补,形成《增广昔时贤文》,即《增广贤文》。其内容主要汇集了广为流传的格言谚语和古代文献中的佳句,重在讲述为人处世之道。其语言精练、逻辑性强、通俗易懂,读来朗朗上口,易于孩童记诵,因而流传广泛,成为重要的蒙学读物。

《弟子规》,原名《训蒙义》,原作者是李毓秀(1662—1722),后经清代贾存仁修订改名为《弟子规》。它的重点是规范子弟德行修养,启蒙以养正,后成为传家之学的经典读物。《弟子规》由于语言浅显易懂,便于孩童记诵成咏,成为蒙学重要教材。

杨桂森在《白沙书院学规》中,对六七岁还未作文的孩童读书学

---

① 蘅塘退士编,章燮注疏:《唐诗三百首》,杭州:浙江人民出版社,1980年,1页。

习的次第和内容,提出了自己的看法:"先教以读《弟子职》,使知洒扫应对进退起坐之礼。其所读书,务须连前三日并读,仍须多分本数,一本不过二十篇,每本每日读至五行,使一本书于一月内外回头,便易熟,并题须随读随讲。其写字先学写一寸以上之大字。其读四书,读起时,即连细注并读。凡读《诗经》《书经》,随章添读小序,其答经中注解,择其解字者读之,不过十分取一二也。《学》《庸》注全读,《论语》注读十分之七,《孟子》注读十分之五,经注读十分之一二。蒙以养正,圣功也,果行育德,其毋忽。"①

在《清稗类钞》中的《嘲私塾诗》中,清代时人对清代蒙学教学场景用诗文的形式进行了记述和嘲讽,诗文曰:"一阵乌鸦噪晚风,诸生齐放好喉咙。赵钱孙李周吴郑,天地玄黄宇宙洪。《三字经》完翻《鉴略》,《千家诗》毕念《神童》。其中有个聪明者,一目三行读《大》《中》。"②其中较为清晰地描述了清代蒙学教育的读书情形,也记载了当时孩童的蒙学读物,大致包括《三字经》《百家姓》《千家诗》《鉴略》《五字鉴》《神童》(《神童诗》)《大学》《中庸》等内容。

第四节　书院

一、清代前期的书院

清代前期书院的发展,经历了清初的低潮和康雍时期的扭转,至清代中期,书院开始繁荣发展。书院的一个核心功能就是教书育人。

---

① 陈谷嘉、邓洪波:《中国书院史资料》,中册,杭州:浙江教育出版社,1998年,1552页。
② 徐珂:《清稗类钞》,第十二册,北京:商务印书馆,民国六年(1917),98页。

雍正十一年(1733),上谕中说:"朕临御以来,时时以教育人才为念,但稔闻书院之设,实有裨益者少,浮慕虚名者多。是以未曾敕令各省通行,盖欲徐徐有待而后颁降谕旨也。近见各省大吏,渐知崇尚实政,不事沽名邀誉之为,而读书应举之人,亦颇能屏去浮嚣奔竞之习,则建立书院,择一省文行兼优之士读书其中,使之朝夕讲诵,整躬励行,有所成就,俾远近士子观感奋发,亦兴贤育才之一道也。"①乾隆元年(1736),谕旨曰:"书院之制所以导进人才,广学校所不及……居讲席者固宜老成宿望,而从游之士亦必立品勤学,争相濯磨,俾相观而善,庶人材成就足备朝廷任使,不负教育之意。"②清朝皇帝特别强调书院的教育人才、导进人才之功用,其最终目的是为朝廷培养可用之人。清廷不仅界定了书院的教书育人功能,而且通过财政和行政等管理手段,使得原本私学性的书院多数官学化,成为官学的辅助教育机构。清代书院,可谓"非官非私,亦官亦私"。

二、书院基本类型及著名书院

1. 重举业和考课的书院

清代前期书院多为官学性质,且很多书院以为朝廷培养可用之人为目的,其教学方向和内容也比较注重举业和考课。考课是为学子参加科举考试做准备和训练,其内容主要包括"四书""五经"、策论等功课。乾隆九年(1744),礼部议覆:"书院肄业士子,令院长择其资禀优异者,将经学、史学、治术诸书留心讲贯,以其余功兼及对偶、声律之学。其资质难强者,当先攻八股,穷究专经,然后徐及余经,以及史学、治术、对偶、声律。至每月之课,仍以八股为主,或论、或策、或

---

① 吴道行、赵宁:《岳麓书院志》,长沙:岳麓书社,2012年,510页。
② 吴道行、赵宁:《岳麓书院志》,长沙:岳麓书社,2012年,511页。

表、或判,听酌量兼试能兼长者,酌赏以示鼓励。"①可见清代皇帝为书院的定位是面向科举,对肄业学子要求有相应的考课安排。

清代吉安知府罗京于清康熙三十年(1691)编制了《白鹭洲书院馆规》,其中就书院考课做出了规定:"每月初二、十六日,本府亲临课会,书二艺,经一艺,间试论、表、策各一篇,务期遵依注理,阐发实学,字画均需端楷,不得视为故套。古所谓闭户造车,出门合辙,此乃门闩造车之地也。日闲舆卫,利有攸往,勿自忽耳。"②结合考课和教学内容,他还对书院学子应该诵读什么书、什么时间诵读做出了要求:"各宜自立日课簿,每日或看经书若干,或读时文若干,古文若干,以及论、表、策、判若干。《通鉴》《性理》各书若干。盖未有不揣摩经书而能为文者,未有不读时文与古文而能为时文者,又未有不沉潜性理、明心见性而能为文者,又未有不会悟《通鉴》、知人论世而能为文者,但各随意见力量。只要日有日工,月无忘之,不时抽签稽查,以见勤惰进退,切不可但以咿唔声音而即谓之读书耳。"③

陈宏谋于乾隆二十八年(1763)正月制定了《申明书院(岳麓书院)条规以励实学示》,对书院教学内容、教学方式、科场应对、考课及其课卷查阅等内容做出较为详细而明确的规定:"一则,每课四书文一篇,或经文、或策、或论一篇,诗一首。策则古事、时务,论则论列史事古人,或《小学》《性理》《孝经》,总不仍出拟题。间于四书文一首之外,出经解一首,或长章几节,或经中疑义,每首约三百字以上。一则,每月初三、十八日课文,初二、十六日上堂讲书。不拘四书、五经、诸史,诸生有独得心解者,录出送掌教就正;有疑者,不时登堂质问。一则,乡试第二场专试经义,不比从前附在头场,仅出拟题。诸生所

---

① 索尔纳等纂修,霍有明、郭海文校注:《钦定学政全书校注》,武汉:武汉大学出版社,2009年,286页。
② 陈谷嘉、邓洪波:《中国书院史资料》,中册,杭州:浙江教育出版社,1998年,1524页。
③ 陈谷嘉、邓洪波:《中国书院史资料》,中册,杭州:浙江教育出版社,1998年,1524页。

习本经,务须熟读,逐句逐字讲解明透,纵遇枯冷之题,不失经旨,即出长章大节,尤有结构。嗣后官课、馆课,惧不出旧拟经题,各宜潜心研求,不可仍前止看拟题也……一则,每次课卷发下,教官以次订为一本,令诸生转相阅看。看毕,然后各自领归。名次列后者,阅前列之佳卷批点,即以广自己之识解,不可生忌刻之心,而以为不欲看也。前列者亦应阅落后之卷,以知此题文原易有此疵病。此孔子择善而从,择不善而改,无往非师之道,三人行且然,况同学至数十人,其师资不更广乎? 一则,不拘何衙门及馆师课卷,出榜给赏之后,即封送本部院阅看,再发诸生轮看、分领。仍将某衙门及馆师某月日考课,先列题目,次列一、二、三等,备造一册,送本部院以备查阅。"①

蒋彤《养一子述》记载,李兆洛(1769—1841)曾在江阴的书院讲学,他注重读书学习的方法,为了便于学子明白举业之法,重新刊印了明代李九我的《举业筌蹄》,并撰写序文说道:"天下之事坏于无法,法何以坏? 曰法多。法多则法不法矣。不法法而能成其事者,未有之也。"他认为《举业筌蹄》为选家善本,"于科名宜,于学问无不宜"。②他还向书院学子讲授经史、诗赋、经解、策论等内容,影响和造就了一批科举成功人士,有蒋彤的记述:"先是江阴相习为举业之下者,子痛绳以先正理法,重刊明人《举业筌蹄》,颁给之为楷法;教读《通鉴》《通考》,以充其学;选定《史记》《汉书》《春秋繁露》《管子》《荀子》《吕氏春秋》《商子》《韩非子》《贾子新书》《逸周书》《淮南子》目录,以博其义;择其才者,教作诗赋、经解、策论,月一为之,谓之小课,月课必锁院面试,限刻缴卷,士气为一振。十余年间,季仙九芝昌殿试以第三人及第,夏伯初子龄举礼部第一人,郑守廷经举本省乡试第一人,曹毓英以选拔得七品官,皆江阴未得之事。其他举于乡者,科不下四五人;

---

① 陈谷嘉、邓洪波:《中国书院史资料》,中册,杭州:浙江教育出版社,1998年,1585—1587页。
② 李国钧:《清代前期教育论著选》,下,北京:人民教育出版社,1990年,385页。

博士弟子及童子试,以经解诗赋得超拔者为八邑最。"①

2. 重读经和学史的书院

清代前期的一些书院,在重科举的同时,多有明确提出书院学子应重视读经和学史,特别是一些书院的学规中专门列有经史之学相关条目。

张伯行(1651—1725),在任江苏巡抚期间,看到"时来学者众",康熙五十二年(1713),"命于沧浪亭读书,地窄不能容,乃于府学东建紫阳书院"。②他鉴于"近日士尚浮华,人鲜实学,朝夕揣摩,不过为猎取科名计,于身心性命、家国天下之大,茫乎概未有得"的重科举轻实学的不良学风,为勉励"有志之士讲求正学",认为"教导诸生者,不出经义、治事二者之外",③树立课程八则,其中突出研读经史和程朱理学的意义,如第一条曰:"凡'四书''五经',内圣外王之道备焉。朝廷所以特重明经之学者,非沾沾为士子取科名计,惟欲渐摩陶淑于其中,则气质自化,德行自坚,粹然为一代名儒。而今之四子五经,何人不读,却只视为纸上陈言,于我都无干涉,大失为学本旨。今与在院诸生约,每日早晨先看四子五经各一二章,务必逐字逐句于身心上体验,久之默会心解,豁然贯通,举足动步,自然把捉得定,从此深造,有得以驯致于圣贤之域。其有词义深奥未能理会者,即行札记,以便质问,此为学第一切要功夫。"④第二条曰:"凡先儒诸书,所以继道统明绝业,有功世教,不浅每见……纂先儒语录文集不背于朱子者,得数十部。今尽发之书院,令诸生得以纵观,向日已经讲究者,睹此自然

---

① 蒋彤:《养一子述(节录)》,见陈谷嘉、邓洪波《中国书院史资料》,中册,杭州:浙江教育出版社,1998年,1499页。
② 《张清恪公年谱》,见杨镜如《紫阳书院志(1713—1904)》,苏州:苏州大学出版社,2006年,22页。
③ 陈谷嘉、邓洪波:《中国书院史资料》,中册,杭州:浙江教育出版社,1998年,1887页。
④ 陈谷嘉、邓洪波:《中国书院史资料》,中册,杭州:浙江教育出版社,1998年,1887页。

奋发，倘有陷前所云，不妨尽弃旧学，一归正路，久之自然道心充长。"①张伯行要求书院学子，按照日程每日读四书五经内容，并汇编程朱理学文章作为教材分发给学子，引导书院学生读经史文章。张伯行又仿程端礼的"日程"，制定了《紫阳书院读书日程》，从经书发明、读史论断、古今文等方面，阐述其读书次序和理念。其中特别重视通经、读史的要义："经书发明。经书为义理之渊源，其至当不易者，固百虑同归。至于随人体验，随时触发，意趣正自不穷，所谓一番提起一番新，不妨各家门前各为景致耳。若拘文牵义，无所会心，则味同嚼蜡矣。此程子所叹饭从脊梁过者是也。诸生每日看某经某书，自某处起至某处止，必潜思玩索，身体力行，凡有所得，即记于是日课程之内。读史论断。读史有真性，见古人可法可传处，便欣然神往，恨不得与之同堂；见古人可憎可杀处，便怒目切齿，恨不得亲唾其面。读史有真识，当时事势是如此，曰如此固当；当时事势不如此，曰必如彼乃得。或设身处地，或略迹原心，异日真人品、真经济。正从此中陶冶而出。若徒侈陆子之书橱，效义山之獭祭，自不免于程子'玩物丧志'之讥。今与诸生约：每日看史，自某处起至某处止，有所发明论断，悉书于后。"②于康熙六十一年（1722），康熙帝特表彰张伯行的努力，颁"学道还淳"匾额给紫阳书院。

李塨（1659—1733）《恕谷学教（从颜习斋先生教条而斟酌之）》，其中一条讲"通经史"，曰："经者，修己治人之谱；史者，修己治人之像也。除异端及杂秽之书，不许泛滥。若'十三经''二十一史'，须以渐考之，勿以时取专经，遂安固陋。"其中一条讲"重诗书"，曰："凡读书必洁案，端坐庄诵，如对圣贤。每晨入学，必拂尘整卷。事出则阁书。

---

① 陈谷嘉、邓洪波：《中国书院史资料》，中册，杭州：浙江教育出版社，1998年，1888页。
② 陈谷嘉、邓洪波：《中国书院史资料》，中册，杭州：浙江教育出版社，1998年，1486—1487页。

各归行列，不许狼藉。"①李塨认为书院教学，应该让学子们通读经史文献，包括《十三经》《二十一史》等，不能因科举而选读某一经。他还认为，读书要讲究书案整洁，庄严端坐，对待典籍要像对待圣贤一样恭敬。

　　杨绳武(1595—1641)在《钟山书院规约》中，特别重视经史之学，先讲述了历史上的"六经""五经""九经""十三经"之命名，简述了古代经学历史，认为文章之道在于熟读经书，又概述了古代史书的发展，评论了不同史书之所长。杨绳武要求书院学子"穷经学""通史学"，具体而言：穷经学。经之名起于《礼记·经解》，《易》《诗》《书》《春秋》《礼》《乐》所谓"六经"也，亦曰"六艺"。《史记》载籍极博，必考信于六艺。"五经"之名则自汉武至五经博士始，合《易》《诗》《书》"三礼""三春秋"为"九经"，益以《尔雅》《论语》《孝经》《孟子》为"十三经"。唐开成中有"九经"之刻，宋李至、刘敞各有"七经"之说，其后或为"十经"，或为"十一经"，至"十三经"而大备。说经者或为传，或为学，或为笺注，或为疏解，或为章句。"十三经"有注疏，"五经"有大全，而注疏、大全外又有历代经解。其书具在，都未失传，真理学之渊海也……通史学。史之体有二：一曰纪事，一曰编年。《史记》以后，"二十一史"皆纪事也。司马氏《通鉴》，朱子《纲目》，皆编年体。纪事之体又有二：一曰纪传，一曰表志。纪传之学，《通鉴》《纲目》集其成；表志之学，杜佑《通典》、郑樵《通志》、马端临《文献通考》汇其萃。正史而外，又有旁史、旧史，如荀悦《汉纪》、刘昫《旧唐书》之属。《通典》《通考》《通鉴》《纲目》俱有续者，而前如刘知几《史通》，后如胡寅《读史管见》，皆史学之科律也。②杨绳武不仅向书院学生阐述了经学、史学的含义、分类和发展简史，而且向书院学生推荐阅读各类书目，通

---

① 陈谷嘉、邓洪波：《中国书院史资料》，中册，杭州：浙江教育出版社，1998年，1435页。
② 陈谷嘉、邓洪波：《中国书院史资料》，中册，杭州：浙江教育出版社，1998年，1492页。

过简要回顾和评价学术史,引导学生进入读经史书籍的门径。

桑调元(1695—1771)在《大梁书院学规》中,凭借其一生治学的经验,鞭策和训诫求学士子,当遵守"辨志""立本""穷经""学古""博习"等八条学规。其中"穷经"部分,强调学子应穷尽经书之学,并提出穷经之要有三:博综、折衷、自得,对学子们研读经书和学习有很大帮助。"圣人之心存乎经,不凝神静气以穷之,则圣人之心不可得而见,而经乃晦;更穿凿附会以渎乱之,而经亡矣。穷经之大致有三:曰博综,曰折衷,曰自得。先之以博综,所见广而参稽有资,则疑义从之生;然后会众说而折其衷,则至当归一而论乃定;久之动乎天机自得之妙,不待游刃而豁然中开,非佻谓前贤之粗,而我得其精也……士通经乃足用,自来之引经断事见诸猷为者尚矣。即一操觚而不本之于经,则根柢薄而论说皆肤。韩、欧、曾之古文皆大醇,而朱子尤醇乎醇。时文中王、唐、瞿、薛、归、胡诸公之所为,俱灏衍不可崖浚经熟也。穷经之方,自少及多,通其少而多者徐由之贯。《十三经注疏》、昆山徐氏所刻《经解》之外,逸简甚众,穷年皓首,莫得其端,此多而无纪也。今就"四书"专经,条分缕析,融会贯通,不墨守断烂之讲章,时有心得。一经毕更及一经,群经可次第程功,不苦其难,不惮其烦,不好奇以妄为之说,则经义如脱颖,岂独锥末之见已哉。"[1]桑调元主张穷经,尊崇程朱理学,认为朱熹的《四书章句》,条分缕析,融会贯通,不墨守断烂之讲章,推荐学子以"四书"为本,"一经毕更及一经,群经可次第程功",这样依次研读经书,将终究理解经书文义,并能自得有所见解。

李文熠(1672—1735)于清康熙五十六年(1717)制定了《岳麓书院学规》,希望书院学子读书学习珍惜时间,并讲明学业安排"每日于讲堂讲经书一通""每月各作三会"。他还特别在读"四书"、通六经、

---

[1] 陈谷嘉、邓洪波:《中国书院史资料》,中册,杭州:浙江教育出版社,1998年,1456页。

看史书方面,分别提供学习建议和阅读指导,让学子明白读书次第和掌握读书方法。首先,"'四书'为六经之精华,乃读书之本务。宜将朱子《集注》逐字玩味,然后参之以《或问》,证之以《语类》,有甚不能道者,乃看各家之讲书可也。次则性理为宗,其《太极》《通书》《西铭》已有成说矣。至于《正蒙》,尤多奥僻,尝不揣愚陋,为之集解,然未敢示人也,诸君倘有疑处,即与之以相商焉。其程朱语录、文集,自为诵习可也"①。这是李文熠推荐给书院学子的读书目录和次序,他认为书院学子以"四书"为读书之本,并推荐参考阅读书目如朱子的《四书章句集注》和《或问》《语类》等。他认为书院学子以理学为读书之宗,应当阅读程朱语录和文集等书。其次,"圣门立教,务在身通六籍,所传六经是也。今之举业,各有专经,固难兼习,然亦当博洽而旁通之,不可画地自限。乃若于六经之内,摘其堂堂冠冕之语,汰其规切忌讳之句,自矜通儒,皆蒙师世俗之见,不可仍也。试观御纂《周易折衷》,何字何句不细心玩索?以天纵圣学,尚且如此,况吾辈乎?至于《周礼》,虽不列于学宫,然实周公致太平之成法,亦尝集先儒之说为传,有相质证者,不敢隐焉。"②李文熠认为读书当通六经之学,而不应将自己束缚在科举的限制范围内,鼓励学子博览经书,通习六经之学。最后,"学者欲通世务,必须看史。然史书汗牛充栋,不可遍观,但以《纲目》为断。至于作文,当规仿古方,宜取贾、韩、欧、曾数家文字熟读,自得其用。制艺以归唐大家为宗,虽大士之奇离,陶庵之雄浑,皆苍头技击之师,非龙虎鸟蛇之阵也。论诗专以少陵为则,而后可及于诸家,先律体,后古风,先五言,后七言,庶可循次渐进于风雅之林矣。"③李文熠进一步推荐书院学子阅读史书,并重点推荐阅读《资治

---

① 陈谷嘉、邓洪波:《中国书院史资料》,中册,杭州:浙江教育出版社,1998年,1576页。
② 陈谷嘉、邓洪波:《中国书院史资料》,中册,杭州:浙江教育出版社,1998年,1576页。
③ 陈谷嘉、邓洪波:《中国书院史资料》,中册,杭州:浙江教育出版社,1998年,1576页。

通鉴纲目》,以了解和熟悉世务。李文熠还推荐了阅读诗文的先后次序与方法。

钱大昕(1728—1804)曾撰文回忆自己在紫阳书院读书学习的经历:"予年二十有二,来学紫阳书院,受业于虞山王艮斋先生。先生诲以读书当自经史始,谓予尚可与道古,所以期望策厉之者甚厚。予之从事史学,由先生进之也。"①钱大昕记得其师王艮斋先生,曾教导他们读书要从经史文献开始,这对他后来从事史学研究有很大影响。

章学诚(1738—1801)在《清漳书院条约(一)》中劝勉书院学子道:"乃此举课,策问'四书'大义,诸生置对,通场无一人。夫尽日夜之长,止作一文一诗,则学使考规,例不继烛,经书二艺,何以定篇?且诸生俱处乡僻,与院长继见无时,发策问义,非但试觇文辞,亦将问言观志,商榷学术。指授心裁,俱在于此。所问仅出"四书",量非难解。若果按款胪对,则书理明通。从兹由近及远,以浅入深,"六经""三史"、诸子百家,将与诸生切磋究之,抵于古人之学。纵使材质有限,不能尽期远大,即此经书大义,稍能串贯,究悉先儒训诂,会通师儒解义,则执笔而为举业,亦自胸有定见,不为浮游影响之谈。上引材智,下就凡庸,粗细俱函,道无逾此。而诸生渺忽视之,将院长薄植,不足奉诸教生之答教耶?抑节省日力,以为剧饮闲谈之地耶?余甚为诸生不取焉②。"章学诚指出书院学子在举课中的问题,分析其原因在于学子们只专学所考的一经一文,并且缺乏书院教师的讲解和指授。所以,他强调书院及院长的重要性,突出书院在教学方面贯通经史百家,有助于学子们理解所读书籍的内容,并进而有助于学子们在科举考试中取得成功。在这里,我们不仅注意到章学诚强调书院

---

① 钱大昕:《汉书正误序》,见钱大昕著,陈文和主编:《嘉定钱大昕全集·潜研堂文集》,南京:江苏古籍出版社,1997年,381页。
② 陈谷嘉、邓洪波:《中国书院史资料》,中册,杭州:浙江教育出版社,1998年,1452页。

在教授经史百家各种学问中的重要性,而且发现了清漳书院也难以避免用科举和课业作为目标,引导学子认真读书和用功学习的方式。

清乾隆三十一年(1766),胡建伟应贡生许应元等人之请,在澎湖捐款创建了文石书院,他为之撰写了《文石书院学约》,内容有十条:重人伦,端志向,辨理欲,励躬行,尊师友,定课程,读经史,正文体,惜光阴,戒好讼。其中第七条,专门要求书院学子读经史典籍,批判了为科举和时文而读经学史的现象,并借鉴欧阳文忠公限字读书之法,指导学子们读经史书籍的方法,可以循序渐进,曰:"日约读三百字,四年可读毕'四书''五经'、《周礼》《左传》诸书。依此法做去,则史亦可尽读也。"①《文石书院学约》中"读经史"部分,对书院学子应读什么书、如何读书等问题讲述较为清晰,有助于书院学子读经学史。"经,经也;史,纬也。学者必读经,然后可以考圣贤之成法,则亦未有不读史而后可以知人论世者也。是十三经、二十二史,非学者所以必读之书而为学问之根柢者哉?今国家取士,乡会第二场,试经义四篇,所以重经学也。至于第三场,多有以史事策试者。史学亦何尝不重?是经之与史,有不容以偏废者也。自世之学者,以读书为作文而设,如薛文清云:'学举业者,读经书只安排作时文科用,与己原无相干,故一时所资以进身者,皆古人之糟粕;终身所得以行事者,皆生来之气习,与不学者何异?'然此等读书,虽无心性之益,犹有记诵之功也……人之质性不同,敏钝各异,概令其服习熟读经史,亦非易事。然亦有法焉,可以序渐进也。则莫如仿欧阳文忠公限字读书之法,准以中人之性,日约读三百字,四年可读毕'四书''五经'、《周礼》《左传》诸书。依此法做去,则史亦可尽读也。亦惟勤者能自得耳。学者苟能如朱子所云:'抖擞精神,如救火治病然,如撑上水船,一篙不可

---

① 陈谷嘉、邓洪波:《中国书院史资料》,中册,杭州:浙江教育出版社,1998年,1557页。

放缓。'如此着力去读,则又何书不可尽读耶?宁第经史史而已哉?"①

清乾隆年间,孔兴浙曾任白鹭洲书院院长,他在《学说四则》中劝勉书院学子,求学要先立志,读书要勤勤恳恳。他还特别提醒学子们"通经所以适用":"学者或专一经,或兼习五经,此为场屋举业言也。平日则务肆力于六经,更充之至十三经,博涉《通鉴纲目》等书,所见自然卓越,发为文章一定精彩。根柢五子及儒先粹书,理道益见实地。然言之不文,行之不远,工夫亦只在多寡生熟不同……士生兹地,可不自奋!多文为富,熟能生巧,虽浓淡平奇,极不一格,而左右逢原,必轨于道,则造车合辙之喻可以不言而券。至于诗言志,赋陈事,不独童而习之,可储清华文苑之选,亦因以理性情,谐音节,不致诗之失愚。词人之赋,丽以淫也,其说亦当如论文。"②孔兴浙认为书院学子平时读书,不应当以专习某一经的科举场屋之法为准则,而要通览六经之书,并力所能及地推广到阅读十三经,博览如《通鉴纲目》等书,这样一路阅读下来,知识结构更为有体系,更有利于发表高见和撰写出精彩文章。此外,他还建议书院学子多读诗文等类书籍。

清乾隆三十八年(1773),陆耀(1723—1785)在《任城书院训约》中讲道:"时文虽科举之学,然非多读古书不能诣极。今且弗引鹅湖、鹿洞之规刻绳多士,即以专务虚名而论,非根柢于经史,则词烦而寡要;非胎息于古文,则绪乱而无章。夫经史古文,固学堂中皆有之书也,插架不观,何益之有!"③陆耀认为书院学子,即使为了科举和写好八股文,也应该多读古书,以经史典籍为读书学习的根本。他还建议学子们多多利用书院所收藏的经史古文各类图书,增益其学问,曰:"贫寒生童不能收藏书籍,今官为购备,如《十三经》《廿二史》《通鉴纲

---

① 陈谷嘉、邓洪波:《中国书院史资料》,中册,杭州:浙江教育出版社,1998年,1557页。
② 陈谷嘉、邓洪波:《中国书院史资料》,中册,杭州:浙江教育出版社,1998年,1532页。
③ 陈谷嘉、邓洪波:《中国书院史资料》,中册,杭州:浙江教育出版社,1998年,1488页。

目》《文献通考》之类,陆续收贮,以备翻阅"。①

陶澍(1779—1839)在《苏州紫阳、正谊两书院条示》中,认为写文章要先熟读儒家经籍。他指责当时的一些人,不读经典文本,连"四书""五经"原文都不熟悉,却自称名士。他警诫书院学子们应当重视读经:"为文宜先宗经。制义代圣贤立言,必须义理融熟,始能言之有物,每见时士涉猎说部数册,杂史几本,即自诩自称名士,及询以'四书''五经',往往不知所出。舍本务末,苟以炫俗,毋怪乎其文之不佳也。颜之推云:文章原本'六经'。韩昌黎云:约'六经'之旨以成文,操觚者安可不知。"②

3. 重"实学"和"力行"的书院

清代前期,一些书院一反多数书院重举业和考课等现状,在书院内部的学规中要求学子们读书须注重实学和身体力行,这对学子求学读书是很好的导向,对后世学术发展和教育发展都有助益。

海东书院,清康熙五十九年(1720),由台厦道梁文煊创建,为当时台湾规模最大的书院。乾隆五年(1740),巡道刘良璧(1684—1764)捐资倡修,后又为书院制定《海东书院学规》六条,其中一条是"务实学":"古之大儒,明礼达用,成己成物,皆由为诸生时明于内重外轻,养成深重凝重气质,故出可以为国家效力宣猷,入亦不失为端方正直之士。家塾、党庠、术序,胥由此道也。诸生取法乎上,毋徒以帖括为工。"③刘良璧教导学子不要只学帖括等科举应考之术,还要务实学。

陈宏谋(1696—1771)在《申明书院(岳麓书院)条规以励实学示》④中,对书院学子抱以厚望,劝勉他们读书贵在务实学和身体力

---

① 陈谷嘉、邓洪波:《中国书院史资料》,中册,杭州:浙江教育出版社,1998年,1489页。
② 陈谷嘉、邓洪波:《中国书院史资料》,中册,杭州:浙江教育出版社,1998年,1490页。
③ 陈谷嘉、邓洪波:《中国书院史资料》,中册,杭州:浙江教育出版社,1998年,1550页。
④ 陈谷嘉、邓洪波:《中国书院史资料》,中册,杭州:浙江教育出版社,1998年,1585页。

行:"读圣贤之书,贵身体而力行,由善身而善世,为学期有实得,行己首在明伦,壁间之《鹿洞学规》业已该括无遗。其经学、史学、文体、诗学入手工夫,讲求正派,掌教定有循循善诱之方。在诸生切宜虚心领会,实力加功,切己体察,毋徒涉空谈,毋辄自满足,庶几日新月异,不愧有用之实学,足备朝廷之擢取,本部院暨司道等均有厚望焉。"①

清代罗京在《白鹭洲书院馆规》中,要求学子在读书时多"体会",身体力行、用心体会书中的道理,曰:"书固宜多读,尤宜多讲,熟极生巧。每月除本府亲临两课外,应共拟题相为揣摩,或自见为是不妨质之同人,或今见为非不妨改诸明日。理道常有偶然而相遭,机神常有偶然而来会者,得失原无定时,兴会所至,中夜可以呼火而疾书,要于熟之而已矣。须要晓得心上是书,世上是书,不止纸上是书,以心身体认道理则得之矣。"②

清乾隆三十一年(1766),胡建伟在《文石书院学约》的条款中,专列一项"励躬行",列举先贤有关读书力行的言论,认为读书与力行同等重要:"吕献可尝言:'读书不须多,读得一字,行得一字。'伊川程子亦尝曰:'读书一尺,不知行得一寸。'盖读书不力行,只是说话也。今人生圣贤之后,凡我身之所未行者,皆古人之所已行,而笔之于书者也。故诵读时,不可看作书是书,我是我,书与我两不相干。必如朱子所云,'须要将圣贤言语体之于身'。如克己复礼,如出门,如见大宾等事,须就自家身上体察,我实能克己复礼,主敬行恕否?件件如此,方为有益……引而申之,推而广之,事事皆本古人之成法做去。即读得一句行得一句矣,不亦躬行实践之君子也哉!"③

清嘉庆十六年(1811),杨桂森编制了《白沙书院学规》,其内容主

---

① 陈谷嘉、邓洪波:《中国书院史资料》,中册,杭州:浙江教育出版社,1998年,1587页。
② 陈谷嘉、邓洪波:《中国书院史资料》,中册,杭州:浙江教育出版社,1998年,1525页。
③ 陈谷嘉、邓洪波:《中国书院史资料》,中册,杭州:浙江教育出版社,1998年,1555页。

要是阐述书院读书之道,学规第一条即是"读书以力行为先",反对空读书籍,主张身体力行,曰:"圣贤千言万语,无非教人孝顺父母,尊敬长上。父母吾根本也,兄弟吾手足也。凡读一句孝悌之书,便要将这孝悌事,体贴在自己身上,古人如何孝悌,我便照依学将去。始初勉强,渐渐熟习,自然天理融合,自己也就是圣贤地位,所谓人皆可为尧舜也。切无视道为高远,自己菲薄,又切不可囫囵空读书籍,不留心体贴,致失圣贤立教之旨。"①

4. 重博览广学的书院

清代前期,一些书院在课程设置与教学内容方面,敢于突破常规,指导和鼓励书院学子在学习与读书方面,打开眼界,不限于经史和举业,要博览群书,广学多闻。

清康熙二十四年(1685),汤来贺(1607—1688)在其编制的《白鹿洞书院学规》中,提倡书院学子"潜心读书",读书务求博览广闻,"载籍极繁,自以四书六经为准,然必旁通遍览,而后足以助学识,广见闻。学者或仿先儒分年之法,每年读一书,又推其意而为分月之法,每月读一书。每读一书,必循首讫尾,而后可以察其本末,辨其是非,会其同异,口诵心维,一一体之于身,则气质日以雅驯,而彼声色之娱,曲蘖之嗜,忿懥之伏,非义之营,皆有所不敢,且弗遑矣。斯为力行之首务。世俗读书,其高者不过认真举业,未敦实学也,他年纵掇巍科,而六经、廿一史茫然不知为何物,则平日不潜心之过也,又安能通达时务,济世而安民哉!诸士其勉旃学古,研理学而究经济,庶几坐而读,起而可行,惟异端曲学之业不可谬习,以坏学术也。他如淫词艳曲,最荡人心,则当一见而即焚之,非士君子所宜入目者也。"②

清康熙年间,颜元(1635—1704)建议当地人在漳南书院的基础

---

① 陈谷嘉、邓洪波:《中国书院史资料》,中册,杭州:浙江教育出版社,1998年,1550页。
② 陈谷嘉、邓洪波:《中国书院史资料》,中册,杭州:浙江教育出版社,1998年,1521页。

上建"习讲堂",并分别阐明六斋教学的科目和主要内容,其中所列科目和教学内容十分广博,经、史、礼、乐、书、数、诗文、天文、地理、水学、火学、工学、象数、八股举业、武备兵法、程朱陆王理学等,几乎无所不包,充分体现了书院教学内容的多元和广博,有颜元为之撰写的《漳南书院记》为证:"请建正庭四楹曰'习讲堂'。东第一斋西向,榜曰'文事',课礼、乐、书、数、天文、地理等科。西第一斋东向,榜曰'武备',课黄帝、太公以及孙吴五子兵法,并攻守营阵陆水诸战法,射御技击等科。东第二斋西向,曰'经史',课十三经、历代史、诰制、章奏、诗文等科。西第二斋东向,曰'艺能',课水学、火学、工学、象数等科。其南相距三五丈为院门,悬许公'漳南书院'匾,不轻改旧称也。门内直东曰'理学斋',课静坐,编著程、朱、陆、王之学。直西曰'帖括斋',课八股举业,皆北向。以上六斋,斋有长,科有领,而统贯以智仁圣义忠和之德,孝友睦姻任恤之行,元将与诸子虚心延访,互相师友,庶周、孔子故道在斯,尧、舜之奏平成者亦在斯矣。置理学、帖括北向者,见为吾道之敌对,非周、孔本学,暂收之以示吾道之广。"①从颜元对书院的课程设置和教学内容安排来看,颜元意在书院学生能够博学广闻,能够务求实学,这一理念在当时非常先进,并且这与颜元追求实学实行的"习行"思想一致,是对他这一思想的践行。

清道光五年(1825),陈寿祺(1771—1834)在制定的《鳌峰崇正讲堂规约八则》中,提出书院学子读书,要"广学问",认为:"至圣诱人,首先博文;儒者穷经,将以致用。宋胡安定设教苏湖,立经义治事二斋,故湖学人才最盛。"②同时陈寿祺也认为书籍众多,一个人无法全部读完,"四部浩如烟海,学者不独不能遍观,亦且不能多购",所以提出要有所选择和专攻,"择取精要,用力研寻,既省泛滥之病,亦收精

---

① 陈谷嘉、邓洪波:《中国书院史资料》,中册,杭州:浙江教育出版社,1998年,1410—1411页。
② 陈谷嘉、邓洪波:《中国书院史资料》,中册,杭州:浙江教育出版社,1998年,1544页。

熟之功",①针对经史子集和小学分别推荐了必读书目,对书院学子读书的博览和选择有很大帮助。

第五节　家训和劝读

一、家训

据《中国丛书综录》所列书目中"家训"类收录的著作,清代有64部,②是读书记录的历代家训著作最多的时期,而且这些家训基本都是清代前期完成或刊印的。《清史稿·艺文志》的"子部·儒家类"中收录了清人的家训著作十七部。③ 如此看来数量已不小了,但是上述文献仍然未能完全收录清代家训类著作,而且有大量家训存在于其他类型的文献中,诸如家(族)谱和俗训、乡约类文献,此外,还有大量家训是以单篇形式存在于其他类型的文献中。总而言之,在继承以往历史时期产生的家训文献的基础上,清代前期又出现了大量家训文献,成为中国家训发展史上的高峰时期。"这一时期不仅体现在家训著作的数量之多,也体现在家训内容更加丰富,形式更加多样,领域更为扩大。内容上既有一般的家训,也有专门训诫商贾之类的家训;作者既有帝王显宦、学究宿儒,也有普通百姓;形式上既有长篇鸿作,也有篇言、歌诀、训词、铭文、碑刻;方式上既有循循善诱的说理激励,也有家规族法的惩罚条文。"④

---

① 陈谷嘉、邓洪波:《中国书院史资料》,中册,杭州:浙江教育出版社,1998年,1546页。
② 上海图书馆:《中国丛书综录》,二,上海:上海古籍出版社,1986年,754—756页。
③ 朱明勋:《中国传统家训研究》,成都:四川大学博士学位论文,2004年。
④ 徐少锦、陈延斌:《中国家训史》,西安:陕西人民出版社,2003年,472页。

1. 帝王家训中读书思想

《庭训格言》，由清康熙皇帝爱新觉罗·玄烨(1654—1722)撰，其子雍正皇帝爱新觉罗·胤禛(1678—1735)笔述。此书乃雍正八年(1730)胤禛追述其父在日常生活中对诸皇子的训诫而成，共246条，包括读书、修身、为政、待人、敬老、尽孝、驭下以及日常生活中的细微琐事。①《庭训格言》中有大量关于读书的论述，主要内容包括：告诉子孙读书的重要意义，应该读什么书以及怎样读书，训示子孙读书之理。

第一，康熙帝讲明为什么要读书以及读书有什么意义。康熙帝曰"夫多识前言往要在读书"，训曰："圣贤之书所载皆天地、古今、万事万物之理，能因书以知理，则理有实用。由一理之微，可以包六合之大；由一日之近，可以尽千古之远。世之读书者，生平百世之后，而欲知百世之前；处乎一室之间，而欲悉天下之理。非书局以致之？"②他认为书中记载了万事万物之规律，读书可以知天地万物之理。他以自身为例谈道："故朕理天下事五十余年无甚差忒者，亦看书之益也。"③对于书籍而言，文字尤为重要，他特别强调要敬惜字纸，训曰："字乃天地间之至宝，大而传古圣欲传之心法，小而记人心难记之琐事。能令古人今人隔千百年觌面共语；能使天下士隔千万里携手谈心；成人功名，佐人事业，开人识见，为人凭据，不思而得，不言而喻，岂非天地间之至宝与？以天地间之至宝而不惜之，糊窗粘壁，裹物衬衣，甚至委弃沟渠，不知禁戒，岂不可叹！故凡读书者一见字纸必当收而归之箧笥，异日投诸水火，使人不得作践可也。尔等切记。"④

第二，康熙帝向子孙指明应该读什么书。论读经，康熙帝尊儒重

---

① 康熙:《庭训格言》，郑州：中州古籍出版社，2010年，3页。
② 康熙:《庭训格言》，郑州：中州古籍出版社，2010年，109页。
③ 康熙:《庭训格言》，郑州：中州古籍出版社，2010年，110页。
④ 康熙:《庭训格言》，郑州：中州古籍出版社，2010年，115页。

经,推崇程朱之学。他小时候读书,老师教他"以经书为要"。① 后来,他认为"朱子辈有功于圣人经书者可谓大矣",所以用"朕训尔等但以经书为要"②来训诫其子孙当"以经书为要"。

论读诗,康熙帝叙述了古代学诗的重要言论,他认为读书人要把学诗放在很重要的位置,曰:"凡有志于学者,岂可不以学《诗》为要乎?"③

论读《礼》,康熙帝肯定了"礼"的重要性:"《礼》之系于人也大矣,诚为范身之具,而兴行起化之原也。"他认为:"尔等所习本经既熟,正当学《礼》。"④

论读《易》,康熙帝强调《易》的重要价值:"《易》为四圣之书""言其理则无所不该""《易》之为书,有观民设教之方,有通德类情之用。恐惧修省以治身,思患豫防以维世,所以极天人、穷性命、开物、前民、通变、尽利者,其理莫详于《易》""凡为学者不可以不学,而学又不可易视之也。"⑤ 康熙帝还以自身为例,谈自己读经、史、诗、礼、易等各种书籍:"朕惟经学为治法之要,而诗书之文、礼乐之具、春秋之行事,罔不于《易》会通。故朕研求《易》理,玩索精蕴。"

论读小说,康熙帝说教子弟要重视经史,认为孩童不应读小说,训诫道:"古圣人所道之言即经,所行之事即史。开卷即有益于身。尔等平日诵读及教子弟,惟以经史为要。夫吟诗作赋,虽文人之事,然熟读经史,自然次第能之。幼学断不可令看小说。小说之事,皆敷演而成,无实在之处,令人观之,或信为真,而不肖之徒,竟有效法行之者。彼焉知作小说者譬喻、指点之本心哉!是皆训子要道,尔等其

---

① 康熙:《庭训格言》,郑州:中州古籍出版社,2010年,136页。
② 康熙:《庭训格言》,郑州:中州古籍出版社,2010年,15页。
③ 康熙:《庭训格言》,郑州:中州古籍出版社,2010年,52页。
④ 康熙:《庭训格言》,郑州:中州古籍出版社,2010年,52页。
⑤ 康熙:《庭训格言》,郑州:中州古籍出版社,2010年,70页。

切记之。"①

第三,康熙帝告诉子孙应该怎样读书,读书要注意哪些问题。

康熙帝认为读书要抓住中心大义。"读古人书,当审其大义之所在,所谓一以贯之也。若其字句之间,即古人亦互有异同,不必指摘辩驳,以自申一偏之说"。②

康熙帝认为读书以明理为要。"读书以明理为要。理既明则中心有主,而是非邪正自判矣。遇有疑难事,但据理直行,得失俱无可愧。《书》云:'学于古训乃有获。'凡圣贤经书,一言一事俱有至理,读书时便宜留心体会,此可以为我法,此可以为我戒。久久贯通,则事至物来,随感即应,而不待思索矣"。③

康熙帝认为读书要有选择。"学者各随分量所及,审其先后而致功焉。其芜秽不经之书、浅陋之文,非徒无益反而有损,勿令入目,以误聪明可也"。④ 他还认为读书贵精不贵多。"书不贵多而贵精,学必由博而守约,果能精而约之,以贯其多与博,合其大而极于无余,会其全而各于有用。圣贤之道岂外是哉?"⑤

康熙帝认为读书要善于独立思考。"凡看书不为书所愚,始善。即如董子所云:'风不鸣条,雨不破块,谓之升平世界。'果使风不鸣条,则万物何以鼓动发生?雨不破块,则田亩如何耕作布种?以此观之,惧系粉饰空文而已。似此者,皆不可信以为真也"。⑥ 这里他强调读书要敢于批判,敢于质疑,才能有独立的思考,不被错误的信息误导。

---

① 康熙:《庭训格言》,郑州:中州古籍出版社,2010年,50页。
② 康熙:《庭训格言》,郑州:中州古籍出版社,2010年,26页。
③ 康熙:《庭训格言》,郑州:中州古籍出版社,2010年,26页。
④ 康熙:《庭训格言》,郑州:中州古籍出版社,2010年,110页。
⑤ 康熙:《庭训格言》,郑州:中州古籍出版社,2010年,110页。
⑥ 康熙:《庭训格言》,郑州:中州古籍出版社,2010年,15页。

康熙帝认为读书学习要谦虚和善问。"人心虚则所学进,盈则所学退。朕生性好问。虽极粗鄙之夫,彼亦有中理之言。朕于此等决不遗弃,必搜其源而切记之,并不以为自知自能而弃人之善也。""朕自幼读书,间有一字未明,必加寻绎,务至明惬于心而后已。不特读书为然,治天下国家亦不外是也。"①

康熙帝建议读书人要处理好读书与应对事务的关系。"道理之载于典籍者,一定而有限;而天下事千变万化,其端无穷。故世之苦读书者,往往遇事有执泥处;而经历事故多者,又每逐事圆融而无定见。此皆一偏之见。朕则谓:当读书时,须要体认世务;而应事时,又当据书理而审其事宜。如此,方免二者之弊。"②可谓理论与实践要结合,既有利于理解书中道理,也有利于恰当应对事务。他还强调读书要注重实践和体验:"人之读书,本欲存诸心,体诸身,而求实得于己也。如不然,将书泛然读之何用? 凡读书人,皆宜奉此以为训也"。③

2. 民间家训读书散论

冯班(1602—1671),明末清初诗人,所著《钝吟杂录》收录了《家戒》和《诫子帖》等家训内容,其中有一些是他论读书的训诫和劝勉之词,对后人读书有指导意义。

冯班谈论了多读书的三点益处:

> 多读书则胸次自高,出语皆与古人相应,一也;博识多知,文章有根据,二也;所见既多,自知得失,下笔知取舍,三也。④

冯班提出一种读书的方法:

---

① 康熙:《庭训格言》,郑州:中州古籍出版社,2010年,26页。
② 康熙:《庭训格言》,郑州:中州古籍出版社,2010年,65页。
③ 康熙:《庭训格言》,郑州:中州古籍出版社,2010年,151页。
④ 冯班著,何焯评:《钝吟杂录》,北京:中华书局,1985年,46页。

读书有一法,觉有不合意处,且放过去,到他时或有悟入,不可便说他不是。①

冯班认为要会读书,会读《论语》,读懂了则受益终身:

程子教人读书曰:"一部《论语》,未读时是这般人,读了只是这般人,便是不曾读一般。"此言最恳切。最难读者《论语》,圣人说话简略,说得浑融,一时理会不来,是难读也,亦最易读,读一句是一句,理会得一分是一分,是易读也。不似他书认错了要误人。赵普用半部《论语》治天下,大是会读书。如吾所见只一二句便终身受用不尽。②

冯班认为"读书勿求多","要好学深思":

开卷疾读,日得数十卷,至老死不懈,可曰勤矣,然而无益。此有说也,疾读,则思之不审,一读而止,则不能识忆其文,虽勤读书,如不读也。读书勿求多,岁月既积,卷帙自富,经史大书,只一遍读亦不尽。"好学深思"四字缺一不得。③

冯班主张读书须"实实体验":

儒有好学而不能立功、立事者,不是读书无益,只是不会看书。观其尚论古人处,皆是以意是非,不曾实实体验,此则读书无益。④

傅山(1607—1684),明清之际思想家、书法家,曾撰写家训《训子

---

① 冯班著,何焯评:《钝吟杂录》,北京:中华书局,1985年,3页。
② 冯班著,何焯评:《钝吟杂录》,北京:中华书局,1985年,2页。
③ 冯班著,何焯评:《钝吟杂录》,北京:中华书局,1985年,22页。
④ 冯班著,何焯评:《钝吟杂录》,北京:中华书局,1985年,29页。

侄》一篇,训诫其子傅眉和其侄傅仁。在文中,他先回顾了他20岁时诵读《文选》中的《两京赋》《两都赋》等文章的读书经历,后诫勉其子侄读经史文献,并列出一份推荐书目,其中书目又分为细读(精读)和略读两种。他在《训子侄》中谈道:

> 记吾当二十上下时,读《文选》京、都诸赋,先辨字,再点读,三四上口,则略能成诵矣……自恨以彼资性,不曾闭门十年读经史,致令著述之志不能畅快。值今变乱,构书无复力量……尔辈努力,自爱其资,读书尚友。以待笔性老成,见识坚定之时,成吾著述之志不难也。除经书外,《史记》《汉书》《战国策》《左传》《国语》《管子》、骚赋皆须细读。其余任其性之所喜者,略之而已。廿一史吾已尝言之矣:金、辽、元三史列之载记,不得作正史读也。①

朱用纯(1627—1698),潜心治学,以程朱理学为本;用功教育,提倡躬行实践。他"反复强调读书要植品制行,以圣贤书义范我躬行实践,而以躬行实践证昔圣贤书义"。② 朱用纯所撰《劝言》,是一篇面向社会大众的劝世文,分为四节,《读书》是其中之一节,较为详细地阐发了他的读书观和理念。

朱用纯认为读书首先要做好人,其次要讲究方法。读书不仅要讲章句,更要注重义理:

> 读书须先论其人,次论其法。所谓法者,不但记其章句,而当求其义理;所谓人者,不但中举人、进士要读书,做好人尤要读书。中举人、进士之读书,未尝不求义理,而其重究竟只在章句;做好人之读书,未尝不解章句,而其重究竟只在义理。故曰:读

---

① 张厚余、侯文正:《傅山文选注》,太原:北岳文艺出版社,2007年,146页。
② 李国钧:《清代前期教育论著选》,上册,北京:人民教育出版社,1990年,254页。

书先论其人,次论其法。①

朱用纯认为人们要会读书,要明白读书识义理之道,知识要内化,要在自己身上发生化学反应:

> 先儒谓今人不会读书,如读《论语》,未读时是此等人,读了后只是此等人,便是不曾读。此教人读书,识义理之道也。要知圣贤之书,不是为后世中举人、进士而设,是教千万世做好人,直至于大圣大贤。所以读一句书,便要反之于身:我能如是否?做一件事,便要合之于书:古人是如何——此才是读书。若只浮浮泛泛,胸中记得几句古书,出口说得几句雅话,未足为佳也。②

鉴于上述道理,朱用纯提出推荐阅读书目:

> 所以又要论所读之书。尝见人家几案间摆列小说、杂剧,此最自误,并误子弟,亟宜焚弃。人家有此等书,便为不祥。即诗词歌赋,亦属缓事。若能兼通六经及《性理》《纲目》《大学衍义》诸书,固为上等学者;不然者,亦只是朴朴实实将《孝经》《小学》、"四书"本注置在案头,尝自读,教子弟读。即身体而力行之,难道不成就好人,难道乡间不称为自好之士?究竟实能读书、精通义理,世间举人、进士舍此而谁? 不在其身,必在其子孙。③

王士禛(1634—1711),在《分甘馀话》中收录了他的《有感诫子书》,其意在劝勉自己和后人,要勤奋惜时,努力读书:

---

① 朱柏庐著,陆林、吴家驹选注评析:《朱柏庐诗文选》,南京:江苏古籍出版社,2002年,261页。
② 朱柏庐著,陆林、吴家驹选注评析:《朱柏庐诗文选》,南京:江苏古籍出版社,2002年,262页。
③ 朱柏庐著,陆林、吴家驹选注评析:《朱柏庐诗文选》,南京:江苏古籍出版社,2002年,262页。

吾家虞公诫子书云:"或身经三公,寂尔无闻;布衣寒素,卿相屈体。父子贵贱殊,兄弟声名异,何也?体尽读数百卷书耳。汝年入立境,方当从宦,兼有室累,何处复得下帷如王郎时耶?"余每感其言。人生聪明智慧,殊不再来,尤难得者,上有祖父之教、中无世事之扰、下无室家之累,于斯时也,正当努力下帷,毕志书史,聪明智慧乃不误用。所谓"王郎时",讵可多得?一旦老大,悔无及矣。尼父有言:"后生可畏,焉知来者之不如今也?四十、五十而无闻焉,斯亦不足畏也已。"凡吾子姓,当深维此训,庶几青箱家学,不坠于地,勉旃!勉旃!①

有一次,王士禛通过讲述一个《持银碗乞食》的故事,劝诫子孙要读书立身。他在《分甘馀话》中记载:"陈说岩相国(廷敬)说其乡有兄弟皆为名卿,而其孙愚骏不知书,家以中落,至持银碗乞食于市而不悟银可易米。人家子弟不读书者可以为戒。因书示子孙辈云。"②

张英(1637 — 1708),清朝大臣,官至文华殿大学士兼礼部尚书。其先后充任纂修《国史》《一统志》《渊鉴类函》《政治典训》《平定朔漠方略》总裁官。其家训内容主要收录在《聪训斋语》中。他说为人子孙者,有四件事很重要:"一曰立品,二曰读书,三曰养身,四曰俭用。"③他劝勉子孙后代,读书何其重要。张英训诫子弟常有四语:④

予之立训,更无多言,止有四语:读书者不贱;守田者不饥;积德者不倾;择交者不败。尝将四语,律身训子。

---

① 王士禛撰,张世林点校:《分甘馀话》,北京:中华书局,1989年,100页。
② 王士禛撰,张世林点校:《分甘馀话》,北京:中华书局,1989年,55页。
③ 张英、张廷玉著,江小角、陈玉莲点注:《聪训斋语 澄怀园语——父子宰相家训》,合肥:安徽大学出版社,2013年,33页。
④ 张英、张廷玉著,江小角、陈玉莲点注:《聪训斋语 澄怀园语——父子宰相家训》,合肥:安徽大学出版社,2013年,31页。

其中以"读书者不贱",勉励子弟用功读书。他解释这并不专是为了鼓励科举才这么讲的,"读书者不贱,不专为场屋进退而言也"。①他认为读书可以取科名、继家声、使人敬重,如:"读书固所以取科名、继家声,然亦使人敬重"。②"虽至寒苦之人,但能读书为文,必使人钦敬,不敢忽视。"③他认为非常贫寒的人,即使读书条件很艰难,只要他能读书作文,都能使人敬佩,不敢轻视。

金甡(1702—1782),清朝官吏,乾隆年间状元。他的《家诫》诗中有一首是谈论读书的,④劝勉世人读书致用,摘引如下:

> 读书期致用,一言可终身。博学转多助,压架非空陈。何物益神智,破暗资传薪。精心窥古鉴,经济行纷纭。

二、劝读诗文

清代的一些官员和文人,在劝勉其子女和后代读书方面,颇下了一番功夫。他们通过诗文的形式,阐释了读书的重要意义,勉励自己和后人勤奋读书。这是中国传统文化中耕读传家和诗书济世的一种体现,其教育意义十分深远。

胡季堂之父胡煦,康熙年间曾在翰林院任职。有一次,康熙召胡煦到乾清宫,问他河、洛理数及卦爻中的疑义。胡煦讲解一番后,康

---

① 张英、张廷玉著,江小角、陈玉莲点注:《聪训斋语 澄怀园语——父子宰相家训》,合肥:安徽大学出版社,2013年,36页。
② 张英、张廷玉著,江小角、陈玉莲点注:《聪训斋语 澄怀园语——父子宰相家训》,合肥:安徽大学出版社,2013年,35页。
③ 张英、张廷玉著,江小角、陈玉莲点注:《聪训斋语 澄怀园语——父子宰相家训》,合肥:安徽大学出版社,2013年,31页。
④ 程钧、葛玲:《中国家教古训》,太原:山西人民出版社,1991年,331页。

熙赞赏他"真苦心读书人也"。① 胡季堂撰文记录了此事,其在家中堂悬挂"苦心读书"匾额,并为匾额撰写了《苦心读书额跋》,②以勉励子孙后代:

> 康熙壬辰甲午间先大夫供职翰林,蒙圣祖仁皇帝七次召见,画图讲易,仰荷温谕,有苦心读书之目,圣主之崇儒重道,先大夫之力学受知,诚千载一时之盛事也,爰敬录玉音,悬之中堂,恭志隆恩,以垂不朽,并欲使世世子孙仰赡之,下念遭遇之非常,思受恩之所,自当必永图所以,仰报圣世而勉继家声尔。

胡煦(1655—1736)在《蒙养诗教》中收录了他的《读书》③诗一首,劝勉读书人当勤奋用功,多读圣贤之书,提升自我修养。诗曰:

> 出入躬行力有余,便当勤读圣贤书。
> 少年着力中年熟,小字能通大字如。
> 句句咀含风韵美,条条朗悟月怀虚。
> 养成有用真经济,穷达均宜道在余。

谢道承(1691—1741),康熙六十年(1721)进士,官至内阁学士兼礼部侍郎,曾写有《忆母劝学诗》④一首,记述了当年母亲教导自己读书学习的一段场景。诗曰:

> "儿来前,自尧至今凡几年?
> 儿强记,自尧经今凡几帝?"
> 儿时应对稍逡巡,母颜变色旋怒嗔。

---

① 赵尔巽等:《清史稿》,卷二百九十,北京:中华书局,1977年,10274页。
② 胡季堂:《培荫轩诗文集》,文集卷二,清道光二年(1822)胡鐄刻本。
③ 徐梓、王雪梅:《蒙学歌诗》,太原:山西教育出版社,1991年,121页。
④ 张应昌:《清诗铎》,下,北京:中华书局,1960年,803页。

陈箧逊志学人责,稽古胡不如妇人。

吁嗟乎,

母言在耳,儿颜犹泚。

安得我母常嗔儿,于今劝学无闻矣。

诗中引用了母子的一段对话。其母提问,谢道承回答时稍有迟疑不定,其母便很生气,说他一个读书人在历史知识方面还不如一个妇人。此后,其母的训言常常在耳边浮现,长久勉励其勤奋读书。

恒仁(1713—1747),写有《读书》[①]诗一首,诗文明亮欢快,反映了他的儿子在上学读书时的愉悦心情。诗曰:

朝向学中去,暮从学中归。

直以读书故,饮膳与亲违。

上堂面慈颜,问儿何所为。

良师垂模范,益友进箴规。

余力事弓马,专功在书诗。

不坠先人绪,庶免母心悲。

弘昼(1712—1770),清高宗弘历之弟,他撰有《秋日读书赋》一篇,抒发了读书之乐,勉励学子勤奋读书和珍惜光阴。文章如下:

秋可乐兮,乐百谷之将熟。天高而气清兮,爱东篱之黄菊。必力学而惜阴兮,宜克己而遏欲。秋可乐兮,乐结伴而呼友,遇秋日之爽凉,岂书卷之释手。既懋勤而黾勉,又坚持而固守。学必期乎往圣,声已驰于九有,宁学圣人而未至,勿作害苗之稂莠,若夫秋日宵长,读书有得,或任道统之寄,或勤书编之辑,或夜分

---

① 恒仁:《丛书集成初编·月山诗集》,北京:中华书局,1985年,17页。

乃寐，或乐道忘食，但思为己之心，岂有欲罢之色尔，乃游花圃，泛莲池，散缓步，于浓阴听蝉鸣于高枝，固吾心之所乐，岂宴安而废时，常孜孜而亹亹，日订顽而砭愚。若乃柳阴耀绿菊，蕊含馨闲观鱼跃，静听莺鸣敛足而正坐，定性而心明，无尘虑之未涤，有修齐之美声，庶勉勉于三秋，无荒怠之偶萌。①

清人尤兴诗有《读书》诗一首，讲述读书之道，劝勉后人勤读圣贤书。诗曰：

古人重学问，勤读圣贤书。云得著脚地，如木有根株。惜哉伴蠹鱼，流弊失之愚。读书不读律，狱讼繁秋荼。仓卒艰大投，安用此腐儒。读书泥师古，拗为迂阔图。纷更策富强，骚动困追逋。误天下苍生，谓非此人欤。读书昧治生，不辨黍与稌。撑肠五千卷，无以疗饥躯。间有獧介士，蹈矩不破觚。庸流坏旧坊，久之失故吾。翻为读书病，厥病非区区。故必通三才，致用秉一枢。经训为菹畬，道德为醍醐。礼义为干橹，乃与古人符。君子贵不器，子云良不诬。②

乾隆三十四年（1769），朱景英曾任台湾海防同知（相当于副知府），他撰有诗文《石圃读书示诸子侄》③一首，关心其子侄的成长，训诫和劝勉其子侄多读诗书。诗文曰：

白傅示诸侄，杜陵教两子。由来子侄行，关心未有已。古人重经训，经训学之址。王费焦京兴，齐鲁毛韩起。孔壁今古文，戴记大小氏。获麟有遗经，盲左得其髓……凡此述梗概，艺林之

---

① 弘昼：《稽古斋全集》，卷六，见《四库未收书辑刊》编纂委员会《四库未收书辑刊》，九辑二十一册，北京：北京出版社，2000年，360页。
② 张应昌：《清诗铎》，下，北京：中华书局，1960年，804页。
③ 朱景英：《畬经堂诗文集》，诗集卷四，清乾隆刻本。

嚆矢。各宜惜居诸,未可云姑俟。转瞬发垂白,莫谓齿才毁。英雄贵及时,欻急肉生髀。须念好光阴,明窗兼净几。兄弟即友朋,共此勤磨成。儒通天地人,一事不知耻。缥缃供卷舒,何必爱纨绮。家无负郭田,诗书力耘耔。我愧杜与白,关心亦复尔。殷勤训子侄,作诗不嫌俚。尔各书一通,座右常省视。

法式善(1753—1813),清代官吏、文学家,曾撰有诗文《读书四首》,分别将读书比喻为如蓄货、如树木、如行路、如将兵,比喻形象生动,言辞有韵律,让读者对读书产生新的认识和理解,颇有一番趣味在里头。

其一曰:

> 读书如蓄货,一室靡不有。瑰奇产岩阿,幽怪发渊薮。当其求莫致,岂惜跋涉走。一旦聚眼前,美者忽焉丑。人情罕见珍,炫异难持久。布帛与锦绣,即物理可剖。六经天地心,诸史古今纽。但期铸洪炉,毋至覆酱瓿。①

法式善把读书比作蓄货,求书时心切,一旦收藏就不那样稀罕了,这也是人之常情,因此他劝勉读书人要注重发挥书籍的作用,而不要束之高阁,弃之不用。

其二曰:

> 读书如树木,不可求骤长。植诸空山中,日来而月往。露叶既畅茂,烟条渐苍莽。此理木不知,木乃遂其养。我读古人书,辄作古人想。掩卷了无得,心中时怏怏。忽然古明月,照见天怀朗。前境所造非,后境改观慌。②

---

① 张应昌:《清诗铎》,下,北京:中华书局,1960年,803页。
② 张应昌:《清诗铎》,下,北京:中华书局,1960年,803页。

法式善把读书比作树木,认为读书不能急于求成,树一点一点长高,读书要一点一点积累,日积月累之后,读书必有所得、必有所悟。

其三曰:

读书如行路,历险毋煌惑。安保万里程,中间无歇仄。自古志士心,往往伤壅塞,诱我复攻我。歧路况莫测,所贵擅通才,半途勿休息。手扶大雅轮,心戒虚车饰。要从实地行,直造光明域。卓哉孔孟有,不为黄老得。①

法式善把读书比作行路,只要有面对崎岖坎坷的志士之心、克服艰难险阻的良好心态和脚踏实地的力行精神,读书必有所成。

其四曰:

读书如将兵,当先讲纪律。将军扫群寇,势若风雨疾。寸铁能杀人,彼百我则一。即云将军才,有得岂无失。不闻易所云,师贞丈人吉。古人书弗多,读之容易毕。后来著作家,千言万言出。树义不制胜,不如不开帙。②

法式善把读书比作将兵,认为读书要讲究方法和策略,古人留下来的书籍很多,如果方法不得当,效果将适得其反,还不如不读书。

屠倬(1781—1828),清代官吏、诗人、篆刻家,著有《读书示子秉》③诗一首,劝诫其子要珍惜时间勤读书,并且读书要经世致用。诗曰:

---

① 张应昌:《清诗铎》,下,北京:中华书局,1960年,803页。
② 张应昌:《清诗铎》,下,北京:中华书局,1960年,803页。
③ 屠倬:《是程堂二集》,卷二,见《清代诗文集汇编》编纂委员会《清代诗文集汇编》,535,上海:上海古籍出版社,2010年,152页。

不读五千卷,不得入我室。大言好欺谩,空咋小儒舌。四十八万言,四年半可毕。古人惜分阴,程功计时日。吾生号为儒,百事付蹇拙。日坐故纸堆,避劳而就逸。怀铅任点勘,善本校精核。插架万卷储,颇自定甲乙。淫书固天性,资禀苦下劣。掩卷辄已忘,所得不偿失。穷幽险未通,沿流源已竭。譬欲窥堂奥,曾未及门臬。我闻古之人,经世重学术。立言蕲不朽,相兼贵华实。奈何世风卑,徒事工剽窃。争效獭祭鱼,自诩蜂酿蜜。斯文杂榛芜,古义付灭裂。甘为利名饵,巧取耳目悦。方今文治隆,比户弦诵密。严徐与东马,济济方辈出。研都炼京手,岂不号人杰。求其济世用,通方已难必。遂令文士轻,举世笑迂阔。匪书能迂人,其病在无物。吾衰日荒落,救过不遑恤。所叹者汝曹,岁月甘自佚。忘忧与忘食,愤乐在所发。懒惰不自惩,吾言徒取聒。

郭嵩焘(1823—1882)在《题读书秋树根图示儿子庆藩》中劝勉其子读书要明白书中思想内容,希望他珍惜时间。诗曰:

读书要识书中意,古屋寒泉吾道存。
老子自嗟荒岁月,汝曹何幸守田园。
疏林半落风余叶,晚节深留霜后根。
努力秋光莫虚掷,一编珍重伴朝昏。①

---

① 郭嵩焘、郭崑焘:《郭嵩焘集 郭崑焘集》,长沙:岳麓书社,2011年,85页。

第五章　清代前期的阅读控制

第一节　文字狱与阅读控制

一、文字狱

1.什么是文字狱

"避席畏闻文字狱,著书都为稻粱谋",①龚自珍的这句诗,能把我们的视线,拉回到清代文字狱的恐怖现场。人们不禁要问:什么是文字狱?所谓文字狱,指旧时统治者故意从作者的诗文中摘取字句,罗织罪状所造成的冤狱。在中国历史上,清代发生的文字狱数量最多,规模最大,持续时间最久。据统计,清朝文字狱有190余起,以康熙、雍正、乾隆三朝为最盛。清代文字狱的受害者人数多,有的是文字和书籍的作者,有的是作者家眷,有的是刊刻工人,有的是藏书家,有的是书贩,有的是读者,波及的人群广泛且没有原则。清廷采用的刑罚极其残酷,有的凌迟处死,有的立斩,有的斩监候,有的流放,加之株

---

① 龚自珍著,孙钦善选注:《龚自珍选集》,北京:人民文学出版社,2004年,75页。

连政策,制造出黑暗恐怖的氛围,让民众产生畏惧。清代文字狱从康熙年间开始,持续到嘉庆、道光时期还有发生,贯穿了整个清代前期。清代前期,比较著名的文字狱,诸如庄廷鑨的《明史》案,戴名世的《南山集》案,曾静、吕留良文字狱案,查嗣庭科场试题案,王锡侯的《字贯》案等。

2. 文字狱的本质

清代初期,统治者用文字狱残酷镇压具有反清思想的汉族读书人;清代中期社会稳定,统治者用文字狱打击朋党和控制思想言论。总之,文字狱是清代前期统治者为了维持统治和维护自身利益的控制手段和工具。乾隆四十三年(1778),湖南巡抚李湖在给乾隆的奏折中说:"士风浇漓,冠履不辨,凡稍识之无之人句读未明,动辄掉弄笔墨,冒上无等,锢习相沿,恬不为怪,若非申明国宪示以创惩,俾咸知警改,必致旧染日深,罔知大义,殊与风俗人心所关非细。"①这段话既揭示了清统治者以文字狱惩治读书人的意图和手段,也表露出文字狱的本质和目的是对读书人进行思想言论控制。清代文字狱的实施结果也验证了文字狱的工具性本质:"清朝通过大兴文字狱,文人们吓得不再开口了,只好将精力用在考订、注释古籍上。文字狱成了统治者禁锢思想、巩固专制统治的一个有效手段。"②可见,文字狱是清代前期统治者用来加强社会思想控制的一个手段。

清廷是如何使用文字狱这个手段的呢?

首先,湖南巡抚李湖奏折中说道"申明国宪示以创惩",如果这里的"国宪"可以理解为清廷在文字狱中依照的法律的话,那么清廷关于文字狱的法律条文有哪些呢?据了解,《大清律例》中涉及文字狱

---

① 上海书店出版社:《清代文字狱档》,增订本,上海:上海书店出版社,2011年,217页。
② 李钟琴:《中国文字狱的真相》,台北:国家出版社,2011年,371页。

案件的条文不多,例如:①

> 上事奏事误犯御名及庙讳者,杖八十。(《吏律·公式》)
> 生员不许一言建白,违者革黜,以违制论。(《礼律·仪制》)
> 凡造讖纬妖书妖言及传用惑众者皆斩。(《刑律·盗贼上》)
> 凡私家收藏……应禁之书……者杖一百。(《礼律·仪制》)

纵观清代文字狱案件,清廷在具体执行时,往往将书中文字及其"思想方式"定为"悖逆",治罪量刑也不依据上述条文,而是多以"悖逆"论罪。

其次,清廷对发现的所谓"悖逆"言论是否治罪,若治罪如何治罪,一般涉及文字狱案件都直接上报皇帝,由皇帝裁决。后人在裁决的谕旨等档案中发现,最终制裁基本不是依法论罪,多是随统治者意志而定,借口与国宪之说相违背,而国宪之说只是统治阶层的托词。从已知的文字狱档案中,我们发现清廷并不是依据法律对文字狱受害者定罪量刑和实施刑罚;清廷仅从书籍和文字中罗织罪名,其作者和案件牵连受害者往往并没有违法犯罪行为。可以说,多数文字狱的发生,是清廷"欲加之罪,何患无辞"的结果。

在清代,文字狱的处理是以清朝统治者的意志为标准的,并不是依据法律和对当事人犯罪行为的判断来对当事人治罪的。与此相类似,同时期的普鲁士政府发布了"书报检查令",以强化统治者对书籍文字的控制,马克思在 1842 年发表了《评普鲁士最近的书报检查令》,②其中对书报检查制度有很好的分析和批判。针对普鲁士政府"书报检查令"的条文:"对政府措施所发表的见解,其倾向首先必须

---

① 杨乾坤:《中国古代文字狱》,西安:陕西人民出版社,1999 年,15 页。
② 马克思:《评普鲁士最近的书报检查令》,见马克思、恩格斯《马克思恩格斯全集》,第 1 卷,中共中央马克思恩格斯列宁斯大林著作编译局译,北京:人民出版社,1956 年,16 页。

是善良的,而不是敌对的和恶意的;为了对二者加以区别,就要求书报检查官具有善良的意志和鉴别的能力。"马克思认为:"这样一来,作家就成了最可怕的恐怖主义的牺牲品,遭到了怀疑的制裁。"首先,判断"对政府措施所发表的见解"的倾向是"善良的"还是"敌对的和恶意的"的标准不是客观的,而是主观的"倾向"。其次,对"倾向"的判断是依据"书报检查官""有善良的意志和鉴别的能力",这里"善良的意志"也不是一个客观的标准,执行判断的"书报检查官"只能依照统治者和个人的主观意志来判断。由此可知,对书报作者发表的见解,不是以客观标准为审查依据,而是以统治者的意志为依据。统治者的意志处于非理性状态时,"作家就成了最可怕的恐怖主义的牺牲品,遭到了怀疑的制裁"。马克思接着说道:"凡是不以行为本身而以当事人的思想方式作为主要标准的法律,无非是对非法行为的公开认可。"① 根据这样的理论,文字狱最重要、最本质的特征是:不以作者的行为方式作为主要罪证,而仅仅从作品的文字推求作者的思想倾向而置之以法。按照今天的法律观点来看,一切文字狱都是非法的,都是恐怖主义法律的产物。② 据此来判断,清代前期的文字狱都是非法的,清代前期的文字狱受害者都是清廷恐怖主义手段的牺牲品。

3. 历史评论与批判

清代文字狱的问题和恶劣影响,不仅如清代时人龚自珍所指出的那样,"避席畏闻文字狱,著书都为稻粱谋",鲁迅更是秉笔直书,批文字狱为"脍炙人口的虐政"。③ 这些批判并不为过,因为"清代文字狱最为残酷、最为荒唐。有清一代,文网之密,文字狱数量之多、规模之大、株连之广、治罪之严酷,都达到了历史上前所未有的程度,可谓

---

① 马克思:《评普鲁士最近的书报检查令》,见马克思、恩格斯《马克思恩格斯全集》,第1卷,中共中央马克思恩格斯列宁斯大林著作编译局译,北京:人民出版社,1956年,16页。
② 郭成康、林铁钧:《清朝文字狱》,北京:群众出版社,1990年,3页。
③ 鲁迅:《且介亭杂文》,北京:人民文学出版社,1958年,130页。

血雨腥风,登峰造极。在令人战栗的文化恐怖政策下,文人学子动辄得祸,只好泯灭思想,丢掉气节,或者死抱住八股程式,背诵孔孟程朱的教诲以求科举入仕;或者远离现实,远离敏感的领域,一头栽入训诂、考据的故纸堆中去讨生活。"①清代文字狱造成如此影响,亘古罕见。文字狱对读书人的残害是最为深刻的,"对于中国古代的读书人而言,最惨痛的磨难,莫过于文祸与文字狱了。对于中国古代读书人的命运而言,最令后世战栗震烁而又触目心惊的,也莫过于文祸与文字狱了"。② 后世对文字狱的批判和反思未曾断绝,因为反思的目的是以史为鉴,吸取历史教训,希望统治者能依法治国,对待读书人更加包容,对书籍字纸更加敬惜,让社会发展得更加健康更加文明。

二、文字狱式阅读控制

在上文分析了文字狱是什么和对文字狱本质了解的基础上,我们将从阅读史研究和读者研究的角度,进一步反思清代文字狱的指向和这一手段的实施情况。清代文字狱的非法性和其恐怖主义手段的本质,决定了文字狱是清廷意识形态领域控制的一种手段。这种手段从表面看是对图书和作者的惩罚,由于"图书的受众是读者,图书是否遭到禁止直接对读者产生影响",③因此,这种手段最终是对阅读的控制,即对读书人能与不能读书,读书人敢与不敢读书,读书人能读什么书与不能读什么书的严格控制。清代文字狱的主要对象是读书人,查禁所谓"悖逆"的书籍和文字,杀戮或残害相关书籍的作者、收藏者和传播者,禁毁涉案书籍和书版,其最终指向是读书人不

---

① 戴逸:《繁露集》,北京:中国社会科学出版社,1997年,35页。
② 王彬:《禁书·文字狱》,北京:中国工人出版社,1992年,260页。
③ 齐格弗里德·洛卡蒂斯、英格里德·宗塔格等:《民主德国的秘密读者》,吴雪莲译,北京:社会科学文献出版社,2013年,25页。

敢、不能读到清廷不想让民众读的书。由此,我们认为清代的文字狱是一种阅读控制的手段,其最终目的是控制读者的阅读行为和活动,控制阅读发生的过程。

　　由此逆推,清代统治者为什么不让读书人读这些书,导致读书人不敢读这些书呢?清代统治者为什么要查禁销毁这些书籍呢?这也就是清廷为什么要进行阅读控制。清廷害怕民众读书,特别是读这些他们以主观意志定为"悖逆"的书籍。他们害怕读书人读了这些书之后,会有威胁清廷统治的行为,但是自始至终我们没有看到文字狱案中有关这种行为发生的记载,只看到清廷对阅读行为的严厉控制。例如在"谢济世著书案"中,乾隆六年(1741)九月,乾隆皇帝在谕旨中曰:"朕闻谢济世将伊所注经书刊刻传播,多系自逞臆见,肆诋程、朱,甚属狂妄……谢济世辈倡为异说,互相标榜,恐无知之人为其所惑,殊非一道同风之义,且足为人心、学术之害。"可见乾隆皇帝认为谢济世所注释的经书与程朱注释的经书不一致,就将其定其为"狂妄",并且害怕这些书经过刊刻传播后被其他民众看到,"恐无知之人为其所惑",对人心有不利。因此,乾隆皇帝命令湖广总督孙嘉淦到任后,"将谢济世所注经书中有显与程、朱违悖牴牾或标榜他人之处,令其查明具奏,即行销毁",①幸而有乾隆帝称赞"谢济世为人朴直,颇知自爱,其居官操守甚好,奉职亦勤",②他才保全性命,但是其所注经书还是难逃被销毁的遭遇。

　　例如在"戴移孝《碧落后人诗集》案"中,乾隆四十五年(1780)五月,乾隆皇帝谕旨:"前据闵鹗元奏查有和州逆犯戴移孝及伊子戴昆所著《碧落后人诗》《约亭遗诗》二本,阅其书内悖逆之处甚多,殊属可恶,已将二书销毁矣,其作序之鲁之裕身任道员,敢为逆犯作序,使其

---

① 上海书店出版社:《清代文字狱档》,增订本,上海:上海书店出版社,2011年,3页。
② 上海书店出版社:《清代文字狱档》,增定本,上海:上海书店出版社,2011年,4页。

人尚存必当重治其罪,今已身故,姑免深究,但此书刊刻多年,留存断不止二本,现据戴昆之孙戴世道供称《约亭遗诗》系乾隆十年在湖广刻印,恐楚省尚有收藏之家,着传谕闵鹗元、富勒浑等饬属严查,如有此书版片及抄本、刻本,即行解京销毁,其余别省亦恐有流传之处,并着各该督抚等实力查缴,俾狂吠诗词搜毁净尽,以正风俗而厚人心,倘有片纸只字存留,将来别经查出,惟该督抚等是问。"①此案中,为诗集作序的鲁之裕因为已去世才免于深究,诗集的作者戴移孝及其家属都难逃横祸。乾隆四十五年(1780)七月谕旨:"戴移孝、戴昆着戮尸示众,戴世道着即处斩,其缘坐之戴用霖、戴世德、戴世法着加恩改为应斩监候,秋后处决。"②所用极刑如戮尸示众等,其惨烈程度难以形容,而这仅仅是文字狱之一例。清代文字狱中有千百人受此残酷刑罚,可见文字狱之凶残。从前文谕旨中可看到,皇帝不仅命令销毁所有相关书版及抄本、刻本,还担心"其余别省亦恐有流传之处",所以命令要销毁干净,唯恐"片纸只字存留"。在这些文字狱案件中,我们没有看到清廷对书籍作者和相关人员有犯罪违法行为的叙述,只看到他们对其凶残制裁的一面,他们担心这些书籍的存在和流传,所以刑罚无不用其极,对书籍的销毁,严令要不留片纸只字。其目的无非是人亡书毁,让民众不能读到这些书,也不敢读这些书,控制民众阅读所谓有"悖逆"的书籍,从而维持其统治,维护其利益。

谁是文字狱式阅读控制的主要决策者和执行者呢?清代文字狱的最高审判和裁决者是当朝皇帝,这一点可以在文字狱案件中看到,命令销毁书籍和书版的是皇帝,判决是否杀戮作者的也是皇帝。执行这些命令和裁决的是案中的各级官员。例如在上述的"谢济世著书案"和"戴移孝《碧落后人诗集》案"中,乾隆帝掌控着对书籍作者和

---

① 上海书店出版社:《清代文字狱档》,增订本,上海:上海书店出版社,2011年,293页。
② 上海书店出版社:《清代文字狱档》,增订本,上海:上海书店出版社,2011年,302页。

涉案人员生杀予夺的大权，凭个人意志裁决，并未依法客观公正论处之词，谢济世免于死刑，戴移孝及其家属则惨遭极刑。再例如发生在乾隆二十二年(1757)的"陈安兆著书案"，湖南巡抚富勒浑最初上奏说一时不能指出陈安兆著书中"有无暗藏狂悖之言"，①再上奏时说"诗稿中虽无大逆不道之语，但词句狂放疵谬颇多，尤恐有隐含谤讪之意"，②这些只是无根无据的猜测和怀疑，富勒浑怀疑书中"恐有隐含谤讪之意"，这是何等荒谬之事！清代文字狱中这类执行官员的主观臆断和"怀疑"不胜枚举，由此可见一斑，也佐证了马克思所批判的"书报检查官"依靠"善良的意志和鉴别的能力"之谬。案件中的湖南巡抚富勒浑不仅无"善良的意志"，更无理智的"鉴别的能力"，他自称不懂诗文，但是仅凭"怀疑"就上奏此案。所以仅从执行者的角度来看，清廷所用的大量类似文字狱执行官员，是清廷文字狱数量如此之多、规模如此之大、危害如此之深的一个重要因素。我们再回到"陈安兆著书案"中来，最后皇帝作为裁决者，对此案的谕旨如下："所奏殊为过当。此事在富勒浑于文义本不甚深……朕阅该生所著《大学疑思辨断》《中庸理事断》二书虽不无违背朱注，支离荒谬，要不过村学究职解肤浅妄矜著作……此案无容再行办理，富勒浑、毛辉祖俱着申饬。"③从皇帝的裁决来看，首先，他指出了富勒浑等人自身学问浅薄，不能识辨问题真假，并给予他们警告，可见文字狱的最终标准是最高统治者的意志，执行人员的怀疑和主观臆断不能作为裁决依据。其次，皇帝认为陈安兆著的《大学疑思辨断》《中庸理事断》二书，虽然也有违背朱子的注释之处，但是那只不过是浅陋之见，没有什么大的不当之处，因此没有对陈安兆治罪，也没有销毁其图书。前后相比，

---

① 上海书店出版社：《清代文字狱档》，增订本，上海：上海书店出版社，2011年，82页。
② 上海书店出版社：《清代文字狱档》，增订本，上海：上海书店出版社，2011年，83页。
③ 上海书店出版社：《清代文字狱档》，增订本，上海：上海书店出版社，2011年，84页。

谢济世的书与朱子之说有违背之处，其书被销毁，此案中陈安兆无罪而且其书也未被销毁，让我们再一次见证了清代文字狱的最高裁决权由皇帝掌控。案中的朝廷和地方官员，是清代文字狱的具体操办者和执行者。

第三个问题是，文字狱式阅读控制到底在控制什么？清廷在文字狱中采取的措施和手段，其力度之强，制裁之严厉，一定是针对他们认为非常关键的东西。我们分析认为，清廷主要控制阅读过程的关键环节，控制了这些环节，其目的就能达成。首先，控制图书的生产环节，即作者撰写图书是受清廷文字狱重点审查和控制的环节，清廷禁止作者写有违统治者意志的书籍和文字。这些有违统治者意志的书籍和文字一旦被发现，几乎就是书毁人亡。其次，控制图书的传播环节，包括控制书籍的刊刻印发、收藏流通。市场贩卖这些书籍也被严格控制，一旦发现将销毁书籍和书版，甚至所谓片纸只字都不能留。这两个环节，是书籍到达读者手上，即进入阅读环节的前期重要阶段，这个阶段是阅读行为发生的必要阶段，也是非常关键的环节，我们称之为阅读的前端，清廷文字狱所要控制的主要部分就是这个阅读前端过程中的一些关键环节。阅读前端的控制结果是，读者无法读到那些有违统治者意志的书籍。这也是清廷文字狱前端控制的目的和想要达到的效果。

(1) 控制图书的生产环节。例如发生在乾隆十八年(1753)的"刘震宇《治平新策》案"，江西金溪县生员刘震宇将所著的《治平新策》一书刊印，并先后呈送给一些地方官员，后被审查发现"其书内更易衣服制度等条实为狂诞"，我们不知道这是能够称为有罪，但是皇帝谕旨中就是这么写的，并将其定性为"乃敢逞其狂诞，妄訾国家定制，居心实为悖逆"。年逾70岁的刘震宇因此获刑，遭到处斩，其怪诞不经之处让人匪夷所思。"刘震宇既经解回江省，着鄂容安将该犯即行处斩,其书版查明销毁。"①刘震宇被处斩后,其书籍和书版也要被销毁。此案与其他文字狱案件本质相似,即清廷为了控制图书的生产和传播,对涉案书籍的作者罗织罪名,用残酷刑罚杀戮作者,销毁图书和书版,用以震慑民众,致使民众不敢写、不敢读"悖逆"之书。

发生在乾隆二十年(1755)的"胡中藻《坚磨生诗钞》案",谕旨中称"胡中藻所著《坚磨生诗钞》悖逆讥讪之语甚多",②现将审案人员发现和指责的问题列举一二:"(胡中藻)所刻诗题曰《坚磨生诗钞》,'坚磨'出自《论》鲁,孔子所称'磨涅'乃指佛肸而言,胡中藻以此自号,是诚何心?""坚磨"和"磨涅"驴唇不对马嘴,但是审查人员竟能发现这种内在关联,真是让人觉得荒谬不堪。"胡中藻以此自号,是诚何心?"此发难之词以诛心而论,全无根据。审查人员接着指出书中一句"一把心肠论浊清",发难道:"加'浊'字于国号之上,是何肺腑?"③这两处被发难的文字非常典型,代表了清代文字狱案件中大量类似的情况。由此可见,清代文字狱多是人为捏造和罗织的罪名,与书籍作者本人是否有违法犯罪行为无关,并且这些所谓的"悖逆"之处竟然被清代文字狱执行官员多次审查和上奏折反映情况,皇帝也阅读了大量这类奏折,还下谕旨对涉案作者进行制裁,其荒诞实在让人费解。"胡中藻《坚磨生诗钞》案",经皇帝和一些官员反复审查和研究,最后核定罪名和刑罚如下:"今大学士、九卿、翰詹、科道等公同确讯,屡经面对,佥请处以极刑,自属按律定拟,朕意肆市已足示众,胡中藻免其凌迟,着即行处斩,为天下后世炯戒。"《坚磨生诗钞》的作者胡中藻被处斩,是文字狱极其残酷的另一个案例。

"蔡显《闲渔闲闲录》案",发生在清乾隆三十二年(1767)。华亭

---

① 上海书店出版社:《清代文字狱档》,增订本,上海:上海书店出版社,2011年,31页。
② 上海书店出版社:《清代文字狱档》,增订本,上海:上海书店出版社,2011年,34页。
③ 上海书店出版社:《清代文字狱档》,增订本,上海:上海书店出版社,2011年,36页。

县举人蔡显因被人举报,故自己将《闲渔闲闲录》一书送呈官府,官员"详细检阅"后发现"其中诡诈悖逆语句甚多",后又审查蔡显的其他书如《宵行杂识》二本、《红蕉诗话》一本、《潭上闲渔稿》二本、《闲渔剩稿》一本、《老渔尚存草》一本、《续刻红蕉诗话》一本、《闲渔闲闲录》二本,尚有未刻书《老渔尚存草》一本、《闲渔闲闲录余》一本,发现《闲渔闲闲录》《宵行杂识》和《潭上闲渔稿》中"记载之事语含诽谤,意多悖逆",就上奏皇帝将书的作者蔡显及一些相关人员治罪,并对这些书籍和书版全部销毁。据记载,奏折曰:"蔡显合依大逆凌迟处死律凌迟处死。长子蔡必照年已十七应照律拟斩立决,次子包大、三子大慈保均年未及岁,应同伊妾朱氏、未字女三女俱解部给付功臣之家为奴……湖州书客吴姓所印《闲闲录》一百部卖与何处何人及其余各书现在分别查起,出示召令首缴,并飞咨浙江抚臣查追销毁……不法书籍查缴齐全同版片一并销毁。"①皇帝谕旨裁决也很残酷:"(蔡显)从宽改为斩决,伊子蔡必照亦着从宽改为应斩监候秋后处决"。② 从这个案件的裁决来看,执行官员和皇帝都倾向于酷刑,对71岁的作者蔡显斩决,对其子女株连处罚。其中对于刊印和售卖《闲渔闲闲录》一百部的湖州书客吴姓人,也命令要追查书籍流向,并命令将查获的书籍全部销毁。清廷对涉案作者和相关人员的制裁与刑罚,再一次说明了清廷采取文字狱这一手段的关键是控制图书的生产和传播,即控制阅读的前端环节,达到控制民众读书的目的。

发生在乾隆四十五年(1780)的"戴移孝《碧落后人诗集》案",据乾隆皇帝谕旨:"戴移孝及伊子戴昆所著《碧落后人诗》《约亭遗诗》二本……已将二书销毁矣……如有此书版片及抄本、刻本,即行解京销毁,其余别省亦恐有流传之处,并著各该督抚等实力查缴,俾狂吠诗

---

① 上海书店出版社:《清代文字狱档》,增订本,上海:上海书店出版社,2011年,85—87页。
② 上海书店出版社:《清代文字狱档》,增订本,上海:上海书店出版社,2011年,88页。

词搜毁净尽①。"此案中皇帝不仅命令销毁这些书籍和书版,而且另下谕旨"戴移孝、戴昆着戮尸示众,戴世道着即处斩,其缘坐之戴用霖、戴世德、戴世法着加恩改为应斩监候,秋后处决②"。《碧落后人诗》《约亭遗诗》二书的作者戴移孝、戴昆被处以极刑,其余家属也被株连处以死缓秋后处决,这也是一个书毁人亡的典型案例,作者和其书都是清廷要严格控制的主要对象。

(2)控制图书的传播环节。例如在"胡中藻的《坚磨生诗钞》案"中,张泰开任提督学政时,为胡中藻的《坚磨生诗钞》作序并编次刊刻,张泰开升迁为侍郎时继续刊刻传播这本书,乾隆在谕旨中称"(张泰开)见此悖逆之作不知痛心疾首,转为之刊刻传播,实乃丧心之尤",③指责帮助传播胡中藻的《坚磨生诗钞》一书的张泰开,已经丧失理智到了极点,命令他招供否则将治重罪。有大臣建议将张泰开革职和斩立决,后来皇帝从宽对待,罚他在尚书房行走效力赎罪。张泰开作为胡中藻的《坚磨生诗钞》一书的传播者,虽然逃过一死,但还是受到了严厉惩罚。后来江西巡抚胡宝瑔又缉拿到胡中藻的族侄胡论觉,发现他手上有一些诗文书籍,其中有胡中藻的诗文,因此上奏皇帝他会彻底搜查,并等"定案后一并奏明销毁"④这些诗文,可见胡中藻的诗文传播严格受到地方官员的监控,他们一旦发现就会上奏并销毁相关书籍,其文网之密,可以想象。

在"谢济世著书案"中,乾隆皇帝命令湖广总督孙嘉淦,"将谢济世所注经书中有显与程、朱违背牴牾或标榜他人之处,令其查明具奏,即行销毁"。⑤

---

① 上海书店出版社:《清代文字狱档》,增订本,上海:上海书店出版社,2011年,293页。
② 上海书店出版社:《清代文字狱档》,增订本,上海:上海书店出版社,2011年,302页。
③ 上海书店出版社:《清代文字狱档》,增订本,上海:上海书店出版社,2011年,35页。
④ 上海书店出版社:《清代文字狱档》,增订本,上海:上海书店出版社,2011年,61页。
⑤ 上海书店出版社:《清代文字狱档》,增订本,上海:上海书店出版社,2011年,3页。

在"蔡显《闲渔闲闲录》案"中,地方官员如其上奏所言,继续对湖州书客吴建千所刊印《闲闲录》的流向进行追查,追查结果在向皇帝的奏折中报告曰:"查吴建千所刷一百部之外尚有刷印二十部,前据蔡显呈缴五部,其余十五部送给黄锦堂等并寄书之工人朱驼子均应拿解究明,分别办理……"①对这些书流传给了哪些人,哪些人病故了,谁将此书送给哪些人了,蔡显将《闲闲录》一部作为喝酒之报酬,此书还被寄送至某人,但是由于无法收到而中途遗失等事无巨细地记录在案,要是作为一部书的流传史,这样的记载当是很有价值的史料。根据记载,最后这些书都被销毁,官员称"将缴到逆书尽行销毁,并令将未缴各书查追销毁"。② 从中我们看到,清廷文字狱执行官员要尽查书籍的传播,其目的虽是为了向皇帝显示忠诚,但也反映出统治者的意志是严格控制图书的传播,严禁这些书被民众看到和阅读。

在"齐召南跋齐周华《天台山游记》案"中,地方官员又发现了谢济世《梅庄杂记》一书,乾隆皇帝谕旨:"饬令地方官将已刷之书(《梅庄杂记》)及原刊版片尽行查出销毁,毋使稍有疏漏。"③前面对谢济世著书案件的裁决已有阐述,此案中因为又涉及谢济世的书《梅庄杂记》,乾隆皇帝发现后继续命令官员将书籍和书版全部销毁。

据"袁继咸六柳堂集案"文字狱档案记载,山西巡抚觉罗巴延查获,明人袁继咸所著、张自烈编辑的《六柳堂集》二本,"语多悖逆",所以建议将"其书本及版片俱当搜缴销毁",并将"各省咨查应缴书六十二种计二百一十六部,并残缺不全书二十一部,一并委员解送军机处销毁",④意思是,将查获的 62 种书和残缺不全的 21 部书,派人送往

---

① 上海书店出版社:《清代文字狱档》,增订本,上海:上海书店出版社,2011 年,91 页。
② 上海书店出版社:《清代文字狱档》,增订本,上海:上海书店出版社,2011 年,91 页。
③ 上海书店出版社:《清代文字狱档》,增订本,上海:上海书店出版社,2011 年,91 页。
④ 上海书店出版社:《清代文字狱档》,增订本,上海:上海书店出版社,2011 年,190 页。

军机处做销毁处理。皇帝因此谕旨各地督抚竭力查缴《六柳堂集》,①后来江西巡抚郝硕查获一批《六柳堂集》书籍和书版,上奏皇帝曰:"将现获之《未优轩集》抄本标贴黄签恭呈御览,并将查获《六柳堂集》七部零一本同版片三十八块一并解缴销毁。"②这是说将查获的《六柳堂集》七部零一本和其书版全部上缴销毁,并且将发现的规定查缴之外的袁继咸所著的《未优轩集》抄本也呈送给皇帝。在此案中,地方官员发现"语多悖逆"的《六柳堂集》一书后上奏皇帝,皇帝命令地方官员严格查缴此书,各地官员不敢怠慢,纷纷上奏查获情况,有的将查获的《六柳堂集》上缴销毁,有的查缴了作者的其他书籍,总之,该案作者的书及其书版都是要缴获和销毁的对象,其目的也是严格控制这些书的传播。

发生在乾隆四十四年(1779)前后的"刘峨刷卖《圣违实录》案",也颇让人费解。其中一位无知的书贩,因为贩卖《圣违实录》,被河南地方官发现后上报,河南巡抚郑大进竟将此案上奏皇帝,皇帝还专门下谕旨给军机大臣,随后多个地方的官员又上奏折禀报案情,皇帝在河南巡抚的奏折上朱批"三法司核拟具奏",③刑部会同都察院、大理寺一起核实案件,并拟奏折将书贩刘峨斩立决。此案详情有文字狱档案为证,乾隆四十四年(1779)四月十六日,刑部、都察院、大理寺在奏折中曰:"据河南巡抚陈奏称,案准前抚臣郑大进移交祥符县民李伯行、刘峨等刷卖《圣违实录》一书。"档案还叙述了这本书的流传,最后认定刑罚:"李伯行、刘峨虽系乡愚无知,但各将书版先后存留,图利刷卖,匿不首缴,实与隐藏大逆无异,应如该抚所奏,李伯行、刘峨均依知情故纵隐藏大逆律,拟斩立决……此外因售卖已久,流传必

---

① 上海书店出版社:《清代文字狱档》,增订本,上海:上海书店出版社,2011年,191页。
② 上海书店出版社:《清代文字狱档》,增订本,上海:上海书店出版社,2011年,194页。
③ 上海书店出版社:《清代文字狱档》,增订本,上海:上海书店出版社,2011年,1075页。

多,臣并通咨各省一体查缴销毁以绝根株等语。均应如该抚所奏办理,俟该抚送到之版片、书本应即销毁。"①此案是一个图书贩卖传播的典型案例,清廷对于《圣违实录》这本书的流传严格控制,"乡愚无知"的书贩刘峨,既不是书籍内容的作者,也不知道书籍内容有何意义,但是他被作为此案的主犯,皇帝命三法司会同审议提出裁决建议,结果竟是判处斩立决这样的极刑。这一案例再一次说明清廷使用文字狱的高压手段严控书籍流通传播,使这些书无法在社会上流通传播,读书人不能得到并阅读这些书,最终控制了读书人对这些书的阅读。

综上所述,从阅读史研究和读者研究的角度看,在阅读控制的前端,文字狱作为清廷的一种手段,涉案书籍的作者被治罪,作者的论著及其相关书籍、书版均被销毁。

清代文字狱,不仅对写某些书和文字的作者进行残害与治罪,而且对传播或者辅助传播的人进行残害与治罪,还对刊刻印刷、收藏贩卖这些书的人进行残害与治罪,说明文字狱不仅仅针对作者本人,其核心矛头是指向这些书的产生源头和传播路径,其目的是不让民众阅读到这些书,导致读者不能读、不敢读这些书。因此,我们将清代文字狱称作阅读控制的手段和工具,其主要实施策略是控制和毁灭这些图书的产生源头和传播路径。控制的目的是让民众不能阅读到这些书,最终导致读者不能读、不敢读这些书。

另外,我们从文字狱档案中发现,禁毁的书不仅包括案件本身针对的书籍和文字,而且涉及作者的其他书籍,还包括作者收藏、刊印或者读过的书,有的书只因作者在所读书上做过批注也被禁毁,有的书经审查确定没有"悖逆"之处但是也被无原则地禁毁,涉案书籍的书版也被禁毁,从而导致清代文字狱中销毁的书籍数量非常大,至今

---

① 上海书店出版社:《清代文字狱档》,增订本,上海:上海书店出版社,2011年,1077页。

无法完整统计出准确数目。这些书被禁毁了,书版也被禁毁了,其结果就是民众无法读到这些书了。

第二节 禁毁图书与阅读的禁锢

一、禁毁图书

1. 什么是禁毁图书

在清代文化政策中,文字狱和禁毁图书是清廷实施阅读控制的主要手段和工具。在清代,文字狱和禁毁图书往往同时存在,有时是结合在一起实施的。例如在文字狱案件中,有很多作者的书籍与书版被销毁。但是文字狱案件中销毁的图书只是清代禁毁图书的一部分,并不能完整反映清代禁毁图书的历史。因此,我们另辟一节阐述清代禁毁图书的发生及其对社会发展和阅读的影响。

禁毁图书,包括禁书和销毁图书。禁书是清廷通过各种手段禁止图书刊印、传播,从而禁止读者阅读的书籍。销毁图书是清廷销毁已经或即将刊印、传播的书籍及其书版,从而禁止读者阅读的书籍。本文将禁书和销毁图书作为一个整体来阐述,其对象都是禁止读者阅读的书籍,其目的都是禁止图书的刊印和传播并控制阅读。

2. 禁毁图书的历史演进

清朝禁毁图书,从清初康熙时期开始,在清乾隆时期编纂《四库全书》前后最为严重。俞正燮《癸巳存稿》载:小说之禁,顺治九年(1652)题准,"琐语淫词,通行严禁"。顺治十六年(1659)十月,礼科右给事中杨雍建奏请销毁毁谤"四书"的书籍。《世祖章皇帝实录》记载,康熙表示:"滥刻《四书诸家辩》《大全辩》等书,畔道驳注,应令焚毁。并饬直省学臣校士,务遵经传,不得崇尚异说。"①由此康熙朝开启了清廷焚书的先例,并且严令不得毁谤"四书"等经传图书。康熙四十八年(1709)六月议准:"淫词小说及各种秘药,地方官严禁。"②康熙五十三年(1714)四月,九卿议定:"坊肆小说淫词,严查禁绝,版与书尽销毁,违者治罪,印者流,卖者徒。"③

雍正二年(1724),皇帝谕旨:"凡坊肆市卖一应淫词小说,在内交与都察院等衙门,转行所属官弁严禁,务搜版书,尽行销毁;有仍行造作刻印者,系官革职,军民杖一百,流三千里;市卖者杖一百,徒三年。买看者杖一百;该管官弁,不行查出,按次数分别议处,仍不许借端出首讹诈。"④雍正朝,不仅对书坊贩卖的淫词小说及其书版要全部销毁,而且对涉及的相关人员,如官员、军民、贩卖者以及买书的读者分别进行处罚。

乾隆元年(1736)覆准:"淫辞秽说,叠架盈箱,列肆租赁,限文到三日销毁,官故纵者,照禁止邪教不能察缉例,降二级调用。"⑤乾隆帝命令限期销毁相关书籍,对于纵容或不严查的官员要降级惩处。乾隆三年(1738),重申康熙朝禁令:"凡坊肆市卖一应淫词小说,在内交八旗都统、察院、顺天府,在外交督抚等,转饬所属官,严查查禁,务将书版尽行销毁。有仍行造作刻印者,系官革职,军民杖一百,流三千里;市卖者杖一百,徒三年。该管官弁不行查出者,一次罚俸六个月,二次罚俸一年,三次降一级调用。盖淫词秽说,最为风俗人心之害,

---

① 《世祖章皇帝实录》,卷一百三十,见《清实录》,第三册,北京:中华书局,1985年,1006页。
② 俞正燮:《癸巳存稿》,北京:中华书局,1985年,269页。
③ 俞正燮:《癸巳存稿》,北京:中华书局,1985年,269页。
④ 王利器辑录:《元明清三代禁毁小说戏曲史料》,增订本,上海:上海古籍出版社,1981年,32页。
⑤ 俞正燮:《癸巳存稿》,北京:中华书局,1985年,269页。

例禁綦严。但地方官奉行不力，致向存旧刻销毁不尽，甚至收买各种，叠架盈箱，列诸市肆，租赁与人观看。若不严行禁绝，不但旧版仍然刷印，且新版接踵刊行，实非拔本塞源之道。应再通行直省督抚，转饬该地方官，凡民间一应淫词小说，除造作刻印，《定例》已严，均照旧遵循外，其有收存旧本，限文到三月，悉令销毁。如过期不行销毁者，照《买看例》治罪。其有开铺租赁者，照《市卖例》治罪。该管官员任其收存租赁，明知故纵者，照《禁止邪教不能察缉例》，降二级调用。"①该禁令在严查书坊贩卖、刊印淫词小说和处罚当地官员的基础上，增加了对租赁小说者的治罪。

乾隆十八年（1753）谕旨称："皇祖圣祖仁皇帝……曾将五经及四子、通鉴等书，翻译刊行。近有不肖之徒，并不翻译正传，反将《水浒》《西厢记》等小说翻译，使人阅看，诱以为恶。甚至以满洲单字还音，抄写古词者俱有。似此秽恶之书，非惟无益，而满洲等习俗之偷，皆由于此，如愚民之惑于邪教、亲近匪人者，概由看此恶书所致。于满洲旧习，所关甚重，不可不严行禁止。将此交八旗大臣、东三省将军、各驻防将军大臣等，除官行刊刻，旧有翻译正书外，其私行翻写，并清字古词，俱着查核严禁，将现有者查出烧毁，再交提督从严查禁，将原版尽行烧毁。"②皇帝亲自命令严禁和销毁《水浒传》《西厢记》等小说的翻译本，并将书版全部销毁。

乾隆朝大规模禁毁图书，是从《四库全书》"寓禁于征"的命令搜辑古今群书开始的。乾隆三十七年（1772），乾隆帝在"命中外搜辑古今群书"的谕旨中说："朕稽古右文，聿资治理，几余典学，日有孜孜。因思策府缥缃，载籍极博，其巨者羽翼经训，垂范方来，固足称千秋法

---

① 索尔纳等纂修，霍有明、郭海文校注：《钦定学政全书校注》，武汉：武汉大学出版社，2009年，32页。
② 《高宗纯皇帝实录》，卷四四三，见《清实录》，第十四册，北京：中华书局，1986年，773—774页。

鉴……今内府藏书插架不为不富,然古今来著作之手,无虑数千百家,或逸在名山,未登柱史。正宜及时采集汇送京师,以彰千古同文之盛。其令直省督抚会同学政等,通饬所属加意购访。除坊肆所售举业时文,及民间无用之族谱、尺牍、屏幛、寿言等类,又其人本无实学,不过嫁名驰骛,编刻酬唱诗文,琐碎无当者,均无庸采取外。其历代流传旧书,内有阐明性学治法,关系世道人心者,自当首先购觅。至若发挥传注,考核典章旁暨九流百家之言,有裨实用者,亦应备为甄择。又如历代名人,洎本朝士林宿望,向有诗文专集,及近时沉潜经史,原本风雅。如顾栋高、陈祖范、任启运、沈德潜辈,亦各著成编,并非剿说卮言可比,均应概行查明。在坊肆者或量为给价,家藏者或官为装印,其有未经镌刊,只系抄本存留者,不妨缮录副本,仍将原书给还。并严饬所属,一切善为经理,毋使吏胥藉端滋扰。但各省搜辑之书,卷帙必多,若不加之鉴别,悉令呈送,烦复皆所不免,着该督抚等先将各书叙列目录,注系某朝某人所著,书中要旨何在,简明开载,具折奏闻,候汇齐后,令廷臣检核有堪备阅者,再开单行知取进。庶几副在石渠,用储乙览。从此《四库》《七略》益昭美备,称朕意焉。"①乾隆皇帝为编修《四库全书》而下令通过搜访、征求、购访等各种方式征集古今的书籍,并说明大致收集图书的范围。此举若从表面看,乾隆皇帝是真诚地求书"稽古右文",当是好事一件,但是其后不久其下令以各种名义禁毁所征集来的一些图书,则暴露出其本来面目,所以后来多有学者认为乾隆皇帝征集图书之举实质是"寓禁于征"。

乾隆三十九年(1774),其谕军机大臣等,下禁毁图书之令:"各省进到书籍,不下万余种,并不见奏及稍有忌讳之书,岂有裒集如许遗书,竟无一违碍字迹之理? 况明季造野史者甚多,其间毁誉任意,传闻异辞,必有抵触本朝之语,正当及此一番查办,尽行销毁,杜遏邪

---

① 《高宗纯皇帝实录》,卷九,见《清实录》,第二十册,北京:中华书局,1986年,4—5页。

言，以正人心而厚风俗，断不宜置之不办。"①清朝统治者，利用编纂《四库全书》的机会，销毁了大量书籍，给中国图书和中国文化带来了一场大灾难。

嘉庆七年（1802），禁坊肆不经小说，此后不准再行编造。嘉庆十五年（1810）六月，御史伯依保奏，禁《灯草和尚》《如意君传》《浓情快史》《株林野史》……嘉庆十八年（1813）十月，又禁止淫词小说。② 清代前期的统治者均对淫词小说等文学作品采取严厉禁止的措施，不许出版，对已出版的要销毁书和印书版。

由上述历史回顾可见，自顺治皇帝下令禁毁图书开始，一直到嘉庆朝，清代前期历任皇帝均有禁毁图书令，可见清代禁毁图书持续之久，而且皇帝对禁毁图书的具体范围和内容都有明确指示。特别是乾隆皇帝以编修《四库全书》为名"寓禁于征"，开展大规模禁毁图书运动，对古代图书造成的破坏非常大。

3. 禁毁图书的范围和数量

清代前期禁毁图书持续时间之长，范围之广，数量之大，亘古罕见，对中国古代文化典籍造成了巨大破坏。具体而言，"乾隆禁毁书籍的范围在四库开馆前主要包括小说、戏曲、明季野史。到了开馆后扩大到志书诗文、笔记小品等，除了经部之外，其余史、子、集三部无一幸免，这在乾隆四十三年（1778）十一月颁布的《查办违碍书籍条款》中，记载得十分清楚，它的主要精神是：反清的书籍绝对不许留存，必须全部焚毁；涉及辽东及女真诸卫字样的也视情况销毁；反清名士的书籍，俱应销毁；凡宋人之于辽金元，明人之于元，其书内记载事迹有用敌国之词，都要改正或销毁；各违碍文集俱应销毁或抽毁。这个条款把查缴禁书的时限上溯到宋元，大大超越明末清初的界限，

---

① 陈登原：《古今典籍聚散考》，上海：华东师范大学出版社，2010年，75页。
② 俞正燮：《癸巳存稿》，北京：中华书局，1985年，269—270页。

范围也更加广大。"①现将乾隆皇帝命大臣拟定的《查办违碍书籍条款》原文照录于此,②以便了解禁毁图书的大致范围。

　　一、自万历以前,各书内偶有涉及辽东及女直、女真诸卫……如查明实止系记载地名,应签出毋庸拟销;若语有违碍者,仍行销毁。

　　二、明代各书内,有涉及西北边外部落者,外省不明地理,往往概入应毁之处。但此等部落,俱《明史》鞑靼、瓦剌、朵颜等传所载,实无干碍,似应查明签出,毋庸拟销。若有语涉偏谬者,仍行销毁。

　　三、但及三藩年号,而别无违碍字句者,应查明签出,毋庸销毁。

　　四、钱谦益、吕留良自著之书,俱应毁除外,若各书有采用其议论诗词者,各条签明抽毁。

　　五、凡类书及纪事之书,应将其违碍之某门某类,抽出销毁。

　　六、凡宋人之如辽、金,明人之于元,其书记载事实,有用敌国之词,语句乖戾者,俱应酌量改正。如有议论偏激过甚者,仍行签出拟销。

虽然上述条款说明哪些书必须销毁,哪些书要抽毁,但是禁毁图书的边界仍然较为模糊。对于具体执行查缴和审核的官员,其把握的尺度和边界也难免更为扩大,因为官员如果漏检相关书籍,可能会因为失察而被处罚,所以他们宁可错毁一万,绝不使一书漏网。此外,由于一些官员的文化水平较低,因此他们将自己难以辨清的书籍

---

① 姚伟钧:《乾隆禁毁图书考论》,见庞子朝等《三网集》,武汉:武汉出版社,1991年,130—141页。
② 陈登原:《古今典籍聚散考》,上海:华东师范大学出版社,2010年,77—78页。

也纳入禁毁范围,例如在"陈安兆著书案"中,湖南巡抚富勒浑由于自身学问浅薄而"怀疑"陈安兆著的《大学疑思辨断》《中庸理事断》二书有谤讪之意。类似此等因素,使清代禁毁图书的范围更大,禁毁图书的数量更多。

对于清代禁毁图书的数量,历来没有完整而准确的统计数据。黄爱平在《四库全书纂修研究》中的统计结果如下:"在长达十九年的禁书过程中,共禁毁书籍三千一百多种、十五万一千多部,销毁书版八万块以上。至于民间因'书禁亦严,告讦频起,士民葸慎,凡天文、地理、言兵、言数之书,有一于家,唯恐招祸,无问禁与不禁,往往拉杂摧烧之',这类在统治阶级的高压政策下,被文人学士乃至一般民众自行毁掉的书籍,数量当也不在少数。"①

丁原基在《清代康雍乾三朝禁书原因之研究》中的统计结果如下:"就乾隆一朝所颁禁毁书目而言,从乾隆三十八年(1773)至四十六年(1781)间,各省巡抚所缴进应毁版片达十万片以上;各省开单进呈之挖改数目,十八省合计多达二千零五十四部;军机处所奏进应毁书目,全毁者七百四十九种,抽毁者四十种,另有应毁个人著作书目一百三十种;四库馆所奏进应毁书目,全毁者一百四十六种,抽毁者一百八十一种;红本处(查办禁书的机构)所查办之应毁明人书目七十六种;各省所查缴应毁书目共计千余种,其中虽不免重复,然禁毁之书,不可谓不多。"②

上述统计结果,除了在书版销毁数量上有些差异之外,都大致反映和说明了乾隆朝编修《四库全书》导致禁毁图书的情况。仅仅乾隆一朝禁毁图书的数量就如此之大,破坏程度如此之深,由此可见,清代前期当是历史上禁毁图书数量最大的时期,后人不断反思,吸取其

---

① 黄爱平:《四库全书纂修研究》,北京:中国人民大学出版社,1989年,78页。
② 丁原基:《清代康雍乾三朝禁书原因之研究》,台北:华正书局,1983年,1页。

中的教训。

4.历史评论与批判

清代前期,禁毁图书因范围之广,数量之大,后果之严重,影响之恶劣,常被后世反思和批判。章太炎读了《违碍书籍目录》后,撰《哀焚书》,直批道:"乾隆焚书,无虑二千种,畸重记事,而奏议文献次之,其阴鸷不后于秦矣。"①邓实在《〈禁书目合刊〉跋》中直呼:"盖自秦政以后,实以此次焚禁为书籍最大厄。"②孙殿起在整理《清代禁书知见录》时有感而发:"每叹我国古籍,自秦政焚书后,实以此次查禁为书籍空前浩劫。"③在回顾清代禁毁图书那段历史的时候,人们总是心情难以平静,除了情绪上的气愤和指责,我们更需要理智地反思。其教训是深刻的,需要我们不断唤起对历史的记忆,清醒地认识清代禁毁图书的本质和发展过程,意识到禁毁图书作为一种阅读控制手段给知识传播和文明传承所带来的深远影响,发现其背后运作的逻辑和轨迹,提醒后人当如何对待典籍与文明成果,如何敬惜字纸,如何在保存图书与保护文明的同时,将人类文明和社会发展继续向前推进。

二、禁毁图书式阅读控制

清代禁毁图书,作为清廷阅读控制的一种手段,其背后有着怎样的运作逻辑和轨迹,我们将从阅读史研究和读者研究的角度进行一番分析,以便更深入地理解清代禁毁图书的本质和发展过程,更明确地认识到禁毁图书作为一种阅读控制手段给知识传播和文明传承所带来的深远影响。

---

① 章炳麟:《訄书》,上海:古典文学出版社,1958年,155页。
② 徐雁、王燕均:《中国历史藏书论著读本》,成都:四川大学出版社,1990年,66页。
③ 孙殿起:《清代禁书知见录自序》,见《清代禁书知见录》,北京:商务印书馆,1957年,2页。

首先,为什么清廷要禁毁图书?除了我们在文字狱部分已经阐释的因素之外,禁毁图书的目的和所要达到的效果主要是禁止读者阅读书籍,即通过禁止图书刊印、传播和焚毁书籍,让读者无法读到这些书。

阿尔维托·曼古埃尔在《阅读史》一书中专设一章,讲述"禁止阅读"的问题,其中他引述了一段材料,这段材料相当有价值。他说,1660年英王查理二世颁布法令"将基督教的戒律灌输给大不列颠殖民地的当地人、仆人和奴隶",允许奴隶通过阅读《圣经》了解基督教戒律,此后大不列颠的奴隶主非常反对,"大不列颠的奴隶主并不信服这一套说法(法令中的理由)。他们一想到一群'有读写能力的黑人'就害怕,因为会读书后就可能在书本中找到危险的革命思想。他们不相信某些人所说的,局限于《圣经》的读写能力能强化社会拘束力;他们体认到,假如奴隶能够阅读《圣经》,他们可能也会读废奴论者的论文,即使在这些《圣经》文字中,奴隶也可能发现反抗与自由的煽动性观念。反对查理法令最强的是在美国的殖民地,而其中又以南卡罗莱纳州为最,在那里,一个世纪之后,正式宣布了严格的法规,黑人,不论是奴隶或自由人,都禁止受教阅读"。① 这段材料反映了当权者和利益占有者(奴隶主),不希望被统治者(奴隶)有阅读写字的能力,即使让奴隶阅读《圣经》,奴隶主都心怀恐惧。

阿尔维托·曼古埃尔继续深入思考,剖析和揭示了历史上一切禁书的本质:"历来的独裁者都知道,文盲群众最容易统治;因为阅读的技巧一旦学会就无法抹消,退而求其次,只能限制它的范围。因此,书籍和其他人类创造物不同,一直是专制统治者的眼中钉。绝对的权力要求一切读物都得是官方读物;不要整座图书馆的嘈杂意见,

---

① 阿尔维托·曼古埃尔:《阅读史》,吴昌杰译,北京:商务印书馆,2002年,343—344页。

统治者的话就是一切。"①这样的剖析入木三分,禁书是独裁和专制统治者的一个工具,禁书的目的,首先是不让人读书,那样民众就没有阅读技能;即使民众有了阅读技能,退一步的策略是,控制读者可阅读的范围。阿尔维托·曼古埃尔引用了伏尔泰在一本讽刺小册子《关于阅读的可怕危害》(Concerning the Horrible Danger of Reading)中的一句话:书本"驱除蒙昧,而蒙昧向来是完美控制之国家的监管与保护工具"。这句话明确揭示了禁书是控制阅读的工具本性。阿尔维托·曼古埃尔还记述了中西方历史上几次禁毁图书的大事件,他说:"各种花样的检查制度就是施展控制力的必然结果,而阅读的历史就被检查官一连串似乎无止境的烟火所照亮,从最早的莎草纸卷到这个时代的书籍。普罗泰戈拉(Protagoras)的著作于公元前411年在雅典被烧毁。公元前213年,中国的秦始皇烧掉国土内所有的书籍,让百姓不得阅读。公元前168年,耶路撒冷的犹太图书馆(Jewish Library)在马卡比父子(Maccabees)领导的暴动中遭蓄意摧毁。1世纪时,奥古斯都将诗人加鲁斯和奥维德放逐,并查禁了他们的作品。罗马暴君卡利古拉命令将荷马、维吉尔和史学家李维的所有著作烧毁。303年,戴克里先将所有基督教书籍丢入火堆。"②

在此,我们引述西方学者对西方历史中禁毁图书现象的记录,目的不是为清廷实施禁毁图书的恶行寻找心理平衡,而是让我们意识到,无论在西方还是在中国,历史上都曾经发生过禁毁图书的悲剧,但是人同此心心同此理,后人都在对这样的恶行进行深刻反思。分析禁毁图书的原因和目的是为了认识到其阅读控制的本质,铭记禁毁图书的历史是为了走向更美好的未来,在反思中汲取教训,在铭记历史中养成敬惜字纸的观念,只有更好地保存文献,人类文明才能走

---

① 阿尔维托·曼古埃尔:《阅读史》,吴昌杰译,北京:商务印书馆,2002年,345页。
② 阿尔维托·曼古埃尔:《阅读史》,吴昌杰译,北京:商务印书馆,2002年,346页。

得更远。

其次,谁是禁毁图书式阅读控制的主要决策者和执行者呢?从历史档案中我们可以看到,清代皇帝是禁毁图书的最高命令者,禁毁图书的大致范围也由皇帝划定,大臣根据皇帝旨意拟定《查办违碍书籍条款》,皇帝审定后颁布给各执行机构和地方官府来照办。执行禁毁图书的人员,主要由清代所设置的专门机构和相关机构的官吏组成。

清代皇帝多次下达谕旨命令官员禁毁图书,例如在四库馆开馆前,乾隆三十三年(1768),乾隆皇帝就下令地方官员禁毁图书:"此等悖谬语言既已刊刻成书(李绂的《文集》),倘仍听其谬种流传其于世道人心贻误不浅,所有各项书本版片该抚可逐一查明即行销毁,毋令稍有留遗"。① 因而,李绂的《文集》被地方官销毁。

乾隆三十四年(1769),乾隆帝颁布谕旨令地方官将钱谦益的书销毁,不能让他的书流传,曰:"钱谦益业已身死骨朽,姑免追究,但此等书籍,悖理犯义,岂可听其流传,必当早为销毁。着各该督抚等,将《初学》《有学》二集,于所属书肆及藏书之家,谕令缴出。"②乾隆帝又命令督抚从书肆和藏书家那里查缴钱谦益的著述。此外,对于钱谦益著作的刊印书版和在售、流通书籍,也必须全部查缴并销毁,不得稍有留存,"俾令尽行缴出,毋使稍有存留,钱谦益籍隶江南,其书版必当尚存,且别省或有翻刻印售者,俱着该督抚等即将全版尽数查出,一并送京,勿令留遗片简"。③

乾隆三十九年(1774),乾隆帝向军机大臣等下达禁毁明季野史等图书的命令:"各省进到书籍……明季造野史者甚多,其间毁誉任

---

① 上海书店出版社:《清代文字狱档》,增订本,上海:上海书店出版社,2011年,104—105页。
② 《高宗纯皇帝实录》,卷八三六,见《清实录》,第十九册,北京:中华书局,1986年,155页。
③ 《高宗纯皇帝实录》,卷八三六,见《清实录》,第十九册,北京:中华书局,1986年,155页。

意,传闻异辞,必有抵触本朝之语,正当及此一番查办,尽行销毁。"①

乾隆五十三年(1788)五月,乾隆帝在《寄谕两江总督书麟等各严饬所属悉心查察应禁各书》谕旨中,命令各督抚继续严查禁书,发现禁书即将其送到北京销毁:"严饬所属,悉心查察,如应禁各书,该省尚有存留之本,即行解京销毁,务宜实力查办,俾搜查净尽,毋得久而生懈。"②皇帝命令各地官员禁毁图书,要"悉心"查办,要付出全力和"实力",还督促各地官员不能因为时间久了就有所松懈。

皇帝下令禁毁图书是最高决定,具体还看怎么执行。清廷为执行禁毁图书的命令,在中央和地方专设有禁毁图书的机构和人员,并有一套操作程序。我们可以参考雷梦辰的记述。在乾隆帝大规模开始禁毁图书的初期,"中央至地方都系统地组织了大批检查人员,并建立了查办机构。中央的承办机构按禁书的来源在内阁分设三处办理:一是红本处,专司办理内阁固有旧书;二是办理四库全书处,专司查办各省采进之遗书;三是军机处,专司办理各省督抚奏缴进呈之违碍书籍。地方则在各省、府、州、县衙门设有收书局,收书局局员负责查办本地区的藏书及书肆之书。凡经查出的违碍书籍,都由收书局送交布政使司转呈本省督抚详细酌定。经督抚审定,列为应毁书之后,即详细开单汇折进呈,委妥便之员解军机处转办理四库全书处覆加查核。四库馆总纂纪昀、陆锡熊等协同各纂修承办此事,同时清帝弘历亦亲加批览。办理四库全书处承办之员覆核之后,将各书内违碍之处,逐条写成黄签,贴在书眉,再详细开单并汇折奏明进呈,请旨销毁,经清帝弘历审批之后,即转知原办督抚令其将奏准之书目单咨文各省,通行查办。"③清廷禁毁图书式阅读控制是真刀真枪的,可以

---

① 陈登原:《古今典籍聚散考》,上海:华东师范大学出版社,2010年,75页。
② 《寄谕两江总督书麟等各严饬所属悉心查察应禁各书》,见中国第一历史档案馆《清代档案史料·纂修四库全书档案》,下,上海:上海古籍出版社,1997年,2121页。
③ 雷梦辰:《序》,见《清代各省禁书汇考》,北京:书目文献出版社,1989年,1页。

看到,清代前期执行禁毁图书的机构有一个相对成熟的体系,禁毁图书的运作是有目的、有组织、有程序、有要求和有标准的。这更加让我们清醒地认识到乾隆皇帝"寓禁于征"的本质,也看到清廷实施阅读控制手段的内在运作逻辑。

最后,清廷禁毁图书在到底在控制什么? 可以从如下两个方面理解这个问题。

一方面,清廷通过禁止图书刊印、传播,禁止读者阅读相关书籍,控制图书出版和读物市场,控制读者的阅读对象和内容。

屈大均的诗文著作,从雍正朝开始被列为禁书,但是到了乾隆朝,地方官员还搜查到屈大均的遗书,并追查到其族人屈稔浈等收藏有屈大均的著述。乾隆三十九年(1774),两广总督李侍尧和广东巡抚德保上奏皇帝曰:"奉谕查缴遗书,留心体察,于书肆中觅有屈大均所著《广东新语》一部,检阅虽无忌讳,但查屈大均前因妄撰诗文语句悖逆雍正七年间审办有案,今《新语》一种坊间尚有售卖,恐别项书籍销毁亦有未尽,密令礼房书办简上就屈姓之人体访,旋据禀称,伊有幼甥林亚璧现在屈稔浈蒙馆读书,稔浈系屈大均同族,因往探问,告以现奉本官查取屈大均文籍,据云家有《文外》三本。"①经过严密追查,地方官员在屈稔浈处查缴《文外》三本,在屈昭泗处查缴《文外》四本。在屈大均遗书查缴案中,乾隆皇帝谕旨将所查获的书籍全部销毁,"将其书销毁",②并命令各督抚严格查缴违碍书籍,及时呈献并销毁禁书,"传谕各督抚再行明白晓谕,此时即速呈献尚不为晚,不过将不应收藏之书尽行销毁"。③ 此时距屈大均逝世已经 80 年了,可见清廷对禁书查缴持续时间之长,对禁书查缴之严,让清廷所禁书籍无法

---

① 上海书店出版社:《清代文字狱档》,增订本,上海:上海书店出版社,2011 年,132 页。
② 上海书店出版社:《清代文字狱档》,增订本,上海:上海书店出版社,2011 年,134 页。
③ 上海书店出版社:《清代文字狱档》,增订本,上海:上海书店出版社,2011 年,134 页。

存世和传播,最终让读者无法读到这些书,所以清廷控制阅读的力度和效果十分明显。

清廷为了加大查缴禁书的力度,铺开一张查禁"违碍书籍"的大网,覆盖全国,具体而言是清廷将禁书书目分发给各地方官员,指导他们按照清单所列书目进行查缴。乾隆四十二年(1777),江苏省率先刻成禁书书目,分发各州县教官巡典查照,晓谕士民逐一检点,以后各省均可有简明《违碍书目》。① 后来河南巡抚为了加大查缴禁书的力度,找到"江苏省所刊禁书名目,统计不下九百余种",以此书目为参照,刊印后"分发各府州县学各官,转发各坊肆及藏书之家",②查禁违碍书籍。各地方纷纷照例刊印禁书书目,依此查禁"违碍书籍"。这样一张大网,将所列禁书封堵查缴,图书几乎无法流通传播,这就阻断了书籍与读者之间的连接,使读者无法读到这些书籍,也控制了读者的阅读活动。

另一方面,清廷通过销毁已经或即将刊印、传播的书籍及其书版,控制读书人的藏书内容和范围,销毁严禁读书人收藏的图书;控制读物市场,销毁书版,让这些书无法传播到读者手上,达到控制读者阅读的目的。

乾隆四十七年(1782),四库馆正总裁英廉就禁毁图书的一个程序性问题,上奏折向乾隆皇帝阐明情况:"查应行全毁各书,亦系从各省所进遗书中检出,恐外间未奉明禁,尚有留存,臣现在开缮清单,行知各该督抚,令其遵照严查解京销毁,毋使少有遗留。其应行抽毁之本,亦将应抽各条详悉开明知照,令其将应毁篇页严行查抽封固,一

---

① 胡道静、林申清:《四库书目家族》,载《古籍整理研究学刊》,1991年第1期,19—26页。
② 《河南巡抚郑大进奏现在查办违碍书籍章程并遵旨予限二年办理折》,见中国第一历史档案馆《清代档案史料·纂修四库全书档案》,上,上海:上海古籍出版社,1997年,954页。

体解毁。如有原版者,将版内一并查明铲毁。"① 这是说,目前应该全毁的书籍,是从各省查缴的书目中核查整理出来的,由于各省查缴书目的差异可能导致一些书仍然留存在民间,因此英廉等四库馆大臣建议,对于应全毁的书籍列一个书目清单,将其分发给各地督抚,让他们参照这个书目清单查缴并送到京城销毁相关书籍;对于应抽毁的书籍,也列一个详细清单,将其分发给各地督抚,让他们照此执行;有书版的也一并销毁。这样的操作程序,能够保证彻底查缴和禁毁图书。此后,各地督抚按照四库馆所列的书目清单进行查缴。由此可见清廷布有天罗地网,使很多书籍插翅难逃,最终彻底被清廷禁毁,因此读书人也基本无法读到这些书籍。

发生在乾隆四十六年(1781)的"尹嘉铨为父请谥并从祀文庙案"中,乾隆皇帝谕旨严查尹嘉铨所著书籍,并命令将尹嘉铨所著书籍及其书版销毁,"据英廉、袁守侗查抄尹嘉铨京寓及本籍所著各书,其中狂妄悖谬之处不可枚举,业经饬令销毁,尹嘉铨悖谬书籍既多,其原籍亲族戚友必有存留之本,着传谕袁守侗明切晓谕,令其将书籍、版片悉行呈出,毋任隐匿,一并解京销毁。至尹嘉铨曾任山东、山西、甘肃司道,其平日任所必有刊刻流传之处,并着传谕该督抚等详悉访查,如有书籍、版片即行解京销毁,倘查办不实致有隐漏,别经发觉必将原办之该督抚等治罪,所有查出各书原单着抄寄各督抚遵照严切办理,如有单内未经查开而直隶及各省别有刊刻尹嘉铨所著诗文,亦即详查书本及版片解京,将此一并谕令各省督抚知之"。② 这又是一个典型的彻查并禁毁图书的文字狱案,其中皇帝严令将尹嘉铨亲友所藏尹嘉铨著作、书版全部销毁;将尹嘉铨曾任职于山东、山西、甘肃

---

① 《大学士英廉奏复核各省应行抽毁各书情形并开单行知各省遵办折》,见中国第一历史档案馆《清代档案史料·纂修四库全书档案》,下,上海:上海古籍出版社,1997年,1550—1551页。
② 上海书店出版社:《清代文字狱档》,增订本,上海:上海书店出版社,2011年,375页。

各地流传的尹嘉铨著作、书版全部销毁；其余各地按照禁书目录查缴，将发现刊印的尹嘉铨著作、书版全部销毁。这样彻底搜查和禁毁某作者的著述及书版的现象，在清代禁毁图书过程中频繁发生。可以想象，在如此严密控制和高压政策之下，书籍的刊印和传播是何等之难，读者要读到这些书的可能性微乎其微。再进一步反思，清廷费这么大力气禁毁一部部图书，意欲何为？如果说只是为了禁书和烧毁书籍，清廷大可不必如此。其根本目的是控制和禁止这些书籍被民众阅读，因为清廷最为担心的是这些书籍若被民众读了可能会对清廷的统治和利益造成威胁，只有这样理解，才能把握清廷实施文字狱和禁毁图书这些控制手段的本质。因此，笔者认为阅读控制是内在本质，文字狱和禁毁图书是外在现象。

第六章　清代前期的阅读精神

清代前期,读书人屡遭文字狱和科举八股文毒害,但是读书人的阅读精神却绵延不断。这离不开当时一些学人护佑读书种子的精神和"读书秋树根"的勉学精神,离不开当时一些学人笃志好学、博学多闻等读书精神。在这些精神的激励和感召下,清代前期的读书人坚守阅读,力行致用,犹如在一个艰难的时代完成一次精神的越狱。当然,所谓阅读精神,并非清代读者群体共有的精神特质,而是笔者对众多读者身上阅读精神特质的聚焦和凝练,旨在彰显这个时代读者身上的优良精神品质,意在期望这种阅读精神能继续光昭后世,为传播中华文化和传承中华文明凝心聚力。

第一节　护佑读书种子

虽然清代读书人际遇十分坎坷,屡遭文字狱、禁毁图书和科举八股文之害,但是清代读书种子未曾断绝,这得益于清代一批学人对读书种子精神的坚守,也得益于清代一批学人对读书种子的护佑。在清代,读书人的阅读环境越发糟糕,治学道路越发艰难,护佑读书种子的精神愈加可贵。

一、什么是读书种子

读书种子,"不仅仅是指'能读书做学问的人'(《现代汉语大辞典》),而主要是指极爱读书之精神的承接、深入,并可影响、传递于后人,让文化像种子一样播撒开去,繁衍不息的一种境界"。① 这个解释包含两层含义,一方面指向具体的读书个体,另一方面抽象为读书精神的传承和延续。从文献中可以发现:"用到'读书种子'时,或说'绝矣',或说'留''传',均非指'读书之人',而是特指'读书之习'。台湾中国文化研究所编辑的《中文大辞典》对'读书种子'的解释是:'谓读书人世代相传如种子之衍生不息也。'因此,这'读书种子'之称,更多的则是指一种文化传承现象。"②

二、清代有关读书种子的论述

在清代一些文献中,很多作者在文章中用到"读书种子"一词,下面列举数条,以便理解当时一些学人对"读书种子"的认识和对"读书种子"精神的期望。

钱谦益在《列朝诗传》中曰:"功甫(钱允治)殁……其遗书皆散去。自是吴中文献无可访问,先辈读书种子绝矣。"③他在文中表达了对钱允治去世的哀悼和对读书种子难以延续的忧伤之情。

---

① 初国卿:《"读书种子"索解》,载《沈阳晚报》,2010年4月24日,T1版。
② 初国卿:《"读书种子"索解》,载《沈阳晚报》,2010年4月24日,T1版。
③ 叶昌炽著,王欣夫补正,徐鹏辑:《藏书纪事诗(附补正)》,上海:上海古籍出版社,1989年,199页。

王永彬在《围炉夜话》里写道:"家纵贫寒,也须留读书种子。人虽富贵,不可忘力穑艰辛。"①他在文中表达了家境即使贫寒,也要勉励子弟用功读书,留下读书种子。

赵翼的《题女史骆佩香秋灯课女图》诗曰:"岂知深闺读书种,也要传心度针孔。"②他在诗中表达了对女性阅读的称赞,并指明读书种子不分男女的观念。

叶良仪在《余年闲话》中列举了古代三段有关"读书种子"的论述,然后提出自己的看法:"裴晋公云:'吾辈但可令文种无绝,然其间有成功,能致身卿相者,则天也。'黄山谷云:'四民皆有世业,士大夫子弟,能知忠信孝友斯可矣,但不可令读书种子断绝。'叶石林云:'后人但令不断书种,为乡党善人足矣,若夫成否则天也。'此三公之语意正同,然余以为古人之所谓读书种子者,欲其子弟明义理也,欲其子弟资学问也,若今人之心惟知欲其子弟取富贵,如子叔疑之所为耳,岂真能教之读书哉,不知人家子弟有富贵而陨其家声者,有贫贱而振其世业者,其贤不肖之相去原不在于穷达也,近见人有彻夜勤读至于呕血者,群称为佳子弟。余独劝以夜读书不可过子时,盖人当是时,诸血归心,一不得睡,则血耗而病生也。夫如皇甫士安之耽玩典坟,忘寝与食,自以为朝闻道夕死可矣,犹觉非宜,况徒欲读书取科第,而竟以身殉之,不亦愚之甚乎。"③叶良仪认为发扬"读书种子"精神的意义,在于激励后代读书明白义理,读书增长学问,而不是只图富贵和取科第。

齐学裘(1803—?),"以诗名著江左",曾作有诗文记录他遇见"读书种子"的欢喜之情,诗中尽显作者读书之乐。其《戊寅四月廿七日,

---

① 王永彬著,雷明君译评:《围炉夜话》,武汉:崇文书局,2012年,134页。
② 赵翼:《瓯北集》,下,上海:上海古籍出版社,1997年,903页。
③ 叶良仪:《余年闲话》,卷四,见《四库未收书辑刊》编纂委员会《四库未收书辑刊》,拾辑·拾壹册,北京:北京出版社,2000年,79—80页。

龙门书院与刘融斋先生并其门人吴子弓、孙子明、孙子舆诸子谈论〈阴符经笺注〉,回寓见子明和诗二十韵,情文益益,有感于中,四叠前词作诗答之,并呈融斋先生》曰:"老年好吟诗,梦醒披衣起。喔喔鸡初鸣,磨墨还伸纸。执笔书所怀,难忘二三子。骚坛逢健将,精锐有如此。我欲曳兵逃,恐被人笑指。努力与周旋,胜败不暇揣。海碧与天青,高山和流水。而我居其间,逍遥游未已。艺海茫无边,道藏深无底。独学无友朋,孤陋真堪耻。何事乐余心,读书而已矣。孙康好读书,砚穿良有已。读书种子逢,焉得不欢喜。顾子惭德凉,何能益乎尔?忧患为生机,穷通听天使。颇爱出蓝青,深恶夺朱紫。晏子善交人,一敬全终始。龙门慕执鞭,不愧为贤士。名师与高弟,尽是东南美。我乐与交游,醇醪甘酌彼。学者贵精勤,时术之如蚁。偶阅《阴符经》,讨论道之理。思之复思之,鬼神通奥旨。莫讶笺者非,须求悟者是。一得解真言,不忘到没齿。切磋而琢磨,此乐知奚似。刘向传经师,门前盛桃李。担簦负箧来,不远百千里。论交十余年,爱我忘我鄙。何物致吾忱,心香一瓣耳。"①

袁栋(1697—1761),斋名为书隐楼,著有读书笔记《书隐丛说》等。袁栋曾撰文《读书种子》,批驳了当时重科举时文的伪"读书种子",认为"读书种子"当以读诗古文为开端。其《读书种子》曰:"但做时文者,虽斟经酌史,未必原原本本,大都剿袭而成,故名为读书种子,实则仅存种子而已。若究心古学,有得于诗古文者,即不能为圣为贤的是读书种子,以他日见用,致君泽民缺不得此种学问也,不然徒守此虚意,而设施并无实据,何以致君泽民乎,切莫谓古学之仅供文辞也,切莫谓学诗古文者之仅为文士也,诗古文是读书之端也。"②

---

① 齐学裘:《劫余诗选》,卷二十,见《续修四库全书》编纂委员会《续修四库全书》,1531,上海:上海古籍出版社,554页。
② 袁栋:《书隐丛说》,卷三,见《四库全书存目丛书》编纂委员会《四库全书存目丛书》,子部,第116册,济南:齐鲁书社,1995年,451页。

三、如何护佑读书种子

从清代学人的文献记载来看,清人似乎比历代读书人更重视"读书种子"精神,也许是因为他们遭遇了历史上最糟糕的读书时代,所以更加珍惜和渴望读书种子的延续与读书种子精神的传承。正因为如此,清代读书人想出了各种护佑读书种子的办法,诸如:重视后代读书,劝勉子弟勤读书,护佑读书种子不绝;编修图书,以飨读书人,不仅作者是读书种子,而且著书有助于读书种子不绝;藏书用以借阅、传抄和馈赠,护佑读书种子不绝。

1. 重视后代读书,劝勉子弟勤读书,护佑读书种子不绝

金圣叹本身就是爱读书之人,被称为"读书种子"应当之无愧。他在临终赴难时,遗憾胸前几本书未能评点完,有《绝命词》曰:"鼠肝虫臂久萧疏,只惜胸前几本书。虽喜唐诗略分解,《庄》《骚》、马、杜待何如?"[1]金圣叹不希望带着遗憾离开人世,对其子金雍报以"读书种子"的期望,有言曰:"吾儿雍,不惟世间真正读书种子,亦是世间本色学道人也。与汝为亲妙在疏,如形随影只于书。今朝疏到无疏地,无着天亲果宴如。"[2]他自信留"读书种子"在人间,将继续发扬光大读书精神,有临终遗志曰:"东西南北海天疏,万里来寻圣叹书。圣叹只留书种在,儿子雍,累君青眼看何如?"[3]

汪缙(1725—1792),著有《汪子文录》《二录》《三录》及《读书四十偈私记》《读易老私》等。其在《木受轩记》中表达了其家族对读书种子的渴望,但是其家族中有希望读书的子弟相继去世,他特为读书处

---

[1] 金圣叹著,艾舒仁编次,冉苴校点:《金圣叹文集》,成都:巴蜀书社,1997年,60页。
[2] 金圣叹著,艾舒仁编次,冉苴校点:《金圣叹文集》,成都:巴蜀书社,1997年,60页。
[3] 金圣叹著,艾舒仁编次,冉苴校点:《金圣叹文集》,成都:巴蜀书社,1997年,60页。

"木受轩"撰写文章,勉励后人,表达了对后代读书种子的期待。其在《木受轩记》中曰:"木受绳则直,荀子《劝学篇》中语也。取以名轩,劝学也。我家诸父能学者,不下四五人,卒不能奋于科第,用是后起者寡然,不学则已,学而尼甚矣。从兄弟之能学者,大兄庭玉,未受室卒。三兄德光,受室,无子卒。诸父相与太息曰:'我家读书种子绝矣。'余时在旁闻之,未尝不痛其言之悲也。噫,读书种子其果绝耶?轩为五伯父读书处。余始受句读时,恒喜倚壁窃听其呻唔声,庸讵知余复读书其地也。余弟季晋……意以读书种子或在是。而不意其遽卒也……虽然荀子有言'生乎由是,死乎由是',劝学之旨,尽于斯矣。以死生而贰者,不知学者也。余既扁其轩,复系之以记,盖欲使来者,毋忘读书也。"①

鲁九皋(1732—1794),清代文学家,著有《山木居士集》。鲁九皋在《答黄穆修书》中,阐述了他的从政为官方略,认为垣曲地区的文风较盛,劝勉黄穆修勤于文教,鼓励和培育读书种子,曰"祖传读书种子不可自我而断",②如此可以为子孙立业,建立功勋。

2.编修图书,以飨读书人,不仅作者是读书种子,而且著书有助于读书种子不绝

金堡(1614—1681),著有《颂斋书画录》《遍行堂集》等。金堡的一位朋友请他为自己所著书籍撰写序文,他盛赞这位朋友的著述之功用,不仅称这位朋友是"读书种子",而且赞其功绩在于让"读书种子"不绝,有《与郑牧仲隐君》曰:"承示读书种子欲绝,先生以一读书种子发生无量书种子,则文字之功,信有不可泯没者。"③金堡在文

---

① 任继愈:《中华传世文选·清朝文征》,下,长春:吉林人民出版社,1998年,1461—1462页。
② 鲁九皋:《山木居士外集》,卷二,见《续修四库全书》编纂委员会《续修四库全书》,1452,上海:上海古籍出版社,2008年,628页。
③ 金堡:《遍行堂集》,尺牍卷九,澹归和尚著,段晓华点校:《遍行堂集》,二,广州:广东旅游出版社,2008年,308页。

中还批判了文字狱之残酷,曰:"文字之祸比来颇酷"。

冯询(1792—1867),曾撰文《题族叔植园公遗集》,记述了其族叔冯之基(字植园)撰写图书的精思、博采之功,表彰冯之基为读书种子,同时劝勉子孙后代勤于读书,让读书种子不绝。"读书种子非叔谁,如叔读书心勿疑。一卷如金如璧圭,子子孙孙永宝之"。①

3.藏书用以借阅、传抄和馈赠,护佑读书种子不绝

钱曾(1629—1701),字遵王,清代藏书家、版本学家。钱曾在《也是园书目序》中,记述了钱允治(又字功甫)向钱谦益赠送藏书的对话。如果钱允治后来能兑现承诺,也是一段佳话,堪比蔡邕赠书王粲,能成就护佑读书种子之功劳。"吴门钱功甫,高士也。牧翁释褐后,即与之交。一日语公:'吾老矣,藏书多人间未有本子。公明日来,当作蔡邕之赠。我欲阅,转就公借。他年属纩时,公与我料理身后事。'牧翁喜甚,质明往,其意色闵默,已不肯践宿诺矣。嗟乎!读书种子,习气未除,斤斤护惜,非独一功甫然也。"②

钱曾,长期致力于访求和收藏图书,与叶林宗是志同道合之友。叶林宗去世后,钱曾撰文纪念两人的深厚友谊,并感叹"读书种子几乎灭绝矣"。钱曾后来从叶林宗的弟弟叶石君那里借到陆德明《经典释文》(三十卷),并为之撰写了题跋,纪念此事:"吾友叶林宗,笃好奇书古帖,搜访不遗余力。每见友朋案头一帙,必假归躬自缮写,篝灯命笔,夜分不休。我两人获得秘册,即互相传录,虽昏夜叩门,两家童子闻声知之,好事极矣。林宗殁,余哭之恸,为文以祭之曰:'昔我与君,定交杵臼;奇文同赏,疑义相剖。春日班荆,夜雨剪韭;君书我书,君酒我酒。垫巾步屣,频繁往来……'君亡来三十余年,遍访海内收

---

① 冯询:《子良诗存》,卷十六,清刻本。
② 叶昌炽著,王欣夫补正,徐鹏辑:《藏书纪事诗(附补正)》,上海:上海古籍出版社,1989年,199页。

藏家,罕有如君之真知真好者,每叹读书种子,几乎灭绝矣。此书原本,从绛云楼北宋椠本影摹,逾年卒业。不惜费,不计日,毫发亲为是正,非笃信好学者,孰能之。君殁后,予从君之介弟石君借来,石君卓识洽闻,著史论甚佳,交予如林宗,亦不可谓之两人也。予述此书所自,而题语专属林宗,或冀后日君托此书以传,不至名氏翳如,是予之愿耳。"①

黄丕烈(1763—1825),清著名藏书家、目录学家、校勘家。黄丕烈嗜好藏书,勤于搜求古书,有一次他从一书贩那里得到《草莽私乘》一卷(明抄本),他特别珍惜。这本书在流传中,历经名家收藏,书中题跋颇显藏书家可敬可爱之性情意气,他认为如果藏书家都能像李如一那样,有人向他借书必尽快送到,"读书种子"可以绵绵不绝。黄丕烈特为此书撰文记录购书经历,有《草莽私乘》一卷(明抄本)题跋曰:"余性嗜书,非特嗜宋元明旧刻也,且嗜宋元明人旧钞焉。如此书,载诸《汲古阁珍藏秘本书目》……无论是书本属史传记类,为足收藏,出于名钞名藏,尤为两美,即其第二跋中所言江上李如一之性情意气,亦颇可敬可爱。见图籍则破产以收,获异书则焚香肃拜。其与人共也,遇秘册必贻书相问,有求假必朝发夕至,且一经名人翻阅,则书更珍重。此等心肠,断非外人能晓其一二。余特为拈出,知古人之好书有如是者。安得世之储藏家尽如之,俾读书种子绵绵不绝邪。"②

张金吾,清代著名藏书家、版本学家、刻书家。张金吾在《爱日精庐藏书志》的自序中,先后引述黄庭坚和丁颙的言论,阐明他藏书护佑读书种子的意志:"宋黄庭坚有言曰:'士大夫家子弟不可令读书种子断绝,有才气者出,便名世矣。'丁颙有言曰:'吾聚书多矣,必有好

---

① 钱曾著,丁瑜点校:《读书敏求记》,北京:书目文献出版社,1984年,13—14页。
② 黄丕烈著,屠友祥校注:《荛圃藏书题识》,上海:上海远东出版社,1999年,120—121页。

学者为吾子孙。'则是金吾藏书之意也夫"。① 张金吾不仅好藏书,而且思想开明,出借其藏书以嘉惠学林,护佑读书种子。

第二节 读书秋树根的勉学精神

一、何谓读书秋树根

"秋树根"一词最早出现在杜甫的《孟氏》一诗:"孟氏好兄弟,养亲唯小园。承颜胝手足,坐室强盘飧。负米力葵外,读书秋树根。卜邻惭近舍,训子学谁门。"这首诗反映的是孟氏一门孝友勤学之事,乃诗人感其门风之美而述之来教训子女的,可谓极情极致。秋树根,本意是秋树底下,有北周诗人庾信诗中"横琴坐树根"语可资佐证。显然,"读书秋树根"就是指在树下读书。它指的是汉代倪宽用功读书、刻苦求学的事情。倪宽温良又廉知,善属文,早年家贫租田耕作,往往将书带到田间地头,锄作时口中诵经,间憩时则于树下读书,一心二用,目不旁顾。晋代束皙在《读书赋》中有云:"倪宽口诵而芸耨。"②由此可见,"读书秋树根"是古人诗文中常用的一个典故,从其字面理解是描绘读书人秋天在树下读书的画面,从其寓意理解是对用功读书学习精神的赞誉和勉励。

---

① 黄丕烈著,屠友祥校注:《荛圃藏书题识》,上海:上海远东出版社,1999年,120—121页。
② 《"秋树根"典出何处?》,载《宝鸡文理学院学报》(社会科学版),1993年第2期,37页。

二、清代学人对读书秋树根的论述

在学人诗文中,清代人使用"读书秋树根"一语最为多见,有的是描绘读书人秋天在树下读书的情形,有的是为"读书秋树根图"赋诗表达读书情怀,有的是借"读书秋树根"典故勉励后代用功读书。

首先,描绘读书人秋天在树下读书的情形。如法式善(1753—1813),清代官吏、文学家,有诗《读书秋树根图》一首,描绘了读书人秋天在树下读书的情景,表达了诗人读书此处的愉悦心情,诗曰:

> 竟欲此间老,读书何所求。青山黄叶路,高树夕阳楼。一客坐无语,百虫吟不休。松门守孤鹤,问字有人不。①

王相(1789—1852),好藏书,善诗文,著述颇丰,曾赋诗描绘秋天的气象,抒发秋高气爽读书时的惬意和喜爱之情,在静谧的秋色中读书,手执一卷思古人,畅游于古代典籍之中,博览"六经""三传"和"廿一史",其中意味深长,自得其乐。其有诗曰:

> 四时之气秋最清,天高气爽秋云平。秋山当户势郁勃,秋树屈曲枝柯横。我爱秋声清且肃,唧唧秋虫伴夜读。后来秋士空悲秋,秋心谁解秋声续。江南有客通行藏,瓣香心事祝欧阳。玉宇无尘科头坐,秋风罗袂生微凉。坐看秋云出林表,万籁无声绝纷扰,手执一卷思古人。上下千秋入怀抱,把诗吟向九秋天。萧萧秋叶裁吟笺,黄叶马蹄秋色晚。南华秋水真蹴签,耽吟悟彻静中理。六经三传廿一史,谁谓古今人不同。六一居士天随子,年来与我比屋居。为我新题深柳图,披图欣赏掩卷笑,为爱秋光同

---

① 法式善:《存素堂诗初集录存》,卷十,清嘉庆十二年(1807)王墉刻本。

读书。①

其次,为"读书秋树根图"赋诗表达读书情怀。如清初经学家、文学家毛奇龄(1623—1716),曾为汪宫坊的《读书秋树根图》题诗,描绘了画中秋天读书的情景,也以惜时读书与汪宫坊共勉。诗曰:

> 终日削汗简,不若对珍树。秋山枳句间,中有读书处。
> 桤林倚绝磵,直下清流泉。呼童瀹云膏,把卷心悠然。
> 鞠色缣乍开,柿叶书亦满。琅琊藉稻名,知在第几卷。
> 君方沐东墅,我将乞官湖。前崖添蒲桥,后庙祠柳姑。
> 春坊且栽诗,秋树勿负米。功成有时还,读书何日已。②

徐元文(1634—1691),顺治十六年(1659)状元,顺治帝称之为"佳状元"。他曾为汪东川的《读书秋树根图》题诗二首,出入于画里画外,旨在盛赞秋天在山中读书的自在和惬意。

其一曰:

> 乍辞芸阁休藜火,却卧苍山弄翠烟。不假载书三十乘,补诗先诵白华篇。

其二曰:

> 丹碧纷披树色明,更无人处一编横。山中众籁秋皆寂,只听书声和涧声。③

查慎行(1650—1727),清代诗人,有诗《题项霜田读书秋树根图》

---

① 王相:《友声集》,堞影轩存稿卷一,清咸丰八年(1858)信芳阁刻本。
② 毛奇龄著,王云五主编:《西河文集》,上海:商务印书馆,民国二十六年(1937),2414—2415页。
③ 徐元文:《含经堂集》,卷九诗九,清刻本。

一首,表达了其一生以书为伴,畅游书海,以读书为乐的文人情怀。诗曰:

> 读书未必皆识字,涉猎耳目为穷探。
> 此生枉伴蠹鱼老,饱蚀卷帙宁非贪。
> 文成有韵或吞剥,事出无据徒撠挦。
> 熟从牙后拾王李,纤入毛孔求钟谭。
> 橐驰马背所见少,自享敝帚矜著簪。
> 雷同不满识者笑,人尽能此燕无函。
> 兰苕翡翠稍秀异,什伯略可数二三。
> 时情祇取供近玩,崇雅删郑谁能谙。
> ……
> 向来正得读书力,闭户万卷曾沈酣。
> 源流正变瞭指掌,北斗在北南箕南。
> ……
> 庭空树老得秋早,霜色染叶黄于柑。
> 一编信手爱露坐,何用白石藏书庵。
> 命工作图索题句,劚垒相对吾奚堪。
> 遇君尚应三舍避,君愈降气余弥惭。
> 诗成乞与摘纰缪,蹇钝犹冀随骖骔。
> 此间风景有何乐,曷不归去同书龛。①

华岩(1682—1756),"工画、工诗、善书,世称三绝",②曾为《读书秋树根图》题诗一首,表达了对读书的喜爱之情。诗曰:

---

① 查慎行:《敬业堂诗集》,卷十九,四部丛刊景清康熙本。
② 《钱塘县志》,见震钧《国朝书人辑略》,卷四,清光绪三十四年(1908)刻本。

自怜冷笔题秋树,却爱幽人读异书。

对此烟绡朝至暮,竹风桐叶满精庐。①

李宏(1707—1783),能诗,工画墨竹,著有《戢思堂诗集》。他曾为王景言的《读书秋树根图》题诗一首曰:

读书秋树根,水尽清泉源。于焉写我怀,我怀书中存。树以秋而秀,秋在树则言。惟此一卷书,可称三达尊。万象应指有,区区夙好敦。君也良不俗,读书秋树根。②

李调元(1734—1803),清代四川戏曲理论家、诗人。他曾为一幅《读书秋树根图》题诗曰:

蕴藉人如平远山,梧桐叶落满书间。秋行常带鸱鹕杓,不许丹枫占醉颜。

宦游风景爱钱塘,师友年来梦杳茫。今日把君桑落酒,梅东市脯说家乡。③

冯云鹏(1765—1839),善古诗词,曾为孔琴南的《读书秋树根图》题诗,称赞孔琴南绘画技艺精湛,笔下有神韵,且揣摩作者当年读书时,埋头苦读,功夫深厚。诗曰:

琴南吾世好,近作金石友。披此读书图,乃知根柢厚。壁中尚不足,骋怀探二酉。兀坐老树根,秘籍侍其右。恍似入琅嬛,又似登崎嵝。天风吹高林,古香横曲阜。写貌得其神,笔落蛟龙走。我思作画人,就里沉吟久。君当得志时,往事重回首。肯构

---

① 华岩:《离垢集》,卷五,清道光十五年(1835)刻本。
② 李宏:《戢思堂诗钞》,卷上,清乾隆五十七年(1792)李奉瀚刻本。
③ 李调元:《童山集》,诗集卷二十七,清乾隆刻函海道光五年(1825)增修本。

玉虹楼，五凤在其手。不厌苦埋头，万物书中有。①

戴敦元(1767—1834)，清代官员，为赵序堂的《读书秋树根图》题诗，赞颂书林雅士，名节高尚，诗书会友，是古今读书人的共同喜好。

> 黄菊有正色，早抱繁霜侵。霜情亦澹泊，偏暖青枫林。老圃重晚节，东篱结苔岑。窎知余霞绚，不让桃李阴。
> 杜老美孟氏，清谈见滋味。孝友足励俗，诵读固余事。诗书皆义方，尚友获奇异。林木喻名节，君子表微意。
> 西汉疎太傅，中唐杨少尹。后先时不同，出处性相近，图画兴偶寄，歌诗趣相引。谁踵昌黎笔，上与兰亭准。②

黄本骐，嘉庆十三年(1808)戊辰科举人，著有《三十六湾草庐稿》等。黄本骐曾为一幅《读书秋树根图》题诗，描绘了画中秋天在树下读书的情景。诗曰：

> 万轴传家半赐书，床连秋树子云居。由来飞到神仙岛，餐字前身老蠹鱼。
> 醰醰有味读书声，匝地桐阴一卷横。采得夕葵思洁膳，秋风吹入广微笙。③

最后，借"读书秋树根"典故，勉励后代用功读书。如陈锦(？—1652)，清初将领，曾赋诗一首《家一林侄读书秋树根图》④，描述了"读书秋树根"的情形，并勉励其侄儿勤奋读书，以后建功立业。

---

① 冯云鹏：《扫红亭吟稿》，卷六古近体诗。
② 戴敦元：《戴简恪公遗集》，卷五古今体诗，清同治六年(1867)戴寿祺钞本。
③ 黄本骐：《三十六湾草庐稿》，卷五，清三长物斋丛书本。
④ 陈锦：《补勤诗存》，卷四《海角行吟》，清光绪三年(1877)橘荫轩刻光绪十年(1884)增修本。

芸编百叶古香生，绕屋扶疏冷翠横。招得欧阳来作赋，书声从此变秋声。

满林风雨尽埋头，只为班超笔未投。他日将军铭大树，会须携汝看封侯。

杭世骏(1695—1773)，清代文人、画家，曾为汪上墫的《读书秋树根图》题诗一首，记述了他的朋友有志于博览群书，表达了读书要勤奋用功的态度。诗曰：

世上焉有未读书，想在邃古祁姚初。其册已烬理可疏，学与不学在所于。吾友壹意穷五车，恶卧焠掌恣佃渔。一区窃比杨子居，有竹有水有屋庐。有千章木一寸鱼，树根轮囷树腹虚。恶客不到喧自除，琅琅清韵疾以徐。时与秋气相卷舒，吾生习懒抛三余，纷纶经术恒龃龉。丹黄欲下手拮据，坐令老大无名誉。何处令子篚尽肱，竟与孔郑辨密疏。铜盘异馔乐且胥，移床就荫信有诸。青天抚卷浩惆怅，吁嗟吾老其难如。①

姚鼐(1731—1815)，清代著名散文家，家有藏书楼名曰"惜抱轩"，著有《惜抱轩文集》。姚鼐有诗《读书秋树根图》一首，感叹读书的年轻人，当珍惜时光，勤加用功。诗曰：

秋容自老君方少，昕夕披寻岁月长。不识五车书就日，却须林叶几番黄。②

张文虎(1808—1885)，曾出任南菁书院首任院长，有《读书秋树根图》诗一首，以"十年种树在根深"做比喻，劝勉读书人珍惜时光，深

---

① 杭世骏：《道古堂全集》，诗集卷七翰苑集，清乾隆四十一年(1776)刻，光绪十四年(1888)汪曾唯修本。
② 姚鼐：《惜抱轩诗文集》，诗集卷九，清嘉庆十二年(1807)刻本。

入钻研古代典籍。诗曰：

十年种树在根深,展卷悠然望古心。费却栽培无限力,者番消受好秋阴。①

郭崑焘(1823—1882),曾有诗文劝勉其子郭庆藩读书,有《题读书秋树根图示儿子庆藩》②曰：

读书要识书中意,古屋寒泉吾道存。老子自嗟荒岁月,汝曹何幸守田园。疏林半落风余叶,晚节深留霜后根。努力秋光莫虚掷,一编珍重伴朝昏。

郭崑焘另有《题埙侄读书秋树根图诗》③一首,勉励埙侄珍惜时光,勤奋读书。诗曰：

忆昔读书方少年,一官初就已归田。青灯白发嗟予老,玉检金泥望汝贤。万卷荒山成坐拥,故家乔木久参天。遗经旧德堪传付,衰病逢秋只醉眠。

第三节　笃志好学的读书精神

《说文解字》曰："志,意也。"④笃志,即志向和意愿坚定。笃志读

---

① 张文虎：《舒艺室诗存》,舒艺室诗存六,清光绪刻本。
② 郭崑焘：《云卧山庄诗集》,卷四,清光绪十一年(1885)郭氏岵瞻堂刻本。
③ 郭嵩焘：《养知书屋集》,诗集卷十一,清光绪十八年(1892)刻本。
④ 许慎：《说文解字》,北京：中华书局,1963年,217页。

书,即意愿读书并且志向坚定。在中华文化中,自古流传着笃志好学的读书精神。清代前期的读书人,虽然遭遇历史上最糟糕的读书环境,但是笃志好学的读书精神依然坚定不移。笃志好学的精神继续激励着清一代读书人不废书籍,志存高远,刻苦读书。

南承烈,从小是孤儿,反应迟钝,识字读书都有困难。他十五岁时,才开始"奋志自励",立志勤奋读书学习,二十岁时,补博士弟子员即生员,从此更加用功读书,寒暑不辍,后来于康熙乙酉年(1705),参加乡试中举人,后来成为云峰书院主管教授。① 南承烈从幼时的读书困难到后来成为书院主管教授,这首先离不开他的立志从学,其次是离不开他的勤奋用功。

蔡启僔(1619—1683),清康熙九年(1670)进士,被钦点为状元。蔡启僔虽然出身于官宦人家,但是从小有志向喜读书,"性喜淡泊,有大志,屏去一切服玩"。② 据记载,蔡氏家族"鼎族皆居钧轴枢要间,诸公子翩翩,各傭园榭舟阜,歌舞文酒,有乌衣裙屐五陵裘马之风,往来过从,照耀耳目"。蔡启僔却"独被服如布素,而又丰颐广额,丰姿玉立,在群公子中独有鸾停鹄立之概,当时人即以公辅期之"。③ 其实,蔡启僔小时候随其父在都门受业时就"手不离简编,口不绝吟哦,其攻苦异常儿④"。可见这位后来的状元郎,在当年既有异人的志向,也能踏实努力读书,当是青少年读书学习的一个榜样。

王懋竑(1668—1741),"少从叔父式丹学,刻励笃志,精研朱子之学,身体力行"。王懋竑小时候跟随叔父读书学习,志向坚定,勤奋刻苦,专心精研朱子之学。他小时候常对朋友说,有老房子三间,能读万卷书,就知足了。后来,他勤于读书和著述,校定《朱子年谱》,著

---

① 姚国龄:《(道光)安定县志》,人物志卷七,清抄本。
② 徐倬:《又蔡昆旸先生传》,见钱仪吉《碑传集》,卷四十四,清道光刻本。
③ 徐倬:《又蔡昆旸先生传》,见钱仪吉《碑传集》,卷四十四,清道光刻本。
④ 徐倬:《又蔡昆旸先生传》,见钱仪吉《碑传集》,卷四十四,清道光刻本。

《白田杂著》八卷,对《朱子文集》《语类》进行了仔细考订。①

程瑶田(1725—1814),清代著名学者、徽派朴学代表人物之一。程瑶田"自少迄老,笃志著述。其学长于涵咏经文,得其真解,不屑依傍传注"。② 程瑶田笃志于著述,也就意味着其读书有明确的志向。程瑶田读书非常勤奋,"平居鸡鸣而起,燃灯达旦,夜分就寝,数十年如一日",③说他鸡鸣起床,读书至深夜,如此数十年著作丰厚。他所撰图书主要有《通艺录》十九种、《附录》七种,还有《宗法小记》《沟洫疆里小记》《禹贡三江考》《磬折古义》《水地小记》《释字小记》《声律小记》《考工创物小记》《释草小记》《释虫小记》等,涉及义理、训诂、制度、名物、声律、象数等内容,几乎无所不包。

吴骞(1733—1813),不慕功名,以聚书读书为职志。"笃嗜典籍,遇善本倾囊购之弗惜,所得不下五万卷,筑拜经楼藏之。晨夕坐楼中展诵摩挲,非同志不得登也。"(《海昌备志》)吴骞尝自述:"吾家先世颇乏藏书,余生平酷嗜典籍,几寝馈以之。自束发迄乎衰老,置得书万本……故余藏书之铭曰:'寒可无衣,饥可无食,至于书,不可一日失。'"(《愚谷文存》)他为清中期大藏书家和学者。时人陈鳣有诗赞曰:"人生不用觅封侯,但问奇书且校雠。却羡溪南吴季子,百城高拥拜经楼。"(《河庄诗钞》)④

清代前期的学人,不仅笃志刻苦读书,而且有的甚至有好读书的癖好。

宋长白,清初诗人,著有《柳亭诗话》三十卷,其中收录了他的一首诗名曰《读书癖》:"读书乃一癖,吾亦不自知。坐书穷至老,更欲传吾儿。此放翁自谱行述也。流离僵仆之余,未尝一日释卷,年已髦而

---

① 赵尔巽等:《清史稿》,卷四百八十,北京:中华书局,1977年,13141页。
② 支伟成:《清代朴学大师列传》,长沙:岳麓书社,1998年,79页。
③ 支伟成:《清代朴学大师列传》,长沙:岳麓书社,1998年,79页。
④ 王余光、徐雁:《中国读书大辞典》,南京:南京大学出版社,1993年,87页。

志不衰,仅于此老见之。其后《示儿》曰:王师北定中原日,家祭毋忘告乃翁。其心事为何如者,而后世徒以风流骀荡目之,亦浅之乎视读书人矣。"(北魏李琰之恒闭门读书,不交人事,尝语人曰:吾读书不求身后名,但异见异闻心之所愿,是以孜孜披讨,欲罢不能,岂为声名劳七尺也,此乃天性非为力强。隋崔儦以读书为务,大署其户曰:不读五千卷书者,毋得入此室。)① 宋长白摘录了宋朝陆游、北魏李琰和隋朝崔儦有关读书的语句,阐释好读书之癖,表达劝勉读书之义。

毛晋(1599—1659),明末清初藏书家、出版家、文学家。毛晋"少为诸生,性嗜卷轴"(《同治苏州府志》),② 他从小喜好读书,"通明好古,强记博览,壮从余游,益深知学问之指意"(钱受之《隐湖毛君墓志铭》)。毛晋先后聚集藏书八万四千余册,并建汲古阁、目耕楼庋藏所集图书。他又勤于刊刻,校刻有《十三经》《十七史》《津逮秘书》《六十种曲》等书,"经史全书,勘雠流布,毛氏之书走天下"(《隐湖毛君墓志铭》)。③ 他不仅藏书、刻书,而且编著图书,编有《汲古阁书目》,著有《隐湖题跋》,并辑《毛诗陆疏广要》。毛晋可谓集藏书、刻书、著书于一身的爱书之人。

陈启源(？—1683或1689),清代经学家,江苏吴江人。他平生只喜好读书,"惟嗜读书,晚岁研精经学",④ 他勤于钻研经学,《四库全书总目提要》称其"于经义之外,横滋异学,非惟宋儒无此说,即汉儒亦岂有是论哉"。⑤ 他著有《尚书辨略》《读书偶笔》《存耕堂稿》等书。

王士禛(1634—1711),一生藏书、读书成癖。他曾自述好读书老

---

① 宋长白:《柳亭诗话》,卷三十,清康熙天苗园刻本。
② 叶昌炽著,王欣夫补正,徐鹏辑:《藏书纪事诗(附补正)》,上海:上海古籍出版社,1989年,309页。
③ 叶昌炽著,王欣夫补正,徐鹏辑:《藏书纪事诗(附补正)》,上海:上海古籍出版社,1989年,308页。
④ 支伟成:《清代朴学大师列传》,长沙:岳麓书社,1998年,19页。
⑤ 永瑢等《四库全书总目》,上,北京:中华书局,1965年,132页。

而不衰,"予游宦三十年,不能以簸金遗子孙,唯嗜书之癖老而不衰。每闻士大夫家有一秘本,辄借钞其副。市肆逢善本,往往典衣购之。今予池北书库所藏,虽不敢望四部七录之万一,然亦可娱吾之老而忘吾之贫"(《跋世说侯鲭录》)。① 王士禛将收集的大量图书庋藏于其藏书楼"池北书库",他晚年归乡里,以读书教子为乐,在其培养下,十岁的小孙子能通读《易》《书》《诗》三书,他从窗外听见读书声,甚为欣慰。又过了几年,他虽然耳朵眼睛不好使了,但依然不忘读书,"虽耳聋目眊,犹不废书,有所闻见,辄复掌录,题曰《分甘馀话》,庶使子孙辈知老人晚年所乐在此尔"(《分甘馀话自序》)。② 近八十高龄的他著成《分甘馀话》,来表达喜好读书、老有所乐之意。

《分甘馀话》

袁枚(1716—1797),勤于读书,爱书如命,曾赋诗自述其爱书情结:"我年十二三,爱书如爱命。每过节肆中,两脚先立定。苦无买书钱,梦中犹买归。至今所摘记,多半儿时为。宦成恣所欲,广购书盈

---

① 王士禛:《带经堂集》,卷七十一蚕尾文七,清康熙五十年(1711)程哲七略书堂刻本。
② 王士禛撰,张世林点校:《分甘馀话》,北京:中华书局,1989年,1页。

屋。老矣夜犹看，例秉一条烛。"（《对书叹》）①袁枚举例自己曾经站在书肆旁，面对书籍的渴望之情，如果没钱买书就做梦将书买回，做官后买书多了依然坚持秉烛夜读的习惯。袁枚还曾写过《梦中买书》的文章："余少贫不能买书，然好之颇切。每过书肆，垂涎翻阅；若价贵不能得，夜辄形诸梦寐。曾作诗曰：'塾远愁过市，家贫梦买书'。②"可见其对书籍痴迷程度之深，爱书之情溢于言表。

鲍廷博（1728—1814），清代著名藏书家、目录学家、刻书家。他继承了其父好读书的志趣，常购买前人的书籍，长期积累，所藏书籍多而精，成为大藏书家，建有藏书楼，名为"知不足斋"。鲍廷博"居恒好学耽吟咏，不求仕宦，天趣清远。每遇人访问古籍，凡某书美恶所在，意旨所在，见于某代某家目录，经几家收藏，几次抄刊，真伪若何，校误若何，莫不矢口而出，问难无竭"。③ 鲍廷博不仅富于藏书，而且好读书成癖，对所读书籍常记在心，遇到有人询问古籍情况，他无不尽其详，说出书籍的好坏和源流等情况，可见其读书之广博。阮元曾记述道："（鲍廷博）博极群书，家藏万卷。虽极隐僻罕见著录者，问之无不知其原委。尝刻《知不足斋丛书》及《四库全书提要》……余赠以诗云：清名即是长生诀，当世应无未见书。何处见君常觅句，小阑杆外夕阳疏。"④阮元盛誉鲍廷博"当世应无未见书"。

吴骞（1733—1813），好读书和藏书，建有藏书楼名曰"拜经楼"。据记载，吴骞"笃嗜典籍，遇善本书，辄倾囊购之。先后所得不下数万卷"。⑤ 作为藏书家的他曾自称："故予藏书之铭曰：'寒可无衣，饥可无食，至于书，不可一日失。'此昔贤诒厥之名言，允可为拜经楼藏书

---

① 王英志选注：《袁枚诗选》，北京：人民文学出版社，2009年，168页。
② 袁枚著，王英志校点：《随园诗话》，南京：江苏凤凰出版社，2006年，121页。
③ 支伟成：《清代朴学大师列传》，长沙：岳麓书社，1998年，287页。
④ 阮元：《定香亭笔谈》，一，北京：中华书局，1985年，56页。
⑤ 支伟成：《清代朴学大师列传》，长沙：岳麓书社，1998年，288页。

之雅率。"①他不仅藏书丰富,而且勤于读书和著书,著有《拜经楼诗集》《愚谷文存》《拜经楼诗话》等。

钱大昭(1744—1813),钱大昕之弟。"好读书,不汲汲于荣利",钱大昭好读书,但是不追名逐利,淡泊自足,将其读书之所命名为"可庐",表达随寓自足的意思。钱大昭学问渊博,思绪细密,颇有见识,钱大昕也称赞其弟弟的学问。②

徐养原(1758—1825),出身于书香家庭,读书有深识,小时候跟随父亲到京城,师从名师问学,后学业大有长进。据记载,徐养原不参加科举应试,只好读书,"为人舍书籍外无嗜好,非疾病丧纪不辍业。诵读孜孜,考论矻矻,迄老弗衰"。③ 他一生勤于读书和著书,著有《明堂说》《禘郊辨》《井田议》《饮食考》《古乐章考》《周官五礼表》《五官表》《考工杂记》等书。④

李兆洛(1769—1841),清代著名地理学家、藏书家。他好读书,小时候每天能熟读背诵百余行。有文记载:"少有异禀,读书至四五遍,历久不忘,分日课《文献通考》,浃岁成诵。"⑤

第四节　博学多闻的读书精神

黄宗羲(1610—1695),年轻时发奋读书,"愤科举之学锢人,思所以变之。既,尽发家藏书读之,不足,则抄之同里世学楼钮氏、澹生堂

---

① 吴骞:《愚谷文存》,卷十三,清嘉庆十二年(1807)刻本。
② 支伟成:《清代朴学大师列传》,长沙:岳麓书社,1998年,34页。
③ 支伟成:《清代朴学大师列传》,长沙:岳麓书社,1998年,99页。
④ 徐世昌等编纂,沈芝盈、梁运华点校:《清儒学案》,第五册,北京:中华书局,2008年,4845页。
⑤ 徐世昌等编纂,沈芝盈、梁运华点校:《清儒学案》,第五册,北京:中华书局,2008年,5015页。

祁氏，南中则千顷堂黄氏、绛云楼钱氏，且建续钞堂于南雷，以承东发之绪。"①他不仅读完家里藏书，而且广泛借阅抄录澹生堂、千顷堂、绛云楼等藏书楼的图书，后来跟随刘从周求学问道。黄宗羲反对明代人讲学时"袭语录之糟粕，不以六经为根柢，束书而从事于游谈"的学风，认为"问学者必先穷经，经术所以经世。不为迂儒，必兼读史。读史不多，无以证理之变化；多而不求于心，则为俗学。故上下古今，穿穴群言，自天官、地志、九流百家之教，无不精研"。②可见他主张博览经史之书，并且不限于天文地理、诸子百家之学。他不仅博学多闻，而且著述丰厚，一生著述多达50余种，其中代表著作如《明儒学案》《宋元学案》《明夷待访录》《易学象数论》《明文海》《大统历推法》《四明山志》等，他被后世称为经学家、史学家、思想家、地理学家、天文历算学家、教育家。

顾炎武(1613—1682)，有文记载："自少至老，无一刻离书。所到之地，以二骡二马载书，过边塞亭障，呼老兵卒询曲折，有与平日所闻不合，即发书对勘；或平原大野，则于鞍上默诵诸经注疏。"③顾炎武手不释卷，勤学好问，出行路上用两头骡和两匹马为其驮运书籍，遇到不解之处就向当地人请教，发现疑惑就翻检书籍进行核实，有时在马鞍上还默诵书经内容。他常对朋友们说："百余年来之为学者，往往言心言性，而茫然不得其解也。命与仁，夫子所罕言；性与天道，子贡所未得闻。性命之理，著之易传，未尝数以语人。其答问士，则曰'行己有耻'，其为学，则曰'好古敏求'。其告哀公明善之功，先之以博学。颜子几于圣人，犹曰'博我以文'。自曾子而下，笃实无如子夏，言仁，则曰'博学而笃志、切问而近思'。"④他坚持孔子和颜回的观点，

---

① 赵尔巽等：《清史稿》，卷四百八十，北京：中华书局，1977年，13103页。
② 赵尔巽等：《清史稿》，卷四百八十，北京：中华书局，1977年，13105页。
③ 赵尔巽等：《清史稿》，卷四百八十一，北京：中华书局，1977年，13166—13167页。
④ 赵尔巽等：《清史稿》，卷四百八十一，北京：中华书局，1977年，13167页。

主张圣人之道在于"博学于文,行己有耻",要博学多闻,要躬行实践,天下之事皆为学问之事。顾炎武无书不读,常留心经史之书,为撰写《天下郡国利病书》,"历览二十一史,以及天下郡县志书,一代名公文集,间及章卷文册之类",①勤于摘抄,有"采铜于山"广搜博览的读书精神,他还对此精神详细解释道:"尝谓今人纂辑之书,正如今人之铸钱。古人采铜于山,今人则买旧钱,名之曰'废铜'以充铸而已。所铸之钱既已粗恶,而又将古人传世之宝舂剉碎散,不存于后,岂不两失之乎?承问《日知录》又成几卷,盖期之以废铜。而某自别来一载,早夜诵读,反复寻究,仅得十余条,然庶几采山之铜也。"②

陈景云(1670—1747),年少时跟随何焯游学,博通群籍,后来以藏书、读书和著书为乐。"其为学,如饥渴之于饮食,常日丹铅不去手,举经史四部书,从源及委,条贯井然。地理制度,考据尤详。下逮稗官小说,无不练览,而最深于史学。早岁,温公《通鉴》略能成诵。前明三百年事,谈之更仆弗倦,若身列其间,能剖决其毫芒得失者。"③这里述说了他读书的范围之广,包括经、史、子、集四部,地理学、小说等无不涉猎,钻研最深的为史学。其著述颇丰,擅长校勘,著有《读书纪闻》《韩集点勘》《柳集点勘》《三国志举正》《通鉴胡注举正》《两汉订误》《纲目辨误》《纪元考略》等。④

江永(1681—1762),"为诸生数十年,博通古今,专心《十三经注疏》,而于《三礼》功尤深。以朱子晚年治《礼》,为《仪礼经传通解》。书未就,黄氏、杨氏相继纂续,亦非完书。乃广摭博讨,大纲细目,一从吉、凶、军、嘉、宾五礼旧次,题曰《礼经纲目》,凡八十八卷。引据诸

---

① 顾炎武:《〈天下郡国利病书〉自序》,见《续修四库全书》编纂委员会《续修四库全书》,595,上海:上海古籍出版社,1996年,482页。
② 顾炎武著,张京华校释:《日知录校释》,下,长沙:岳麓书社,2011年,1428页。
③ 支伟成:《清代朴学大师列传》,长沙:岳麓书社,1998年,207页。
④ 李玉安、黄正雨:《中国藏书家通典》,香港:中国国际出版社,2005年,372页。

书,厘正发明,实足终朱子未竟之绪。"①《清史稿》中记载他博览群书,著书时广征博引。

全祖望(1705 — 1755),读书广博,《清史稿》中记载其"渊博无涯涘,于书无不贯串。在翰林,与绂共借《永乐大典》读之,每日各尽二十卷。"②全祖望学问渊博,主要得益于他"于书无不贯串"的博览精神。

卢文弨(1717 — 1796),清著名校勘学家、藏书家。一生勤于读书和文献整理校勘工作,其所校书籍既有经传、子部、史部图书,也有集部诗文。所校之书,有"《大戴礼记》《左传》《经典释文》《逸周书》《孟子音义》《荀子》《方言》《释名》《贾谊新书》《独断》《春秋繁露》《白虎通》《吕氏春秋》《韩诗外传》《颜氏家训》《封氏闻见记》诸书"。③ 他还从众书中辑佚成《群书拾补》,有《抱经堂文集》三十四卷、《钟山札记》和《龙城札记》等书刊行于世。从卢文弨校勘书籍的范围之广、著述之宏富,我们不难理解其博览经、史、子、集各类书籍之用功和勤奋。

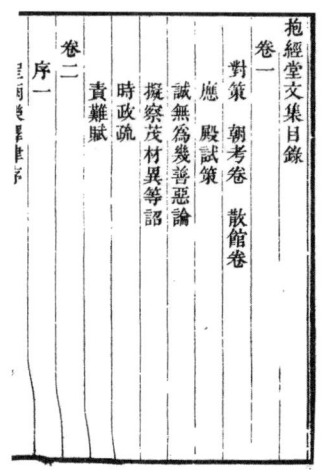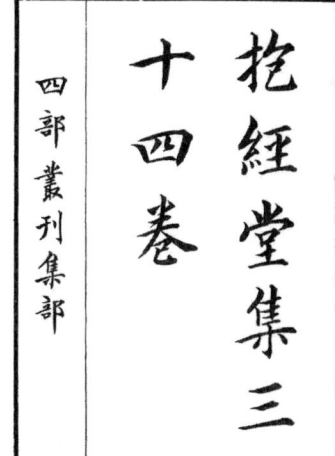

《抱经堂文集》

---

① 赵尔巽等:《清史稿》,卷四百八十一,北京:中华书局,1977 年,13188 页。
② 赵尔巽:《清史稿》,卷四百八十一,北京:中华书局,1977 年,13186 页。
③ 江藩著,钟哲整理:《国朝汉学师承记》,北京:中华书局,1983 年,91 页。

王鸣盛(1722—1797)，清史学家、经学家、考据学家。王鸣盛在《十七史商榷·序》中说："好著书不如多读书，欲读书必先精校书。校之未精而遽读，恐读亦多误矣；读之不勤而轻著，恐著且多妄矣。"①他还自述了其读书经历："恒独处一室，覃思史事，既校始读，亦随读随校，购借善本，再三雠勘。又搜罗偏霸杂史、稗官野乘、山经地志、谱牒簿录，以暨诸子百家、小说笔记、诗文别集、释老异教，旁及于钟鼎尊彝之款识，山林冢墓、祠庙伽蓝、碑碣断阙之文，尽取以供佐证，参伍错综，比物连类，以互相检照，所谓考其典制事迹之实也。"②这里详细记述了他读书涉猎的范围极其广博，这为他著书时能广征博引奠定了基础。

钱大昕(1728—1804)，"幼慧，善读书。时元和惠栋、吴江沈彤以经术称，其学求之《十三经注疏》，又求之唐以前子、史、小学。大昕推而广之，错综贯串，发古人所未发。"③他小时候喜欢读书，后广泛涉猎了十三经、子、史和小学之类书籍。他在《二十二史考异·自序》中记述道："余弱冠时好乙部书，通籍以后，尤专斯业。自《史》《汉》迄《金》《元》，作者二十二家，反复校勘，虽寒暑疾疢，未尝少辍，偶有所得，写于别纸。"④钱大昕在读书广博的基础上，专攻史学，对二十二史详加考证和校勘，历时五十年，著成《二十二史考异》，为史学研究和发展做出了重要贡献。江藩赞誉钱大昕"学究天人，博综群籍，自开国以来，蔚然一代儒宗也"。⑤

周永年(1730—1791)，《清史稿》中记载他"博学贯通，为时推

---

① 王鸣盛：《十七史商榷》，北京：中国书店，1937年，1页。
② 王鸣盛：《十七史商榷》，北京：中国书店，1937年，2页。
③ 赵尔巽等：《清史稿》，卷四八十一，北京：中华书局，1977年，13193页。
④ 钱大昕：《二十二史考异》，上，京都：株式会社中文出版社，1980年，1页。
⑤ 江藩著，钟哲整理：《国朝汉学师承记》，北京：中华书局，1983年，51页。

许",①可见当时学人对他的博学多闻十分赞许。周永年入四库馆,校勘《永乐大典》,主持编撰《四库全书·子部》,后又提出儒藏说,还将其所藏十万卷图书开放借阅,为后人所敬仰不已。

段玉裁(1735—1815),字若膺,清代文字训诂学家、经学家。段玉裁"生而颖异,读书有兼人之资"。② 他从小就在读书方面有过人的天资,后来学问长进,戴震都惊叹于他学问的精湛,称赞其"自唐以来讲韵学者所未发"。③ 他读书既能博又能专,博在"周、秦、两汉书,无所不读",专在小学书籍深入钻研,"诸家小学,皆别择其是非",④耗费数十年精力专攻《说文解字》,著《说文解字注》三十卷。王念孙曾感叹道:"若膺(段玉裁)死,天下遂无读书人矣!"⑤这是对段玉裁读书之用功和著述之专精的极大褒扬和肯定。

《说文解字注》

桂馥(1736—1805),"博涉群书,尤潜心小学,精通声义"。⑥ 据《清史稿》记载,他博览群书,注重经由训诂之学而通经致用。他尝说:"士不通经,不足致用;而训诂不明,不足以通经。"⑦

陈昌齐(1743—1820),据记载,他"学问渊博,自十七岁后贯通群

---

① 赵尔巽等:《清史稿》,卷四百八十一,北京:中华书局,1977年,13210页。
② 赵尔巽等:《清史稿》,卷四百八十一,北京:中华书局,1977年,13201页。
③ 赵尔巽等:《清史稿》,卷四百八十一,北京:中华书局,1977年,13201页。
④ 赵尔巽等:《清史稿》,卷四百八十一,北京:中华书局,1977年,13202页。
⑤ 赵尔巽等:《清史稿》,卷四百八十一,北京:中华书局,1977年,13203页。
⑥ 赵尔巽等:《清史稿》,卷四百八十一,北京:中华书局,1977年,13230页。
⑦ 赵尔巽等:《清史稿》,卷四百八十一,北京:中华书局,1977年,13230页。

经,《十三经》注皆诵如流"。① 王念孙评说他为"粤东硕儒也,生平于书无所不读,自经、史、子、集以及乾象神舆之奥,六书、四声、九赋、五刑之属,星算医卜,百家众技之流,靡不贯穿于胸中"。② 他博览经、史、子、集各类图书,广泛涉猎天文、历算、医学等百家之学。他著有《赐书堂集钞》《赐书堂诗钞》《临池琐语》《〈经典释文〉附录》《天学脞说》《测天约术》《天学纂要》《地理书钞》等,可见其读书之广博,学术视野之宽广。

汪中(1745—1794),七岁时父亲去世,母亲教他四书之学,后来他帮书商卖书,借此机会"遍读经、史、百家,过目成诵",③成为博学的通人。

郑光策(1755—1804),初名苏年,"少孤力学,古心自鞭。家贫不能就外傅,与同怀弟云轩孝廉自相师友。姿禀岸异,髫龄老成,博综群书,规模宏远"。④ 他少年时勤奋读书学习,能博综群书。后来,他更加喜爱读经世有用之书,"自《通鉴》《通考》外,若陆宣公、李忠定、真文忠,以及前明之邱琼山、王阳明、吕新吾、冯犹龙、茅元仪,本朝之顾亭林、魏叔子、陆桴亭诸公著作,靡不贯串,如数家珍"。⑤ 其所读书籍有《资治通鉴》《文献通考》和唐、宋、明、清时期著名学者的著作,并且能够熟读贯通。

顾广圻(1770—1835),清著名校勘学家、藏书家、目录学家,《清史稿》中记载他"天质过人,经、史、训诂、天算、舆地靡不贯通,至于目录之学,尤为专门"。⑥ 他对经学、史学、训诂、天算、舆图地理和目录

---

① 吴茂信:《陈昌齐》,广州:广东人民出版社,2008年,70页。
② 王念孙:《赐书堂集钞序》,见《清代诗文集汇编》编纂委员会《清代诗文集汇编》,406,上海:上海古籍出版社,2010年,525页。
③ 赵尔巽等:《清史稿》,卷四百八十一,北京:中华书局,1977年,13214页。
④ 梁章钜撰,于亦时点校:《归田琐记》,北京:中华书局,1981年,74页。
⑤ 梁章钜撰,于亦时点校:《归田琐记》,北京:中华书局,1981年,74页。
⑥ 赵尔巽等:《清史稿》,卷四百八十一,北京:中华书局,1977年,13192页。

学都很精通,可见其之博学多才,学者称他为"万卷书生",①后著有《思适斋文集》十八卷。

梁章钜(1775—1849),郑光策曾主讲福州鳌峰书院,梁章钜有一次带来一个小印章,上书有"手不释卷"四个字,其师郑光策就详加追问:"此四字究不知始于何时?"梁章钜回答道:"但记得《华阳博议》中有此语,而不名一人,如谓马怀素、口思礼、于休烈、李磎,仕宦中不释卷者。刘昺、鲁肃、崔林、辛术,军旅中不释卷者。刘实、王起、赵逸、崔元翰,耄耋中不释卷者。司马光,童稚中不释卷者。裴皞,乱离中不释卷者。皇甫谧、裴汉,疾病中不释卷者。"②可见梁章钜读书之广博,否则难以回答得如此详细,郑光策赞赏梁章钜为"博洽"。

王筠(1784—1854),勤于读书,在工作闲暇之时手不释卷,"暇则抱一编不去手",《清史稿》中记载他"博涉经史,尤长于《说文》"。③ 他博览经学、史学书籍,钻研许慎的《说文解字》,研究有专长。

陈澧(1810—1882),清代著名学者。据记载:"(陈澧)少好为诗,及长,弃去之。泛览群籍,凡天文、地理、乐律、算术、古文、骈文、填词、篆、隶、真、行书,无不研究。中年读朱子书,读诸经注疏子史,日有课程。尤好读《孟子》,以为孟子所谓性善者,人性皆有善。荀、扬辈皆未知也。读郑氏诸经注,以为郑氏有宗主,复有不同,中正无弊,胜于许氏《异义》、何氏墨守之学。读朱子书,以为清代考据之学,源出朱子,不可反诋朱子。又以为清代考据之学盛矣,犹有未备者,宜补苴之。其著有《声律通考》十卷,《切韵考》六卷,《外篇》三卷,《汉志水道图说》七卷,又著《汉儒通义》七卷。"④其另著有《说文声表》《水经注提纲》《水经注西南诸水考》《三统术详说》《弧三角平视法》《琴律

---

① 龚自珍著,郭延礼选注:《龚自珍诗选》,济南:齐鲁书社,1981年,189页。
② 梁章钜著,刘叶秋,苑育新校注:《浪迹续谈》,福州:福建人民出版社,1983年,125页。
③ 赵尔巽等:《清史稿》,卷四百八十二,北京:中华书局,1977年,13279页。
④ 张舜徽:《清人文集别录》,武汉:华中师范大学出版社,2004年,443页。

谱》等。他将一生读书所得，汇集为《东塾读书记》。由此可见，陈澧读书极为广博，博览经、史、子、集各类书籍，广泛涉猎天文、地理、乐律、算术、古文、骈文、填词、篆书、隶书、真书、行书等专科领域的知识。这些读书经历为他取得丰硕的著述成果奠定了基础，其著述所涉学科领域也非常广泛。

第七章 清代前期的阅读思想与方法

第一节 阅读思想

一、金圣叹阅读思想

金圣叹(1608—1661),明末清初著名的文学家、文学批评家。他称《庄子》《离骚》《史记》《杜诗》《水浒传》《西厢记》为"六才子书",金圣叹评点的书主要有《水浒传》《西厢记》《杜诗解》和《天下才子必读书》等,另著有《沉吟楼诗选》等诗文集,其人"学最博,识最超,才最大、笔最快",[1] 思想独立,文风犀利,在中国文学批评史上独树一帜。金圣叹在文学阅读理论上也颇多建树,其中包含的一些基本阅读思想,在中国古代阅读学史上别具特色,占有十分重要的地位。[2] 金圣叹的阅读思想,主要包括读者主体意识,对读者阅读心理的描述和分析,对读者阅读行为和反应的重视,阐述读者阅读能力及提高读者阅

---

[1] 徐增:《天下才子必读书序》,见孙中旺《金圣叹研究资料汇编》,扬州:广陵书社,2007年,59页。
[2] 曾祥芹:《阅读学新论》,北京:语文出版社,1999年,537页。

读能力的方法等方面。

1. 西方读者中心阅读理论

有学者对西方文学理论和文学批评研究做了一番回顾:"20世纪西方文学理论与批评范式发生了三次重大的转折与变革。在19世纪风行的社会-历史美学与批评之后,经历了以作者的创作为理解作品的根本依据的作者中心论范式时期、以作品的文本自身为理解文学意义的根本依据的文本中心论范式时期和以读者的审美反应与阅读活动为理解文学意义的主要根源的读者中心论范式时期这样三个前后相继、在相互否定的转换中交叉运作的历史阶段。"①随着理论的发展,"自20世纪60年代以来,一大批关注读者研究的审美理论纷纷诞生"。② 这意味着西方文学理论和文学批评进入读者中心论范式的时期。读者中心论中的接受美学理论受到广泛关注和讨论,接受美学理论代表人物姚斯认为:"在作者、作品、读者的三角关系中,读者并不是一个被动的反应要素;相反,它是一个创造性的因素,正是读者的参与,才使得文学作品具备了丰富的历史生命。"③接受美学注重和突出读者的地位,"强调读者,在作品和读者的关系中,接受美学的读者是主体,作品是客体"。④ 当学者们和广大民众重新发现读者,意识到读者的主体地位和价值时,西方阅读研究和读者研究也有了很大进展,"美国的读者反应理论、读者反应动力学和日内瓦学派的阅读现象学等阅读研究"骤然兴起,推动了西方阅读研究和读者研究的发展。

---

① 金元浦:《"间性"的凸现》,北京:中国大百科全书出版社,2002年,67页。
② 金元浦:《"间性"的凸现》,北京:中国大百科全书出版社,2002年,68页。
③ 高建平、丁国旗:《西方文论经典》,第五卷《从文艺心理研究到读者反应理论》,合肥:安徽文艺出版社,2014年,592页。
④ 中国艺术研究院外国文艺研究所《世界艺术与美学》编辑委员会:《世界艺术与美学》,北京:文化艺术出版社,1988年,77页。

2.读者主体意识

阅读研究对读者的重视,古今中西基本一致,因为读者自然而然是阅读研究的核心对象。在17世纪,金圣叹定位了文学批评中的读者立场,形成了以读者为中心的文学批评理论和阅读思想。金圣叹是一位伟大的文学批评家,他的伟大不仅在于他揭示了文学作品的诸多规律,而且在于他的文学批评给予了读者重要地位。① 金圣叹在文学批评、阅读实践和阅读指导中,树立了读者的主体地位,认为读者在阅读中要突出其主体意识。读者主体意识,是指在阅读的过程中,读者有对自身主体性地位、主体能动性、主体阅读行为和反应的自我意识。

金圣叹的读者主体阅读思想,来自他对当时人们不会看书的担忧,和他对"读者之精神不生"②的反思,他认为读者阅读时不能"混账过去"。从金圣叹点评古文经典的阅读实践和经验中,我们总结发现,金圣叹阅读思想中的读者主体意识主要体现在:认识到读者主体的差异性,分析了读者与文本、作者的关系。此外,他对读者阅读心理的描述和分析,他对读者阅读行为和反应的高度重视,都体现了读者主体意识,下文将分别阐述。

(1)读者主体的差异性。

威尔赖特说:"我们每一个人都是独特的,每个人都是具体的存在,有他的本质,和任何人不完全相同。每一个经验、每一个美感的或痛苦的一刹那,也都是独特的。"③读者之间有个体差异,每一位读

---

① 陈慧娟:《文学批评的读者立场——评金圣叹评点〈水浒传〉》,载《江淮论坛》,1997年第6期,90—94页。
② 金圣叹:《贯华堂第五才子书水浒传》,上册,沈阳:万卷出版公司,2009年,25页。
③ 威尔赖特:《燃烧的泉源》,见中国社会科学院外国文学研究所《外国文学研究资料丛刊》编辑委员会《外国理论家、作家论形象思维》,北京:中国社会科学出版社,1979年,204—205页。

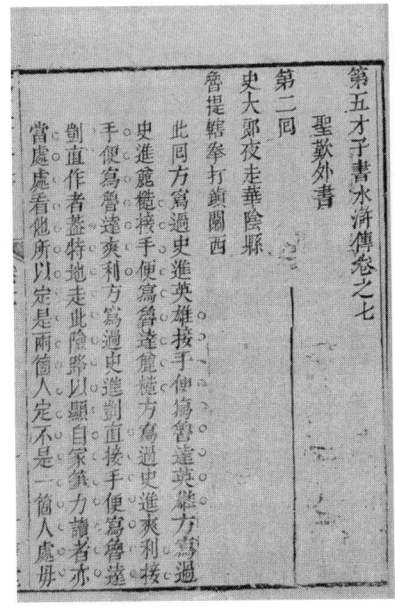

《第五才子书水浒传》

者都是独特的,每一位读者的阅读经验也都是独特的。如果读者自觉意识到自身的这种独特性和个体差异性,就意味着他对主体的差异性有一定认识,也意味着他有读者主体意识。

金圣叹曾意识到读者主体的这种差异性,他说:"《西厢记》断断不是淫书,断断是妙文。今后若有人说是妙文,有人说是淫书,圣叹都不与做理会,文者见之谓之文,淫者见之谓之淫耳。"①金圣叹认为读者之所以对《西厢记》是否为淫书有不同的认识,主要原因在于不同读者的个体差异,读者主体不同,视角不同,所见内容也不同。

金圣叹认为读诗,也有类似情况,因读者主体的差异性,对同一首诗的感受和理解也不同,他说道:"一诗也,有人读之而喜,有人读之而悲者,则以一诗通身写喜,而其中间乃于不意之处却悄然安得一

---

① 金圣叹著,周锡山编校:《贯华堂第六才子书西厢记》,沈阳:万卷出版公司,2009年,11页。

字,又安得者是一虚字,而一时粗人读之,以不觉故,于是遂喜,细人读之,则恰恰注眼射见此字,因而遂更悲也。"①

(2)读者与文本的关系。

萨特说,文学作品需要阅读行为的参与,"除此之外,只剩下白纸上的黑字"。② 文学作品也即是读者面对的文本,如果文本没有被读者阅读,那么其文学作品的价值和意义就无法被发现和挖掘出来。读者在这一过程中的作用非常明显,读者的阅读活动,是对文本的解读和诠释,激活并延续了文本的生命。金圣叹曾说道:"夫世间之书,其力必能至于后世,而世至今犹未能以知之者,则必书中之《西厢记》也。夫世间之书,其力必能至于后世,而世至今犹未能以知之,而我适能尽智竭力,丝毫可以得当于其间者,则必我此日所批之《西厢记》也。"③他认为一部佳作应该流传后世,被后人阅读和知晓,但是当时的很多人似乎不了解《西厢记》,因此他要通过自己的努力,以读者和作者的双重身份,解读、诠释和评点《西厢记》,让后人重新了解并阅读《西厢记》,让《西厢记》的生命延续下去。

读者和文本的关系,还在于读者的主动接受和读者的主观能动性。姚斯曾说:"在作者、作品和大众的三角形之中,大众并不是被动的部分,并不仅仅作为一种反应,相反,它自身就是历史的一个能动的构成。一部文学作品的历史生命如果没有接受者的积极参与是不可思议的。因为只有通过读者的传递过程,作品才进入一种连续性变化的经验视野。在阅读过程中,永远不停地发生着从简单接受到

---

① 金圣叹:《金圣叹批唐才子诗·杜诗解》,北京:中华书局,2010年,13页。
② 萨特著,沈志明、艾珉主编:《萨特文集》,7·文论卷,北京:人民文学出版社,2005年,122页。
③ 金圣叹著,周锡山编校:《贯华堂第六才子书西厢记》,沈阳:万卷出版公司,2009年,8页。

批评性的理解,从被动接受到主动接受。"①金圣叹认为,在阅读过程中,读者要有主体意识,不能被书本牵制和控制,要充分发挥主观能动性。他说:"读书随书读,定非读书人"②"看书要有眼力,非可随文发放也"③"读书须心知轻重,方名善读书人;不然者,不免有懵懂葫芦之诮也"。④

(3)读者与作者的关系。

在西方文学批评理论中,读者中心论似乎是对文本中心论和作者中心论的挑战与冲击,将读者置于文本和作者的对立面。在金圣叹的阅读思想中,读者与作者、文本并不是对立的,而是相互独立又紧密相连的,是不同维度的并立关系,三者最终形成一个整体。

金圣叹自身就是一位读者,他以读者和文学批评家的双重身份积极参与到对《水浒传》等书的阅读当中,表达一位读者阅读这些书籍时的点滴感悟和思考,让所读书籍更加丰满更加有立体感。作为读者的金圣叹让一个一维的书面作品,通过评点,拉伸出第二个维度,即读者的维度。原书经过读者的阅读,形成与原文本不同的书,也就是金圣叹所评论的,既存在王实甫写的《西厢记》,也存在"圣叹批《西厢记》"。

金圣叹在《读第六才子书〈西厢记〉法》中说道:"圣叹批《西厢记》,是圣叹文字,不是《西厢记》文字。""天下万世锦绣才子读圣叹所批《西厢记》,是天下万世才子文字,不是圣叹文字。"⑤他也认为天下

---

① H. R. 姚斯,R. C. 霍拉勃:《接受美学与接受理论》,周宁、金元浦译,沈阳:辽宁人民出版社,1987年,24页。
② 金圣叹著,周锡山编校:《贯华堂第五才子书水浒传》,上,沈阳:万卷出版公司,2009年,234页。
③ 金圣叹著,周锡山编校:《贯华堂第五才子书水浒传》,上,沈阳:万卷出版公司,2009年,69页。
④ 金圣叹著,周锡山编校:《贯华堂第五才子书水浒传》,上,沈阳:万卷出版公司,2009年,312页。
⑤ 金圣叹著,周锡山编校:《贯华堂第六才子书西厢记》,沈阳:万卷出版公司,2009年,18页。

其他读者读圣叹所批《西厢记》，又会形成不同读者心中的《西厢记》。读者、作者在阅读和诠释的过程中，会不断转换角色，所以读者和作者并不是对立的关系，而是相互独立又相互关联的辩证统一关系。金圣叹还认为："《西厢记》，不是姓王字实甫此一人所造，但自平心敛气读之，便是我适来自造。"① 这进一步说明了读者对《西厢记》的解读和诠释，已经与原作者王实甫所写的《西厢记》不同，凸显了读者的主观能动性和主体意识。

3. 读者阅读心理描述和分析

阅读心理，是与阅读过程有关的心理现象，② 是研究阅读过程的心理特点及其规律的领域。③ 阅读过程中，读者的感知和情绪，读者的联想和想象，读者的意志和判断等心理活动都有一定的特征和规律，阅读心理的分析将有助于我们认识读者的阅读行为和反应，有助于读者提高阅读能力和水平，这是从科学研究的角度阐释阅读心理。当然，换一个角度，通过对阅读过程中读者心理变化的具体描述和分析，我们也能够认识读者阅读心理的一些特征。在清代，金圣叹在评点所读书籍时，时常以读者的身份，站在读者的视角，写下不少描述读者阅读心理的文字，虽然这些阅读心理的描述和分析还未达到科学研究的理论高度，但是切合读者阅读实际，具体而微，在中国古代阅读史上占据这一领域的认识高地。

金圣叹认为在阅读过程中，读者设身处地，将自己移情到书中人物身上，体验和感知书中人物的喜怒哀乐，替人担忧，是读书的第一

---

① 金圣叹著，周锡山编校：《贯华堂第六才子书西厢记》，沈阳：万卷出版公司，2009 年，18 页。
② 车文博：《心理咨询大百科全书》，杭州：浙江科学技术出版社，2001 年，683 页。
③ 《教育大辞典》编纂委员会：《教育大辞典》，第 5 卷《教育心理学》，上海：上海教育出版社，1990 年，315 页。

大乐趣,"吾尝言:读书之乐,第一莫乐于替人担忧"。①

《水浒传》第三十九回描写宋江、戴宗入法场前的情境时,作者用笔墨颇多,金圣叹有一番批语:"写急事不得多用笔,盖多用笔则其事缓矣。独此书不然,写急事不肯少用笔,盖少用笔则其急亦遂解矣。如宋江、戴宗谋逆之人,决不待时。虽得黄孔目挨延五日,然至第六日,已成水穷云尽之际,此时只需云'只等午时三刻,便要开刀'一句便过耳。乃此偏写出早辰先着地方打扫法场……又细细将贴犯由牌之芦席,亦都描画出来……次又写搕扎宋江、戴宗,各将胶水刷头发……次又写押到十字路口,用枪棒团团围住……次又写众人看出人,为未见监斩官来,便去细看两个犯由牌……使读者乃自陡然见有'第六日'三字便吃惊起,此后读一句吓一句,读一字吓一字,直至两三页后,只是一个惊吓。吾尝言:读书之乐,第一莫乐于替人担忧。然若此篇者,亦殊恐得乐太过也。"②金圣叹认为这里虽然事急笔缓,但是读者深得其乐,因为读者情不自禁为书中人物担忧。金圣叹在此处的夹批也是妙不可言,他将读者和作者放在同一情境里,就此段描写展开对话,作者有作者之乐,读者亦有读者之乐,读者、作者各自的内心都以惊吓为乐,这是读者阅读心理的一种现象,金圣叹一语将其点破,有夹批曰:"偏是急杀人事,偏要故意细细写出,以惊吓读者。盖读者惊吓,斯作者快活也。读者曰:'不然,我亦以惊吓为快活,不惊吓处,亦便不快活也'。"③"偏要逼到险绝处,使读者受吓不少。"④

---

① 金圣叹著,周锡山编校:《贯华堂第五才子书水浒传》,下,沈阳:万卷出版公司,2009年,563页。
② 金圣叹著,周锡山编校:《贯华堂第五才子书水浒传》,下,沈阳:万卷出版公司,2009年,563页。
③ 金圣叹著,周锡山编校:《贯华堂第五才子书水浒传》,下,沈阳:万卷出版公司,2009年,566页。
④ 金圣叹著,周锡山编校:《贯华堂第五才子书水浒传》,下,沈阳:万卷出版公司,2009年,569页。

由此可见，读者的确是越受惊吓读得越快活啊。

　　读者对小说情节的心理期待和强烈感受，往往不在平淡之处，而在惊险出奇之处。金圣叹对读者的这一阅读心理有亲身体会和分析，他在《水浒传》第三十六回中写宋江浔阳江连环遇险时有一段评语："此篇节节生奇，层层追险。节节生奇，奇不尽不止；层层追险，险不绝必追。真令读者到此，心路都休，目光尽灭，有死之心，无生之望也……一篇真是脱一虎机，踏一虎机，令人一头读，一头吓，不惟读亦读不及，虽吓亦吓不及也。"①可想而知，读者在阅读这样既惊险又出奇的情节时，心理变化起伏多端，情绪体验紧张而兴奋。金圣叹禁不住发出读者的感叹"真令读者到此，心路都休，目光尽灭，有死之心，无生之望也"，②分析了七层追险，读者一路上又惊又吓，但是依然因这样的情节对其爱不释手。这体现了读者的什么阅读心理呢？这可从金圣叹在这一回故事的夹批中有所了解："文情险怪之极，读之如逢奇鬼"。③"前跌犹轻，后跌至重。奇文险笔，使读者吃吓不尽。"④"上文险极，此句快极。不险则不快，险极则快极也。"⑤由此可见，小说情节以惊险出奇制胜，读者因惊险出奇入胜。

　　在情节变化中的停顿和闪烁处，读者的心理变化也是奇妙的。金圣叹在《水浒传》第八回的批语中曰："如洪教头要使棒，反是柴大官人说且吃酒，此一顿已是令人心痒之极，乃武师又于四五合时跳出

---

① 金圣叹著，周锡山编校：《贯华堂第五才子书水浒传》，下，沈阳：万卷出版公司，2009年，517—518页。
② 金圣叹著，周锡山编校：《贯华堂第五才子书水浒传》，下，沈阳：万卷出版公司，2009年，517页。
③ 金圣叹著，周锡山编校：《贯华堂第五才子书水浒传》，下，沈阳：万卷出版公司，2009年，520页。
④ 金圣叹著，周锡山编校：《贯华堂第五才子书水浒传》，下，沈阳：万卷出版公司，2009年，521页。
⑤ 金圣叹著，周锡山编校：《贯华堂第五才子书水浒传》，下，沈阳：万卷出版公司，2009年，523页。

圈子,忽然叫住,曰除枷也;乃柴进又于重提棒时,又忽然叫住。凡作三番跌顿,直使读者眼光一闪一闪,直极奇极恣之笔也。"①情节停顿、闪烁,极能勾住读者的目光,金圣叹用"令人心痒之极",描述出读者此时的心理变化,相当精妙。金圣叹在夹批中直接说明这一现象在读者内心的反应:"说使棒,反吃酒,极力摇曳,使读者心痒无挠处。"②

我们现将原文和金圣叹的夹批一起引述于此,便于体会金圣叹对读者心理活动和反应的描述之详细与入微。"林冲拿着棒,使出山东大擂,打将入来。洪教头把棒就地下鞭了一棒,来抢林冲。两个教头在月明地上交手,使了四五合棒,只见林冲托地跳出圈子外来,叫一声'少歇。'【金夹批:奇文,令读者出于意外。此一回书,每每用忽然一闪法,闪落读者眼光,真是奇绝。】柴进道:'教头如何不使本事?'林冲道:'小人输了。'【金夹批:奇文,令读者出于意外。】"③

4. 读者阅读行为和反应

文学作品的阅读,是通过读者的参与,完成了作品的创造和再创造,"没有读者方面这种持续不断的积极参与,就没有任何文学作品"。④ 读者的参与,主要体现在读者阅读时产生了自己的体验和感受,读者在阅读时设身处地联想和想象书中的情境和画面。

(1)读者的体验和感受。

读者在文学作品面前,感官体验最为直接。书中有悲欢离合各种情节,读者有喜怒哀乐各种感受。无论是眼到、耳到还是心到,读

---

① 金圣叹著,周锡山编校:《贯华堂第五才子书水浒传》,上,沈阳:万卷出版公司,2009年,136页。
② 金圣叹著,周锡山编校:《贯华堂第五才子书水浒传》,上,沈阳:万卷出版公司,2009年,141页。
③ 金圣叹著,周锡山编校:《贯华堂第五才子书水浒传》,上,沈阳:万卷出版公司,2009年,141页。
④ 特雷·伊格尔顿:《二十世纪西方文学理论》,伍晓明译,西安:陕西师范大学出版社,1987年,85页。

者一旦切入情境当中,最容易调动情感体验和情绪感受,这些体验和感受既是读者以往经验的反映,也是读者当下阅读的反应。金圣叹在点评中,时刻关切读者的这些反应,留下了不少精彩评语。

《水浒传》第八回"柴进门招天下客　林冲棒打洪教头"的开篇,原文本就很精彩,金圣叹的夹批更是精妙,直接引入读者的阅读体验和感官反应:"话说当时薛霸双手举起棍来,望林冲脑袋上便劈下来。说时迟,那时快,薛霸的棍恰举起来,只见松树背后雷鸣也似一声,那条铁禅杖飞将来,把这水火棍一隔,丢去九霄云外,跳出一个胖大和尚来。【金夹批:'说时迟,那时快'六字,神变之笔。行文有雷轰电掣之势,令读者眼光霍霍。看他先飞出禅杖,次跳出和尚,恣意弄奇,妙绝怪绝。】"①原文的描写,动感十足,很有画面感,读者看得入神,眼睛自然随情境变换而霍霍闪烁。

《水浒传》第十二回写到东郭争功处,金圣叹高度称赞:"古语有之:画咸阳宫殿易,画楚人一炬难;画舳舻千里易,画八月潮势难。今读《水浒》至东郭争功,其安得不谓之画火、画潮第一绝笔也!"②索超与杨志比武这段,金圣叹以读者身份描述了读到此处时的内心体验和感受,两人刚披挂上马,还没有动一招一式,点评道"读者心头眼底已自异样惊魂动魄,闪心摇胆",一些场景描写后,两人刚要上台,又点评道:"读者至此,其心头眼底,胡得不又为之惊魂动魄,闪心摇胆?"③金圣叹在此不仅描述了读者的感受和反应,而且将读者反应和情节发展紧密连接起来,让读者和小说情节融为一体。从另外一个

---

① 金圣叹著,周锡山编校:《贯华堂第五才子书水浒传》,上,沈阳:万卷出版公司,2009年,137页。
② 金圣叹著,周锡山编校:《贯华堂第五才子书水浒传》,上,沈阳:万卷出版公司,2009年,181页。
③ 金圣叹著,周锡山编校:《贯华堂第五才子书水浒传》,上,沈阳:万卷出版公司,2009年,181页。

角度看,读者内心能发生如此强烈的反应,更加说明了金圣叹对这部分情节描写的喜爱和赞美之情。金圣叹有感而发,读如此绝笔佳文,当是天下第一乐事:"如此行文,真是画火画潮,天生绝笔,自有笔墨,未有此文,自有此文,未有此评。呜呼!天下之乐,第一莫若读书;读书之乐,第一莫若读《水浒》,即又何忍不公诸天下后世之酒边灯下之快人恨人也!"①

金圣叹在评点杜甫的长篇叙事诗《北征》时,也禁不住为之动情,泪眼纵横,毫不掩饰自己读诗的情绪反应,他评曰:"《北征》,先生自行在奉诏还鄜州,迎看家室也。题是北归,通篇诗全是忧劳朝廷,一片深心至计。虽十六解,至二十三解,稍叙妻女,然纯是心在朝廷,恍惚如梦语。读之悲感横生,涕泪交下。"②这样的情绪反应和体验,也说明读者在与诗文作者共情时,能深切体悟到杜甫的家国情怀,但是又不得不为杜甫当时的各种遭遇心生酸楚而流泪。

(2)读者的联想和想象。

读者在文学作品面前,发挥主观能动性,设身处地进入书中情境,时常跟随情节发展,调动联想和想象,产生一个个形象的画面。金圣叹以细致入微的笔墨,描述出读者的这些联想和想象,让读者与作者共情于书中画面,几近融为一体。

《水浒传》第五回写到鲁智深火烧瓦官寺一段,金圣叹批曰:"耐庵忽然而写瓦官,千载之人读之,莫不尽见有瓦官也。耐庵忽然而写瓦官被烧,千载之人读之,又莫不尽见瓦官被烧也。"③作者描写场景用的是书面文字,但是读者读出来的却是一幅画面。作者描写了一

---

① 金圣叹著,周锡山编校:《贯华堂第五才子书水浒传》,上,沈阳:万卷出版公司,2009年,181页。
② 金圣叹著,周锡山编校:《唱经堂第四才子书杜诗解》,沈阳:万卷出版公司,2009年,81页。
③ 金圣叹著,周锡山编校:《贯华堂第五才子书水浒传》,上,沈阳:万卷出版公司,2009年,99页。

座瓦官寺,读者眼前就出现一座瓦官寺的样子;作者描写了火烧瓦官寺的情节,读者眼前就出现火烧瓦官寺的情景。金圣叹说:"摊书于几上,人凭几而读,其间面与书之相去,盖未能以一尺也。此未能一尺之间,又荡然其虚空,何据而忽然谓有瓦官,何据而忽然又谓烧尽,颠倒毕竟虚空,山河不又如梦耶?呜呼!以大雄氏之书,而与凡夫读之,则谓香风菱花之句,可入诗料。"①他认为读者和正对的书卷之间,距离不过一尺,并且这一尺之间空无一物,但是读者眼前的情景能如此形象,说明在从书面文字到画面的转换过程中,读者的联想和想象发挥了重要作用。读者的参与,读者通过联想和想象与作者一起完成了作品中的叙述和描写。金圣叹在此凸显了读者的主观能动性,描述了读者在阅读时的行为和反应。金圣叹有着强烈的读者主体意识,不仅自己是一名读者,而且时刻将普通意义上的读者装在心里,描述读者在不同情节面前应有的反应。

《水浒传》第四十一回写宋江被士兵追寻急忙躲入神厨中,金圣叹批曰:"前半篇两赵来捉,宋江躲过,俗笔只一句可了。今看他写得一起一落,又一起又一落,再一起再一落,遂令宋江自在厨中,读者本在书外,却不知何故,一时便若打并一片心魂,共受若干惊吓者。灯昏窗响,壁动鬼出,笔墨之事,能令依正一齐震动,真奇绝也。"②读者本在书外,但是读者想象书中情境,设身处地,也似乎有受到惊吓的反应。读者既然已经进入情境当中,想象也更加丰富,当士兵和赵能不知面前何物而叫喊"神圣救命"时,金圣叹夹批曰:"士兵叫'神圣救命',赵能又叫'神圣救命',令读者疑是玄女显化,定有鬼兵在后也。

---

① 金圣叹著,周锡山编校:《贯华堂第五才子书水浒传》,上,沈阳:万卷出版公司,2009年,99页。
② 金圣叹著,周锡山编校:《贯华堂第五才子书水浒传》,下,沈阳:万卷出版公司,2009年,591页。

此皆作者特为此鬼怪之笔,俗本乃作'我们都是死也',一何可笑。"① 既然书中还没有交代是人是鬼,读者自然通过"神圣救命"的呐喊,想象有鬼神出没,这也是金圣叹点评的精细之处,无时无刻不关切读者的反应。

5. 读者阅读能力及其提高的方法

金圣叹不仅是爱读书之人,而且是会读书之人。他在读书和点评过程中,对读书之法不无思考,有的是指导读书的抽象方法,有的是具体的读书方法,诸如读书开目明理,"读之即得读一切书之法""贪游名山,须耐仄路""读书当先明义例",也提到泛览和精读相结合等读书方法。金圣叹希望通过介绍这些读书方法,帮助读者提高阅读能力和欣赏水平。

(1) 读书开目明理。

金圣叹认为读书要开目,即要有眼光,有眼力见儿,能透过现象看本质,才是善读书的人。

读者读懂作品,会欣赏作品,需要目光敏锐有洞察力,需要善于用心体会和思考,需要善于表达自己的体验和感受。金圣叹在《水浒传》第二十一回中,感叹读古人书之难,因此他试图通过评点和解读《水浒传》,帮助读者打开心目,即"开尔明月之目,运尔珠玉之心,展尔粲花之舌"。② 读者解放心门,打开眼睛,也就意味着基本具备了欣赏文学作品的意识和能力。金圣叹在《水浒传》第二十一回中的夹批也表明此意,善于读书的人,是要有识别和判断能力的,"读书须心知

---

① 金圣叹著,周锡山编校:《贯华堂第五才子书水浒传》,下,沈阳:万卷出版公司,2009年,597页。
② 金圣叹著,周锡山编校:《贯华堂第五才子书水浒传》,上,沈阳:万卷出版公司,2009年,311页。

轻重，方名善读书人。不然者，不免有懵懂葫芦之诮也"。①

读者打开眼睛后，还需要练就阅读的眼力见儿。金圣叹曰："看书要有眼力，非可随文发放也。"金圣叹以鲁达遇见金老后转而要去五台山寺为例，说明故事前后的线索要靠读者自己去梳理发现，这样读者才能读懂情节发展的内在逻辑。当然，这种眼力见儿还在于对书中人物的认识，诸如金圣叹在《水浒传》第三十回中评曰："一部书中，写一百七人最易，写宋江最难；故读此一部书者，亦读一百七人传最易，读宋江传最难也。"②虽然读懂宋江最难，但是如果有眼力见儿，也不是不能读懂。他评曰："骤读之而全好，再读之而好劣相半，又再读之而好不胜劣，又卒读之而全劣无好矣。夫读宋江一传，而至于再，而至于又再，而至于又卒，而诚有以知其全劣无好，可不谓之善读书人哉！然吾又谓由全好之宋江，而读至于全劣也犹易，由全劣之宋江，而写至于全好也实难。乃今读其传，迹其言行，抑何寸寸而求之，莫不宛然忠信笃敬君子也？篇则无累于篇耳，节则无累于节耳，句则无累于句耳，字则无累于字耳。虽然，诚如是者，岂将以宋江真遂为仁人孝子之徒哉？"③可见金圣叹读宋江是专下了一番功夫，也终于拨开云雾，对宋江的形象有了异样的认识。他说要洞察这些，靠的是笔墨之外的功夫，这笔墨之外的功夫想必就是读者的眼力见儿。

金圣叹认为读书要打开视野，要把眼光放长远，有时甚至要从整体的视角去把握。金圣叹在《读第五才子书法》中说道："凡人读一部书，须要把眼光放得长。如《水浒传》七十回，只用一目俱下，便知其

---

① 金圣叹著，周锡山编校：《贯华堂第五才子书水浒传》，上，沈阳：万卷出版公司，2009年，312页。
② 金圣叹著，周锡山编校：《贯华堂第五才子书水浒传》，下，沈阳：万卷出版公司，2009年，503页。
③ 金圣叹著，周锡山编校：《贯华堂第五才子书水浒传》，下，沈阳：万卷出版公司，2009年，503页。

二千余字,只是一篇文字。中间许多事体,便是文字起承转合之法,若是拖长看去,却都不见。"①读者要有宏观的视野,将作者交代的各种线索连接起来,才能理解情节发展的逻辑合理性。当然,这也就需要读者不拘泥于未解的线索和悬念,要能从书中跳得出来,才能读得进去,反之,金圣叹认为"读书随书读,定非读书人"。②

读书也是读者和作者的一种交流,读者需要读懂书中内容,也需要读懂作者的内心想法。金圣叹在《读第五才子书法》中说道:"大凡读书,先要晓得作书之人是何心胸。"③他以《史记》和《水浒传》为例进行说明:"施耐庵本无一肚皮宿怨要发挥出来,只是饱暖无事,又值心闲,不免伸纸弄笔,寻个题目,写出自家许多锦心绣口,故其是非皆不谬于圣人。后来人不知,却于《水浒》上加'忠义'字,遂并比于史分发愤著书一例,正是使不得。"④金圣叹的这一评断,与常人大为不同,我们可以将之理解为金圣叹读懂了他心目中的施耐庵,他所用的眼力见儿在于他能透过现象看本质。

读书不仅要开目,要有眼力见儿,而且要善于读懂书中义理,读书明理是关键。金圣叹在《贯华堂第五才子书水浒传·序一》中讲道:"读者贵乎神而明之,而不得枘比字句,以为从事于经学也。"⑤他的意思是说读书以明理为要,不拘泥于章句。金圣叹在《水浒传》第

---

① 金圣叹著,周锡山编校:《贯华堂第五才子书水浒传》,上,沈阳:万卷出版公司,2009年,15页。
② 金圣叹著,周锡山编校:《贯华堂第五才子书水浒传》,上,沈阳:万卷出版公司,2009年,234页。
③ 金圣叹著,周锡山编校:《贯华堂第五才子书水浒传》,上,沈阳:万卷出版公司,2009年,15页。
④ 金圣叹著,周锡山编校:《贯华堂第五才子书水浒传》,上,沈阳:万卷出版公司,2009年,15页。
⑤ 金圣叹著,周锡山编校:《贯华堂第五才子书水浒传》,上,沈阳:万卷出版公司,2009年,3页。

二十二回的夹批中也说道:"读书固必以神理为主。"①金圣叹在处理形迹和神理的关系时,态度明确:"略其形迹,伸其神理。"《贯华堂第五才子书水浒传·序三》有言曰:"《水浒》所叙,叙一百八人,其人不出绿林,其事不出劫杀,失教丧心,诚不可训。然而吾独欲略其形迹,伸其神理者……而举其神理,正如《论语》之一节两节,浏然以清,湛然以明,轩然以轻,濯然以新……如必欲苛其形迹,则夫十五《国风》,淫污居半;《春秋》所书,弑夺十九。"②

(2)"读之即得读一切书之法"。

金圣叹在《贯华堂第五才子书水浒传·序三》中称,读《水浒传》即得读一切书之法。他认为"施耐庵《水浒传》真为文章之总持"。③"夫固以为《水浒》之文精严,读之即得读一切书之法也。汝真能善得此法,而明年经业既毕,便以之遍读天下之书,其易果如破竹也者。"④金圣叹从小喜读《水浒传》,对《水浒传》情有独钟,并且深得书中形迹和神理,他以一己之见,力推读《水浒传》之法,并且给出了理由,认为"盖天下之书,诚欲藏之名山,传之后人,即无有不精严者"。⑤《水浒传》"字有字法,句有句法,章有章法,部有部法",⑥可谓精严之作,当作为读书的典范。他说:"非吾有读《水浒》之法,若《水浒》固自为读

---

① 金圣叹著,周锡山编校:《贯华堂第五才子书水浒传》,上,沈阳:万卷出版公司,2009年,325页。
② 金圣叹著,周锡山编校:《贯华堂第五才子书水浒传》,上,沈阳:万卷出版公司,2009年,8页。
③ 金圣叹著,周锡山编校:《贯华堂第五才子书水浒传》,上,沈阳:万卷出版公司,2009年,8页。
④ 金圣叹著,周锡山编校:《贯华堂第五才子书水浒传》,上,沈阳:万卷出版公司,2009年,8页。
⑤ 金圣叹著,周锡山编校:《贯华堂第五才子书水浒传》,上,沈阳:万卷出版公司,2009年,8页。
⑥ 金圣叹著,周锡山编校:《贯华堂第五才子书水浒传》,上,沈阳:万卷出版公司,2009年,8页。

一切书之法矣。"①

金圣叹在《读第六才子书〈西厢记〉法》中提到读书要有手眼,这手眼可以理解为一种读书的方法。金圣叹说:"圣叹本有'才子书'六部,《西厢记》乃是其一。然其实六部书,圣叹只是用一副手眼读得。如读《西厢记》,实是用读《庄子》《史记》手眼读得;便读《庄子》《史记》,亦只用读《西厢记》手眼读得。如信仆此语时,便可将《西厢记》与子弟作《庄子》《史记》读。"②他说的用一副手眼读得六部"才子书",是作为一种读书方法,即"彻底读懂、读通一部经典,就会学到读书的方法,掌握了读书的方法,就可读各种经典著作,无往而不利"。③ 这种读书的手法,非一般读者所能理解和掌握,但是金圣叹认为,掌握了这种方法之后,再读其他奇书或难读之书,问题就可以迎刃而解了。他说道:"子弟读得此本《西厢记》后,必能自放异样手眼,另去读出别部奇书。遥计一二百年之后,天地间书,无有一本不似十日并出,此时则彼一切不必读、不足读、不耐读等书亦既废尽矣,真一大快事也!然实是此《西厢记》为始。"④

由此可见,金圣叹认为读书的方法可以举一反三,精读一部经典,如《水浒传》《西厢记》,深得读经典著作的方法,可以推而广之,运用到读其他书的过程中。

(3)"贪游名山,须耐仄路"。

读书如行路,平淡乏味之书读来无趣,奇山险峰才耐人寻味。金

---

① 金圣叹著,周锡山编校:《贯华堂第五才子书水浒传》,上,沈阳:万卷出版公司,2009年,8页。
② 金圣叹著,周锡山编校:《贯华堂第六才子书西厢记》,沈阳:万卷出版公司,2009年,12页。
③ 金圣叹著,周锡山编校:《贯华堂第六才子书西厢记》,沈阳:万卷出版公司,2009年,20页。
④ 金圣叹著,周锡山编校:《贯华堂第六才子书西厢记》,沈阳:万卷出版公司,2009年,12—13页。

圣叹在《水浒传》第四十三回中评曰："贪游名山者,须耐仄路;贪食熊蹯者,须耐慢火;贪看月华者,须耐深夜;贪见美人者,须耐梳头。如此一回,固愿读者之耐之也。"①寻奇探险是读者的一种阅读期待和心理需求,然而真正读处处惊险、节节出奇的佳作,读者就必须要有耐心,如金圣叹所言"贪游名山,须耐仄路"。

(4)"读书当先明义例"。

金圣叹对读《周易》也有一番研究,他针对如何读《周易》,提出当先明义例之法,具体而言,金圣叹在《通宗易论·义例》中讲道:"读书当先明义例,义例明,虽五千四十八卷,如指掌耳。大《易》为改过而作,是必有义。有义因以起例。例之所在,义之所在也。羲、文例在《乾》《坤》二画,周公例在用九、用六。孔子学《易》,韦编三绝,铁撞三折,漆书三灭,遂自立为例,曰阴阳、刚柔、仁义。"②这大体是说,读书先明白义例,再多的类似书籍也能了如指掌读得懂。他简述了伏羲、周文王、周公和孔子所言例的差异和内在联系,分析了义和例的关系,认为读懂义和例,就能读懂《周易》。

(5)泛览和精读相结合读书法。

金圣叹在《读第六才子书〈西厢记〉法》中,提出一种泛览和精读相结合的读书方法,认为读书应当总览整体,了解概貌,这是要泛览快读;读书也应当精切细读。具体而言,金圣叹以读《西厢记》为例,说道:"《西厢记》,必须尽一日一夜之力,一气读之。一气读之者,总揽其起尽也。"③"《西厢记》,必须展半月一月之功,精切读之。精切读之者,细寻其肤寸也。"④其实泛览快读和精读慢读并不矛盾,善于读

---

① 金圣叹著,周锡山编校:《贯华堂第五才子书水浒传》,下,沈阳:万卷出版公司,2009年,623页。
② 金圣叹著,周锡山编校:《小题才子书》,沈阳:万卷出版公司,2009年,197页。
③ 金圣叹著,周锡山编校:《贯华堂第六才子书西厢记》,沈阳:万卷出版公司,2009年,18页。
④ 金圣叹著,周锡山编校:《贯华堂第六才子书西厢记》,沈阳:万卷出版公司,2009年,18页。

书的人，自然理解将两者结合起来的读书效果更佳。

二、颜李学派阅读思想

颜元（1635 — 1704），清初思想家、教育家，颜李学派创始人。其主要著述有《四存编》(《存性编》《存学编》《存治编》《存人编》)《习斋记余》《朱子语类评》《颜习斋先生言行录》等。李塨(1659 — 1733)，清初思想家，著有《阅史郄视》《四书传注》《周易传注》《大学辨业》《圣经学规纂》《论学》《学射录》等。李塨师从颜元，继承和发展了颜元的思想，他们共同形成了颜李学派。颜李学派从"实学"的角度，批判程朱理学"穷理居敬""静坐读书"等观点，主张"习行""实学""实用"。颜李学派的阅读思想散见于他们的著述当中。从阅读研究的角度看，颜李学派批驳了程朱理学特别是朱熹的读书观，在此基础上，提出了他们关于读书的思想观点和主张。

《习斋记余》

1. 颜李学派批驳什么

颜李学派从"实学"的角度,批驳了程朱理学以读书为目的的读书观,批驳了"半日静坐半日读书"的读书学习观点。

颜元在《存学编》中对朱熹的观点提出质疑:"多识自不可废,博学乃只多读书乎?"①他不反对多读书和多学习,但是博学就只是多读书吗?他批驳朱熹道:"朱子论学只是论读书,但他处多入'理会道理''穷理致知'等字面,不肯如此分明说。试看此处直言之如此十分精彩,十分有味,盖由其得力全在此也。夫读书乃学中之一事,何为全副精神用在简策乎!"②他指出朱子论学习时只讲读书,即朱子认为学习只是读书,将"读书等同于学习"的观点是不对的。颜元认为读书只是学习中的一部分,并非学习的全部,读书不能完全替代学习。但凡看到朱熹有关论读书的语词,颜元都竭力批评和反驳,在《朱子语类评》中类似的评语不胜枚举。针对朱子所言"教人无宗旨,只是随分读书"的观点,颜元评论曰:"会读书者,曾见一人如帝臣、王佐否?以读书自误,兼误少年书生矣。此段且增'随分'二字,是自天子至庶人皆欲误之乎?大学何不言'壹是皆以读书为本'!"③颜元批驳朱子的教育只是读书说,针对朱子所言:"学者做工夫,须如大火锻炼通红成汁方好。今学者虽费许多工夫看文字,下梢头都不得力、不济事者,只缘不熟耳"④,颜元评论曰:"朱子说诲半日,皆谓读书乎?读书愈多愈惑,审事机愈无识,办经济愈无力。试历观宋、明已事,可为痛哭。朱子胸中妙思,口里快道,直如许津津有味。试问立朝四旬,亲民九考,干得甚事?吾尝谓'读书欲办天下事,如缘木而求鱼也';

---

① 颜元著,王星贤、张芥塵、郭征点校:《颜元集》,上,北京:中华书局,1987年,96页。
② 颜元著,王星贤、张芥塵、郭征点校:《颜元集》,上,北京:中华书局,1987年,98页。
③ 颜元著,王星贤、张芥塵、郭征点校:《颜元集》,上,北京:中华书局,1987年,250页。
④ 颜元著,王星贤、张芥塵、郭征点校:《颜元集》,上,北京:中华书局,1987年,252页。

圣人复起,不易吾言矣。"①颜元批驳朱子将读书等同于学习,一切皆是读书之说,如果要处理天下事务,那么只读书就好比缘木求鱼,徒劳无益。

颜元在著述中频繁指出和批驳程朱理学的静坐读书之说,他认为:"'半日静坐'之半日固空矣,'半日读书'之半日亦空,也是空了岁月。'虚灵不昧',空了此心,'主一无适',亦空了此心也。说'六艺合当做,只自幼欠缺,今日补填是难',是空了身上习行也。"②颜元从务实的习行之说,直击程朱理学"半日静坐半日读书"之说的要害。李塨在《与枢天论读书》中说道:"读阅久则喜静恶烦,而心板滞迂腐矣。"③

读书果真如此糟糕吗?如果不加分析,就会以为颜李学派在批驳读书本身,其实"习斋反对读书,并非反对学问。因为他认定读书与学问截然两事,而且认为读书妨碍学问,所以反对它。他(颜元)说:人之岁月精神有限,诵说中度一日,便习行中错一日;纸墨上多一分,便身世上少一分(《存学编》卷一)。恕谷(李塨)亦说:纸上之阅历多,则世事之阅历少;笔墨之精神多,则经济之精神少。宋明之亡以此(《恕谷年谱》)。观此,可知他(颜元)反对读书,纯为积极的,而非消极的。他只是叫人把读书的岁月精神腾出来去做学问。"④

颜元为什么批驳程朱的读书观呢?颜元在《存学编·明亲》中慷慨陈词:"一二聪明特杰者出,于道略有所见,粗有所行,遽自谓真孔、孟矣,一时共尊为孔、孟焉,嗣起者以为我苟得如先儒足矣。是以或学训解纂集,或学静坐读书,或学直捷顿悟,至所见所为,能仿佛于前

---

① 颜元著,王星贤、张芥塵、郭征点校:《颜元集》,上,北京:中华书局,1987年,252页。
② 颜元著,王星贤、张芥塵、郭征点校:《颜元集》,上,北京:中华书局,1987年,270—271页。
③ 李塨著,冯辰校:《恕谷后集》,1—3册,北京:中华书局,1985年,165页。
④ 梁启超:《中国近三百年学术史》,北京:中国社会科学出版社,2008年,117页。

人而不大殊,则将就冒认,人已皆以为大儒矣,可以承先启后矣。或独见歧异,恍惚道体,则辄称发先儒所未发,得孔、颜乐处矣。又孰知其非大学之道乎!此所以皆未之言也。天下人未之言,数百年以来之人未之言,吾独于程、朱、陆、王之外别有大学之道焉,岂不犯天下之恶,而受天下僇乎?然吾之所惧,有甚于此者,以为真学不明,则生民将永被毒祸,而终此天地不得被吾道之泽;异端永为鼎峙,而终此天地不能还三代之旧。是以冒死言之,望有志继开者之一转也。"①颜元首先是不怕挑战和冒犯天下已成之论,其次是更担心真的学问不能公开被人接受导致这些人继续深受其害,再者是担心不能传承和彰显三代之原本学问。因此,颜元以批驳程朱理学之读书观为突破口,对程朱理学之弊端进行激烈批判。

2. 颜礼学派如何批驳程朱理学之读书观的

颜元对程朱理学之读书观的批驳,可谓直击要害,主要集中在批驳"读书等同于学习和学问"的读书观和"半日静坐半日读书"的读书观等方面。

(1)颜元批驳程朱理学将"读书等同于学习和学问"的读书观。

颜元称:"朱子则必欲人读天下许多书,是将道全看在书上,将学全看在读上。"②颜元在《四书正误》中反对宋儒朱熹的读书观:"宋人务读取三百遍,期一字不差。朱子尤欲读尽天下书,耗有用心气于纸墨,何为也?率古今之文字,食天下之神智,扫天下之人才,乱古圣之本学,愚哉妄哉!斯世何不幸,而罹兹大祸也。悲夫!"③他认为如宋儒朱子这样的读书观,对社会和人才都是不幸的。他正本清源道:"盖古人读书,惟取施行,固不沾沾其章句。"④古人读书旨在施行,而

---

① 颜元著,王星贤、张芥塵、郭征点校:《颜元集》,上,北京:中华书局,1987年,42—43页。
② 颜元著,王星贤、张芥塵、郭征点校:《颜元集》,上,北京:中华书局,1987年,62页。
③ 颜元著,王星贤、张芥塵、郭征点校:《颜元集》,上,北京:中华书局,1987年,229页。
④ 颜元著,王星贤、张芥塵、郭征点校:《颜元集》,上,北京:中华书局,1987年,229页。

不拘泥于书中表面文字。

《颜习斋先生言行录》中记载了颜元和李命侯的一段对话。颜元说："古今旋乾转坤,开物成务,由皇帝王霸以至秦、汉、唐、宋、明,皆非书生也。读书著书,能损人神智气力,不能益人才德。其间或有一二书生济时救难者,是其天资高,若不读书,其事功亦伟,然为书损耗,非受益也。"他认为读书对人的神智气力消耗大。李命侯问道："书可废乎?"颜元回答："否。学之字句皆益人,读著万卷倍为累。如弟子入则孝一章,士夫一阅,终身做不尽;能行五者于天下一章,帝王一观,百年用不了,何用读著许多! 千年大患,只为忘了孔门'学而时习之'一句也。"①颜元并不是反对读书,而是反对把读书当作学习本身,他认为学习不仅仅是读书,更重要的是习得和在运用所学知识的过程中习得。

颜元并不否定朱熹对儒学发展的贡献,他也肯定了朱熹"昭明书旨,备劳心力"的贡献和意义,但是反对朱熹只以读书为主旨,未能"得吾身之道"。"先生(朱熹)蒐辑先儒之说而断以已意,汇别区分,文从字顺,妙得圣人之本旨,昭示斯道之标的。又使学者先读《大学》以立其规模,次及《语》《孟》以尽其蕴奥,而后会其归于《中庸》。尺度权衡之既定,由是以穷诸经,订群史以及百氏之书,则将无理之不可精,无事之不可处矣。先生昭明书旨,备劳心力,然所明只是书旨,未可谓得吾身之道也。"②

颜元反对朱熹以读经史书籍为穷理求道本身的观点,他论述道:"盖四书、诸经、群史、百氏之书所载者,原是穷理之文,处事之道。然但以读经史、订群书为穷理处事以求道之功,则相隔千里;以读经史、

---

① 颜元著,王星贤、张芥尘、郭征点校:《颜元集》,下,北京:中华书局,1987年,674页。
② 颜元著,王星贤、张芥尘、郭征点校:《颜元集》,上,北京:中华书局,1987年,78页。

订群书为即穷理处事,曰道在是焉,则相隔万里矣。"①

颜元以学琴为例,类推读书不等于学习和求道:"譬之学琴然:诗书犹琴谱也。烂熟琴谱,讲解分明,可谓学琴乎?故曰以讲读为求道之功,相隔千里也。更有一妄人指琴谱曰,是即琴也,辨音律,协声韵,理性情,通神明,此物此事也。谱果琴乎?故曰以书为道,相隔万里也。千里万里,何言之远也!"②他继续以学琴为例,区分了学琴、习琴和能琴的不同之处,认为如果把只读琴谱当作学琴,那就好比只望江水而不渡江;如果把琴谱当作琴本身,那就好比南辕北辙。颜元以此类推,把只读书当作学习本身,其实它们相差千万里。他又说道:"亦譬之学琴然:歌得其调,抚娴其指,弦求中音,徽求中节,声求协律,是谓之学琴矣,未为习琴也。手随心,音随手,清浊、疾徐有常规,鼓有常功,奏有常乐,是之谓习琴矣,未为能琴也。弦器可手制也,音律可耳审也,诗歌惟其所欲也,心与手忘,手与弦忘,私欲不作于心,太和常在于室,感应阴阳,化物达天,于是乎命之曰能琴。今手不弹,心不会,但以讲读琴谱为学琴,是渡河而望江也,故曰千里也。今目不睹,耳不闻,但以谱为琴,是指蓟北而谈云南也,故曰万里也。"③

颜元以学医为比喻,读医书不等于懂医术和治病救人,类推只读书不等于学习:"黄帝素问、金匮、玉函,所以明医理也,而疗疾救世,则必诊脉、制药、针灸、摩砭为之力也。今有妄人者,止务览医书千百卷,熟读详说,以为予国手矣,视诊脉、制药、针灸、摩砭以为术家之粗,不足学也;书日博,识日精,一人倡之,举世效之,岐、黄盈天下,而天下之人病相枕、死相接也,可谓明医乎?愚以为从事方脉、药饵、针灸、摩砭,疗疾救世者,所以为医也,读书取以明此也。若读尽医书,

---

① 颜元著,王星贤、张芥塵、郭征点校:《颜元集》,上,北京:中华书局,1987年,78页。
② 颜元著,王星贤、张芥塵、郭征点校:《颜元集》,上,北京:中华书局,1987年,78页。
③ 颜元著,王星贤、张芥塵、郭征点校:《颜元集》,上,北京:中华书局,1987年,78—79页。

而鄙视方脉、药饵、针灸、摩砭,妄人也。不惟非岐、黄,并非医也,尚不如习一科、验一方者之为医也。"①

颜元以走路为比喻,说路程本不等于行路,类推只读书之谬。颜元说:"宋儒如得一路程本,观一处又观一处,自喜为通天下路程人,人亦以晓路称之。其实一步未行,一处未到,周行芜榛矣。"②

(2)颜元批驳程朱理学"半日静坐半日读书"的读书观。

颜元认为静坐读书对读书人是有损伤的。颜元的宗人说:"坐读之病苦。"颜元说:"书之病天下久矣,使生民被读书者之祸,读书者自受其祸。而世之名为大儒者,方且要'读尽天下书',方且要'每篇读三万遍,以为天下倡',历代君相,方且以爵禄诱天下于章句浮文之中,此局非得大圣贤、大豪杰,不能破矣。"③

颜元分析静坐读书对读书人身心的损伤,认为:"及其壮衰,已养成娇脆之体矣,乌能劳筋骨,费气力,作六艺事哉!吾尝目击而身尝之,知其为害之巨也。"④他以其友身体衰竭之情形说明静坐读书之危害:"吾友张石卿,博极群书,自谓秦、汉以降二千年书史,殆无遗览。为诸少年发书义,至力竭偃息床上,喘息久之,复起讲,力竭复偃息,可谓劳之甚矣。"⑤他又举刁蒙吉静坐读书的例子:"祁阳刁蒙吉,致力于静坐读书之学,昼诵夜思,著书百卷,遗精痰嗽无虚日,将卒之三月前,已出言无声。"⑥他列举了多个案例,并总结静坐读书之害,曰:"况今天下兀坐书斋人,无一不脆弱,为武士、农夫所笑者,此岂男子态乎!"⑦颜元痛言:"'半日静坐半日读书'之言,岂不令饥寒者立死,露

---

① 颜元著,王星贤、张芥尘、郭征点校:《颜元集》,上,北京:中华书局,1987年,50页。
② 颜元著,王星贤、张芥尘、郭征点校:《颜元集》,下,北京:中华书局,1987年,783页。
③ 颜元著,王星贤、张芥尘、郭征点校:《颜元集》,下,北京:中华书局,1987年,655页。
④ 颜元著,王星贤、张芥尘、郭征点校:《颜元集》,上,北京:中华书局,1987年,73页。
⑤ 颜元著,王星贤、张芥尘、郭征点校:《颜元集》,上,北京:中华书局,1987年,73页。
⑥ 颜元著,王星贤、张芥尘、郭征点校:《颜元集》,上,北京:中华书局,1987年,73页。
⑦ 颜元著,王星贤、张芥尘、郭征点校:《颜元集》,上,北京:中华书局,1987年,73页。

处与疾病者立毙乎。"①颜元批驳朱熹曰:"朱子更愚,全副力量用在读书,每章'读取三百遍',又要'读尽天下书',又言'不读一书,不知一书之理'……但到三十上下,耗气劳心书房中,萎惰人精神,使筋骨皆疲软,天下尤不弱之书生,无不病之书生,一事不能做。"②

颜元认为静坐读书不切实用。他批评朱熹道:"朱子'半日静坐',是半日达也,'半日读书',是半日汉儒也。"③颜元又批道:"朱门一派口里道是'即物穷理',心里见得,日闲做得,却只是读书讲论。他处穷事理之理说教好看,令人非之无举,此处现出本色,其实莫道不曾穷理,并物亦不能即。'半日静坐,半日读书',那会去格物？莫道天下事物,只礼乐为斯须不可去身之物,亦不会即而格之。"④颜元认为半日静坐半日读书,与朱熹所说的即物穷理之说背道而驰。颜元认为静坐读书,所用之功,不切实用,周氏坦曰:"观先生在罗浮山静坐三年,所以穷天地万物之理,切实若此。"颜元评论曰:"原来是用此功,岂不令孔子哀之乎！但凡从静坐读书中讨来识见议论,便如望梅画饼,靠之饥食渴饮不得。"⑤

3. 颜李学派的读书观

从阅读的角度看,颜李学派认为读书不等同于学习和学问,读书本身不是目的,读书是学习的手段和过程,读书的目的是明理、习行和致用。

康熙年间郭金城在《存学编·序》中记载,李塨曾对他讲了一番话,使他如醉而醒,如梦而觉。李塨曰:"子知读书,未知为学。夫读书,非学也。今之读书者,止以明虚理、记空言为尚,精神因之而亏

---

① 颜元著,王星贤、张芥尘、郭征点校:《颜元集》,下,北京:中华书局,1987年,490页。
② 颜元著,王星贤、张芥尘、郭征点校:《颜元集》,上,北京:中华书局,1987年,272页。
③ 颜元著,王星贤、张芥尘、郭征点校:《颜元集》,上,北京:中华书局,1987年,278页。
④ 颜元著,王星贤、张芥尘、郭征点校:《颜元集》,下,北京:中华书局,1987年,493页。
⑤ 颜元著,王星贤、张芥尘、郭征点校:《颜元集》,上,北京:中华书局,1987年,66页。

耗,岁月因之以消磨,至持身涉世则盲然。曾古圣之学而若此!古人之学,礼、乐、兵、农,可以修身,可以致用,经世济民,皆在于斯,是所谓学也。书,取以考究乎此而已,专以诵读为务者,非学也,且以害学。"①李塨所讲内容源自颜元的学说,主旨思想来自颜元的《存学编》。李塨讲的这段话,批驳了程朱理学的读书观,阐明了颜李学派的读书观,即读书不等于学习和学问本身。颜李学派认为古圣之学习的要旨在于经世致用,只读书而不切实用,不是真的学习。

颜元在《存学编·学辨二》中记录了他和友人王养粹的对话,其中关于读书的辩论,让我们更加清楚地理解颜李学派的读书观,颜元并不是反对读书,而是认为要分清楚什么是读书、什么是学习,读书不等同于学习,不能把多读书作为目的代替博学,读书是学习的一种手段和方法,读书本身不是目的。王子(王养粹)曰:"博学乃古人第一义。易云'多识前言往行以畜德',子路曰'何必读书然后为学'。可见古人读书,诵读亦何可全废?"予(颜元)曰:"周公之法,春秋教以礼乐,冬夏教以诗书。岂可全不读书!但古人是读之以为学,如读琴谱以学琴,读礼经以学礼。博学之,是学六府、六德、六行、六艺之事也。只以多读书为博学,是第一义已误,又何暇计问、思、辨、行也?"②颜元又说:"读书为致知中之一事,专为之则浮学。"③可见他认为读书只是学习的一种路径,并非学习的全部。

李塨在和宋瑾的对答中,继续阐明颜李学派的读书观,即学习不专指读书。

> 宋豫庵(名瑾),自湖州来桐乡视予(李塨),曰:"闻颜习斋先生言'先儒静坐之功近禅'有之乎?"曰:"有之。"豫庵曰:"借静坐

---

① 郭金城:《存学编序》,见颜元《颜元集》,上,北京:中华书局,1987年,37页。
② 颜元著,王星贤、张芥塵、郭征点校:《颜元集》,上,北京:中华书局,1987年,54页。
③ 颜元著,王星贤、张芥塵、郭征点校:《颜元集》,下,北京:中华书局,1987年,730页。

以收放心,乃可为学,非专事此也,何为近禅?"(李塨)曰:"先生所谓学者,专指读书乎?"豫庵曰:"学为圣贤,岂专在读书?"(李塨)曰:"若如此,请问半日静坐,半日读书,所谓乃可为学之功,是在何时?"①

颜元主张读书的目的之一在于明理,曾曰:"读书以明理,是借书以明吾心之理,非必记其书也。今日一种书之理开吾心,明日一种书之理开吾心,久之,吾心之明自见,自能烛照万理。"②但是明理的路径不止读书一条,不能专以读书代替学习本身。李塨曾经和徐秉义有一段讨论读书的对话,徐秉义曰:"读书以明理,不读书,理何由明?"李塨曰:"非教人废读书也,但专以读书为学,则不可耳。且明理非尽由读书也。即如人日读书传,亦知射曰:'志正体直',而与之决拾,颠倒错互,遂可谓晓知射之理乎?亦知乐曰:'以和为主',而宫商音律,入耳茫然,遂可谓晓知乐之理乎?故古人明理之功,以实事不以空文,曰:'致知在格物'。"③

颜元认为明理和学习不只在读书,更要注重实学、实习,要亲身体悟和习行,否则是无用的学问,他曾曰:"大旨明道不在诗书章句,学不在颖悟诵读,而期如孔门博文、约礼、身实学之,身实习之,终身不懈者。"④颜元曰:"吾人要为君子,凡读书须向自己身上打照,若只作文字读,便妄读矣。"⑤"心中醒,口中说,纸上作,不从身上习过,皆无用也。"⑥颜元曰:"读得书来口会说,笔会做,都不济事,须是身上行

---

① 李塨:《论学》,见《李塨文集》,上,石家庄:河北人民出版社,2011年,76页。
② 颜元著,王星贤、张芥尘、郭征点校:《颜元集》,下,北京:中华书局,1987年,648页。
③ 李塨:《论学》,见《李塨文集》,上,石家庄:河北人民出版社,2011年,87页。
④ 颜元著,王星贤、张芥尘、郭征点校:《颜元集》,上,北京:中华书局,1987年,48页。
⑤ 颜元著,王星贤、张芥尘、郭征点校:《颜元集》,下,北京:中华书局,1987年,689页。
⑥ 颜元著,王星贤、张芥尘、郭征点校:《颜元集》,上,北京:中华书局,1987年,56页。

出,才算学问。"①他又曾曰:"学求实得,要性情自慊,则心逸而日休;学求名美,便打点他人,则心劳而日拙。此关不透,虽自负读书穷理,用功数十年,其实谓之一步未进。"②"开聪明,长才见,固资读书。若化质养性,必在行上得之。不然,虽读书万卷,所知似几于贤圣,其性情气量仍毫无异于乡人也。"③

"颜元并不完全排斥读书,他在许多方面也承认读书的必要性。'勿多读书'的言论,精神实质乃在于强调'习行'。"④朱熹称:"上蔡直指穷理居敬为入德之门,最得明道教人纲领。"颜元认为"穷理居敬"是程朱理学家的自欺与自误。"'穷理居敬'四字,以文观之甚美,以实考之,则以读书为穷理功力……但观之孔门,则以读书为致知中之一事。且书亦非徒占毕读之也,曰'为周南召南',曰'学诗''学礼',曰'学易''执礼',是读之而即行之也。"⑤读书是学习致知中的一项内容,而非全部,读书之后关键在于行动和致用。颜元认为:"读书无他道,只需在'行'字上着力。如读'学而时习'便要勉力时习,读'其为人孝弟'便要勉力孝弟,如此而已。"⑥他强调读书和习行的关系,认为二者紧密相连。

颜元《存学编》主张,读书为学注重习行:"惟愿主盟儒坛者,远溯孔、孟之功如彼,近察诸儒之效如此,而垂意于习之一字;使为学为教,用力于讲读者一二,加功于习行者八九,则生民幸甚,吾道幸甚!仆受诸儒生成覆载之恩,非敢入室操戈也。但以人之岁月精神有限,诵说中度一日,便习行中错一日;纸墨上多一分,便身世上少一分。"⑦

---

① 颜元著,王星贤、张芥塵、郭征点校:《颜元集》,下,北京:中华书局,1987年,466页。
② 颜元著,王星贤、张芥塵、郭征点校:《颜元集》,下,北京:中华书局,1987年,633页。
③ 颜元著,王星贤、张芥塵、郭征点校:《颜元集》,下,北京:中华书局,1987年,625页。
④ 张岂之:《中国思想学说史·明清卷》,上,桂林:广西师范大学出版社,2007年,369页。
⑤ 颜元著,王星贤、张芥塵、郭征点校:《颜元集》,上,北京:中华书局,1987年,59页。
⑥ 颜元著,王星贤、张芥塵、郭征点校:《颜元集》,下,北京:中华书局,1987年,623页。
⑦ 颜元著,王星贤、张芥塵、郭征点校:《颜元集》,上,北京:中华书局,1987年,41—42页。

颜元又曰:"夫子乃乡里道路朝庙之夫子也,其道乃乡里道路朝庙之道,学乃乡里道路朝庙之学也。如谓读书便足处天下事,而不必习行,是率天下而汉儒也;如谓一室主静敬,便足明天下理,而不必历练,是率天下而禅也。"①颜元主张读书要习行,要致用。

综上所述,颜李学派以批驳程朱理学的读书观为突破口,反对以读书本身为学习和治学的目的,批判静坐读书对读书人身心造成的损害,主张读书只是学习和致知的一个环节,区分读书与学习的差异,注重读书在明理、致用和习行中的意义。从近代学术发展史的角度看,颜李学派以"实学"直击程朱理学之要害;从阅读研究的角度看,颜李学派的阅读观在中国阅读思想史上最具批判性。颜理学派认清读书的本质,对近代以来的读书观和重塑读书致用理念有着深远的影响和意义。

钱穆对颜元学术地位的评价颇高:"以言夫近三百年学术思想之大师,习斋(颜元)要为巨擘矣。岂仅于三百年!上之为宋、元、明,其言心性义理,习斋既一壁推倒;下之为有清一代,其言训诂考据,习斋亦一壁推倒。'开二千年不能开之口,下二千年不敢下之笔'(王昆绳语),遥遥斯世,'前不见古人,后不见来者,念天地之悠悠,独怆然而涕下',可以为习斋咏矣。"②曾祥芹认为,颜元的阅读思想反对"全副力量用在读书"的传统,力主"习行",在中国古代阅读学史上独树一帜,意义深远③。他又评价道:"针对当时死读书的弊端给予全新的阐发,其贡献不可磨灭,其价值光耀千古。"④

---

① 颜元著,王星贤、张芥麈、郭征点校:《颜元集》,下,北京:中华书局,1987年,688页。
② 钱穆:《中国近三百年学术史》,北京:商务印书馆,1997年,198页。
③ 曾祥芹:《阅读学新论》,北京:语文出版社,1999年,538页。
④ 曾祥芹:《阅读学新论》,北京:语文出版社,1999年,539页。

三、胡承诺阅读思想

胡承诺(1607—1681),明末清初文学家,老年归乡里读书著说,用十二年时间,于康熙十八年(1679)著成《读书说》六卷,书中凝聚了其一生对学问的追求和思考。《读书说》以"读书"为书名,其中有他对读书学习的思想认识和方法讨论,其核心内容以儒家传统思想"一以贯之"。从他对观点的阐述及其论证来看,其阅读思想和认识有一定理论高度。具体而言,胡承诺的阅读思想主要从以下四个方面展开。

第一,胡承诺将读书分为务外和务内两种。

胡承诺以儒家思想为阅读理论的根底,从儒学义理视角阐发读书的义理和理念。他首先将读书区分为内外两种:一种是务外者,他们追求记诵,徒有虚名,有点才能就骄傲和意气用事,好辩论显示小智慧;另一种是务内者,他们对待学问诚意恳切,常警悟自省,勤于学习,敏于思考,追求实务致用。胡承诺认为读书人要认识到务外者的弊端,自觉走上务内者之途,这样读书学习才能有大收获。他认为:"学宜谨内外之际。凡博闻广记,声誉名达,矜心胜气,辩言小慧,皆务外者也。凡诚切警省,勤敏笃实,皆务内者也。务外者,致饰丧真,非成德之器,一涉于彼,即不能返此。为之益熟,则居之不疑;用之益工,则箴之不痛。终其身不自知者,如未尝学者也。务内者,诚则不欺,切则不浮,不分心于情欲,不沮丧于苦难,不怠弃于半途。按其节次,时其生熟,无分外之求,意外之得,其益不可胜述也。圣贤欲天下知学之人多,非矜喜其少也,故其持论往往近于平夷,而乐于共至。人所同得,而我先得之,非谓人所不得,而我独得之也。"[1]

---

[1] 胡承诺:《行习》,见《读书说(附年谱)》,一,北京:中华书局,1985年,4页。

胡承诺举例论证务内者读书务实之理:"故为学者,务得实地,践履实地,中行蹈空者颠覆,倚空者倾颓。读书而泛滥无归,浮华不实,何以异此? 河间献王好书,务得其实,每求真是。盖无所见者,于书求之,有所见者,于书证之。有益于道者取之,无益者略之。有实用者存之,空谈者屏之。邃古载籍,近世文献,必服膺而景行,理之深者,不以浅尝,序之渐者,不以猝至,谕之笃者,不以泛观。一话一言,无不引申而及于学术,无不引申而及世道人心,要使数千年学术事功,如以身亲历其闲,而不为臆度悬想之说,庶不愧好学之称也。不可矜古人已定之名,而迹其已然之功,当得其功之所由以成,名之所由以不诬,则其理庶为我有,变通亦在我,而无不受益于古人。又使无形之理,具于吾心,如有一物可持,如有一城可守,持之无失,守之无迁,日积月累,所得无垠。"①胡承诺借河间献王的例子,进一步论证了务内者读书务实的特质,对于义理深奥的书籍,不能浅尝辄止,不应该泛泛而览,要读书明理,深得大义,这样才是务实的阅读。

紧接着,胡承诺论述务内者读书要诚意恳切:"又且诚意恳至,感悟深微,学周公则见于梦寐,学尧舜则见于羹墙,学文王则得其形状,皆诚之所感也。至诚所感,亦可增长聪明,正苦一闲未达,精于所读之书,则达矣,即有未达,亦可寻古人成法以达之。要在攻去自己之私心,独力恐不能胜,则合古来圣贤之力以攻之,未有不胜者,此昔人所以多读书也。今人学问愈多,私心愈炽,不求我所取资,但欲评量他人。援引古人,以弥缝身心不善之端,假借古语,以指摘他人为善之事,以前圣格言,助吾文辞典雅,以前代成败,资吾文字辩博,终其身无一可纪之行、可法之言,是有狐白之裘而反衣也。夫文字之业,未尝不有益于人,以为触目警心之具,则有益矣,以为矜名逐利之具,

---

① 胡承诺:《行习》,见《读书说(附年谱)》,一,北京:中华书局,1985年,4页。

而淫心以求之，不惟无益，又且陷溺日深，非舟航所能拯援也。"①胡承诺分析认为读书有诚意则容易有所感悟，进而有助于读者增长聪明才智，即使遇到困惑之处，也能够通过精读古圣贤之书而解惑。他还批判了当时的自私学风，指出一些读书人对待古圣贤的书籍不够尊重和有诚意。由此可见，胡承诺从正反两方面，论证了务内者读书要诚意恳切的要义所在。

在论证了务内者读书要务实和诚意恳切之后，胡承诺分析了读书精于义理和读书次第的关系，即读书目的和读书方法的关系。他认为二者都不可忽视："读书义理宜精，然用功次第，亦不可不知。盖圣贤之功，绝有次第，积渐以往，层累而至。若金银铜铁搅作一器，非良工也。"②

胡承诺接着具体论述道："其始也专精一书，一书之指既为吾有，所得虽少，皆有实际，以此更历诸书，亦皆实际矣。"③

胡承诺认为读书次第的开始，适宜专门钻研和精读一本书，《大学》可以当作入门之书："《大学》一书，既有义理，又有次第，如人之居宅，朝夕出入其中。论孟如人之田畴衣食所从出，然而不在一处，有经年不一至者。所以《大学》最为门户，其余未尽之理，散在诸书中者，缘此求之，即能深入其奥。"④

胡承诺分析了如何能明白书中义理，并认为不应该浅尝辄止和有先入为主之成见或偏见："目通而心未通者，不可居之为理，意至而身不能至者，不可任之为事，宁取其少而守之坚，不取其泛而施之杂，要使心气浃洽，义理贯通，荡涤胸中浅俗卤莽之气，日进高明细密，阙者俟补，断者俟续。善者宜护惜，恶者宜驱除。一触动，即可参前倚

---

① 胡承诺：《行习》，见《读书说（附年谱）》，一，北京：中华书局，1985 年，4—5 页。
② 胡承诺：《行习》，见《读书说（附年谱）》，一，北京：中华书局，1985 年，5 页。
③ 胡承诺：《行习》，见《读书说（附年谱）》，一，北京：中华书局，1985 年，5 页。
④ 胡承诺：《行习》，见《读书说（附年谱）》，一，北京：中华书局，1985 年，5 页。

衡,一省悟,即可悦心研虑,不可一读再读而遂辍也。更可虑者,涉猎未深,即捐去卷策,少闲,遂认初时涉猎之见,妄为至理,为定解,他时即心光偶露,又被前此疑障裹定,不得迸出。仁义礼智之说,日在辅颊,问其所以然,鲜能指一事实之。平日未据实地,临事自不为用,虽意见偶合,亦复不能自信,交臂而失之矣,奈何以读书既多,遂谓能毕为学之事乎?"①

第二,胡承诺认为读书要明辨事理,就要辨别所读书籍的正邪。

首先,他举淮南王刘安和河间献王的例子,论证书有正邪之分,并且读正邪之书对人的影响迥异:"好书藏书,莫不有正有邪。淮南王安好书,所招致,率多浮辩之士。河间献王所好,皆经传说记七十子之徒。所论邪正不同,故立身亦异。厥后淮南以叛终,河间称贤王。好书可不谨欤?古书甚多且杂,岂能辨其有无真伪?圣贤不校,说之非礼,而因文释义,亦足见古人处变之方,虽极变之事,皆可返而归于正,且常也。若曰,此不经之语,直以不信拒之。万一事变之来,有适舆相类者,则圣贤辨物居方,有所未括,人之叛道者,无从收拾,束缚于道中,亦读书观理之渗漏也。"②

接着,胡承诺以设问的方式论证,如果书有正邪之分,书就不可尽信,他认为"学必有所统壹",要以正书为统壹:"书可尽信乎?曰,不可。困其事而求其理,无适而不可也。若迹其事而措诸躬,非粹然一出于正,不可从也。学必有所统壹,乃能上接圣绪,而粹然皆正。尧舜逆知孔子,故制道义以授之。孔子能乐尧舜,故作春秋以效之。所谓道同者相称,德同者相友也。五经语孟,皆圣贤所定,纯粹无疵。讽读一言,即获一言之益。其幸而至于高且远者,岁月积久之功。故其始也,当从共知共行处寻求,不可向独知独行处寻求。子史之属,

---

① 胡承诺:《行习》,见《读书说(附年谱)》,一,北京:中华书局,1985年,5页。
② 胡承诺:《辨正》,见《读书说(附年谱)》,一,北京:中华书局,1985年,7—8页。

则宜鉴裁去取,所得既粹,亦与六经无异。若必推之使高,凿之使深,引之使近,抑之使独,以之观理,必多差错;以之处事,必多阻碍。不惟无益身心,且毫厘千里之谬,何异抱薪救火、放虎自卫乎? 易曰,圣贤立象以尽意,系辞焉以尽言,盖谓义理所止,在于斯尔。而昔贤以为有象外之意、系表之言,是未得其统壹者也。范升有云,学而不约,必叛道也。"①

随后,胡承诺论证了如何做到"学必有所统壹",他举例说明核实书籍内容,要通过实践检验:"统壹未真,故凡书皆未核实,不悉难易缓急,但务持论收胜。如行路然,泛论道路险阻,虽鸟道蚕丛,曾不经意。及身历其地,则寻丈之沟、一仞之丘,必有难踰越者。所以至核实处,方知难易也。如成厦然,泛论室庐,虽崇台九成,可语次而构。及身鸠其功,则采椽之居,必有凿契,千门万户之宫,必由栋榱。一物不备,不能成质。所以至核实处,方知缓急也。常以核实为心,方且鄙薄持论之士,况欲持此胜人乎? 凡求胜于人者,即非为己者也。商鞅求胜部民,孙吴求胜敌国,故其为祸,至于强弱相吞,愚智相陷,刑徒被路,流血成川,而不可止。"②

胡承诺认为读书明义理,要知道内自省,直到反求诸自己,这样才能克服上述求胜于人的不良后果。"若夫读书观理,知内省而已,知反求而已。内省日积,反求日深,与千古圣贤之徒、愚不肖之夫妇,共游于大通之途,焉有胜人之念哉? 以胜人为心,不知反求内省,处则浮华,出则躁竞,悦从则煦煦相引,异己则怒目相向,贤否异位,黜陟纷纭,小则伪学是倾,大则浊流尽陷,人生莫必其命,伦彝罕克共恤,其祸岂不如鞅起者!"③

---

① 胡承诺:《辨正》,见《读书说(附年谱)》,一,北京:中华书局,1985年,8页。
② 胡承诺:《辨正》,见《读书说(附年谱)》,一,北京:中华书局,1985年,8—9页。
③ 胡承诺:《辨正》,见《读书说(附年谱)》,一,北京:中华书局,1985年,9页。

胡承诺最后还提到,读书明义理,要合乎风俗:"且读书有关风俗,寻求义理,尊奉师儒,出入不悖所闻,谦让不肯教授。若此者,学必纯厚,而风俗亦厚。其或捷取功名,征逐势利,赵宾巧慧非法,公孙曲学阿世。若此者,学必浮浅,而风俗亦薄。风俗学问维持者,其治平为可久也。若从学问败坏者挽回,更难为也。安得风雨鸡鸣之君子,而与之共辨学乎?"①

第三,胡承诺阐述了读书之法。

胡承诺认为读书要得读书之法,掌握读书的门径:"读书之法,舒缓详尽;读书之仪,端庄敛肃。书有途径,直者为是;书有门庭,通者为是。不求诸直捷通达,而求诸偏曲室塞,如适越而望闽也。凡书中之义,有即本书得之者,有旁观他书得之者,有文词,有指意,有义理,有体裁。"②

他按读书的不同心态,将读者划分为两类:"宽博详缓者"和"富丽精华者"。他对这两类读者的阅读行为和阅读心理进行了较为详细的分析:"宽博详缓者,所以优游学者之心志,使潜心味索,不以迫亟致浅尝也。富丽精华者,所以充足学者之嗜好,使悦豫奔趋,不以淡泊生厌弃也。开卷之时,止可得其梗概,其中曲折肯綮,更在掩卷后平心静气绸绎寻思。有开卷之功无掩卷之功者,所得亦恍惚也。所以勇往前进,不如退转玩味。信己见以直前,不如勒回己见以徐观。一段一篇既讫,宜将此心稍息,使神气不疲,然后与义理浃洽。此际甚微,亦不能言其所以然之。故若读前段毕,气尚未平,便读后段,或前句未了,意在后句,前段未了,意在后段,则此心躁急,心随躁动,必无浃洽之妙。粗疏毕事,虚憍有余,而实际不足矣。每见士大夫读书阅文,皆匆匆尔,未尝有徘徊顾恋之意,则所云绅绎寻思者,更

---

① 胡承诺:《辨正》,见《读书说(附年谱)》,一,北京:中华书局,1985 年,9 页。
② 胡承诺:《诵记》,见《读书说(附年谱)》,一,北京:中华书局,1985 年,10 页。

在何时用功？朱子每教人理会，教人体认。门人问其用功之法，只是从心上轮回数四，自然浃洽。浃洽则坚固，既洽且固，触物取诸逢原。若但眼底收揽，胸次庋藏，既不详悉，又鲜次第，便无毫发之用。且读之浅率，自有差错，不知其浅，即不知其错也。只择意之所好，率尔赏爱，所不好者，一览而遂置焉。重复温习，则断章节取，以便诵记。一篇之中，头绪全未接续，脉理全未分明，胸中襞积猥塞，不能融液成片，以此应事接物，至当不易之理。既从平日所谓浅近中鄙夷而忽之，而平日所云深且广者，又无当于尔时之用，既不可强之使合，胸中又无可依傍，不能不向情欲智巧一途，以草草结局，而失之千里矣。"①从胡承诺的分析中，我们可以看出他褒扬"宽博详缓者"的读书心态，他认为这类读者读书时平心静气，不急不躁，神气不疲，善于思考，能够与书中义理契合；他指出了"富丽精华者"读书时心态的问题，正是这些导致读书的效果不佳。

  胡承诺发现"学者多而成者少，庸才多而通才少"等现象，分析了当时人读书之病痛的原因。他认为读书人之所以"只见己是，只见人非"，主要有三方面的原因："今人读书，先有几种病痛，所以只见己是，只见人非。一则多私，私意盛于中，触处流出。凡先圣语言公正无私者，先有不相悦怿之意，但屈于众论，无可奈何，不得不随人诵读。然而非其所好，自然格格不入，旨趣茫然。一则觊势利荣枯，以定先入之说，势权之人，言者即是，寂寞之人，言者即非，一经先入，牢不可破，不复折衷求进。一则自是意见，意见一定，不可转移。于他人有用之言，必不留意，纵然属目，终是己见为主。夫经书之指，前人既已解定，乃不肯疏通旧义，必欲更求别解，独出心裁，自云可胜前人，自云有所触发，不知皆前人所吐弃与后人所必吐弃者，宁如旧解，乃昔人揣摩较量，而后成可以处事决疑，所得未可量耶。所以学者多

---

① 胡承诺：《诵记》，见《读书说（附年谱）》，一，北京：中华书局，1985年，11页。

而成者少，庸才多而通才少也。"①

第四，胡承诺提出了对具体读经史书籍的方法指点。

胡承诺认为读六经，关键在于致用。"今人辄为六经立说，又穿凿六经，以征己说，欲天下之人，皆舍日月而就荧烛。曾不思天地之道，人人可以同得，圣贤之经，人人之所共读，苟求共知共行者以为准则，而自矢必知必行以为志趋，则亦何所不至？又何必别求异开异见，矜前人所未获，崇虚文而不适用也？非病其说之多端也，至于莫可致用，则朽木粪墙矣。"②

胡承诺认为读史籍要注意以下几点。首先，读者要识别史书中有过其实者，要守常通变。"且读史之法，亦不可不讲也，夫载事之书，容有过其实者，读者当识其意而已。凡大体之得失，所以昭劝诫于来世，他若制度原委，处事方略，财赋盈缩，用兵胜败，有守正可久者，有行权应变者。守其常而通其变，则经权皆能尽善；逐于变而弃其常，则成败皆必有损，是皆益人才智者也。更有智数险诈之事，亦一时风气所为，又有虽无名位，而其人亦能间大事成败，造祸福端倪，有世道之责者，或驾驭之，或防闲之，不使逸于检柙，以害吾成，亦不可遗漏也。"③其次，读史者必须明白如何客观判断治乱得失，要善于分清是非正邪，要能去除成见和偏见。"故读史者必深识三才去就之理，以决治乱得失，当知治乱因乎得失，而治乱之源流，不尽在得失中。有小事无失，而所坏乃在大事者，不可不知也。又当知是非决于邪正，而人品之邪正，亦不尽在是非中，惟当以邪正定人品，不可以是非定邪正也。不当抽出书中一事一句，正其是非，议其疏密，遂欲翻前人之案，而自处匏瓜之系。又不当辄徇己见，偶值吾之所憎，因而

---

① 胡承诺：《诵记》，见《读书说（附年谱）》，一，北京：中华书局，1985年，11页。
② 胡承诺：《六经》，见《读书说（附年谱）》，一，北京：中华书局，1985年，12页。
③ 胡承诺：《史籍》，见《读书说（附年谱）》，一，北京：中华书局，1985年，16页。

憎及前人;偶值吾之所善,因而善及前人。不思吾所是非,未能尽符五经之指,即不能契合圣贤之心,虽意在劝诫,而大指已乖,劝诫皆谬也。"①胡承诺还通过分析不同史学家撰写史书的长短之处,帮助读者阅读和理解这些史书,对读者有参考价值。"总之阅一史毕,然后更读一史,此许鲁斋之法。秦人罢侯置守,而史亦废,此程子之论唐时。事事覆车,代代冰鉴,此朱子之说。管读史关键也。班氏汉书小序,是非纯正,去取分明,每章不过数言,而治乱之形,贤否之迹,若布棋局而指白黑,常诵述及此,亦可知为政之大纲,立身之先务。左氏一书,隐桓之际,传闻多略,而臧氏、展氏,颇载其事。盖臧有文仲,展有柳季,其家必各有记载,故左氏有所据以立传,此家乘之益也。野史之作,非夫人而作之也,必身在朝列,可以得政事之详,又藏书甚多,参考古今立言之准,又读书有法,不以偏霸小术闲厕正道,然后可以补金匮石室之遗,此野史法也。太史公不好儒术,故传董仲舒甚略。班氏美其尊孔子,黜百家,故录其著作甚详,此二家学术之别也。公孙弘、卜式皆见诋于司马,而班氏犹为之表章,盖事久论定舆。并时而生者,爱憎自不同,孔子作春秋,定哀之际其辞微,犹书其事也。王通作元经,褒贬不及仁寿,则不敢笔削本朝之事矣。此又先后事势之别也。"②

四、张潮阅读思想

张潮(1650—1707),字山来,号心斋,别署心斋居士,安徽歙县人,清初著名学者。他一生遵循"立品须法乎宋人之道学,涉世宜参以晋代之风流"的修身原则,交游甚广,著述颇丰,在清初文坛享有很高的声

---

① 胡承诺:《史籍》,见《读书说(附年谱)》,一,北京:中华书局,1985年,16页。
② 胡承诺:《史籍》,见《读书说(附年谱)》,一,北京:中华书局,1985年,16—17页。

誉,人称其"文章鼎立庄骚外,杖履风流晋宋间"(胡静夫评语),他的流风遗韵对后世产生了深远的影响。张潮有《心斋诗钞》《花影词》《幽梦影》等二十多部存世著作,辑有文言短篇小说集《虞初新志》,编辑刊刻了《昭代丛书》《檀几丛书》等丛书。① 张潮的阅读思想和论述主要见于著作《幽梦影》和文章《书本草》中,为了便于理解,在此简单梳理并介绍其大意。让我们走进清代张潮的读书世界,共览其清新的阅读心态。

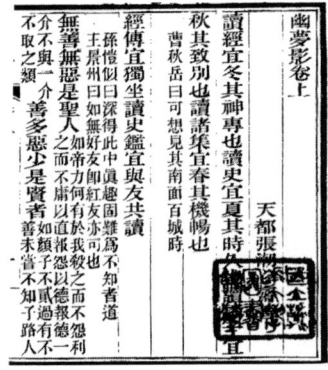 

《幽梦影》

首先,张潮认为读书很重要。他说:"昔人欲以十年读书、十年游山、十年检藏。予谓检藏尽可不必十年,只二三载足矣。若读书与游山,虽或相倍蓰,恐亦不足以偿所愿也。必也,如黄九烟前辈之所云,人生必三百年而后可乎?"②这是说,以前的人愿用十年时间读书,用十年时间游山水,用十年时间整理藏书和作品,张潮主张将人生的主要时间和精力用在读万卷书、行万里路上,可见读书在其心中的重要地位。"凡事不宜刻,若读书则不可不刻;凡事不宜贪,若买书则不可不贪;凡事不宜痴,若行善,则不可不痴"。③ 张潮认为凡事只有读书要刻意认

---

① 刘和文:《张潮研究》,合肥:安徽大学出版社,2011年,1页。
② 张潮:《幽梦影》,南京:江苏古籍出版社,2001年,181页。
③ 张潮:《幽梦影》,南京:江苏古籍出版社,2001年,127页。

真,只有买书可以贪多,足见读书在人生诸事中的重要意义。

其次,张潮以读书为乐事,阐释了他的快乐读书理念。"读书最乐,若读史书,则喜少怒多;究之怒处,亦乐处也"。① 张潮认为读书是最快乐的事,虽然读史书时有不少让人恼怒之处,但是读书人也能从中寻觅乐趣,转怒为乐。"春雨宜读书,夏雨宜弈棋,秋雨宜检藏,冬雨宜饮酒"。② 张潮认为不同季节的雨天有不同的乐事,但是春雨天读书最乐。"多情者,不以生死易心;好饮者,不以寒暑改量;喜读书者,不以忙闲作辍"。③ 张潮认为喜好读书的人,无论忙闲,只要读书,就不改其乐。"天下无书则已,有则必当读;无酒则已,有则必当饮;无名山则已,有则必当游;无花月则已,有则必当赏玩;无才子佳人则已,有则必当爱慕怜惜。"④张潮认为有书必读,因为读之乐堪比饮酒之乐、游山赏花之乐。从张潮的阅读心态来看,读书是件快乐的事,这与惯常所说的苦读是一种对冲,让读书人转变视角和心态,重新认识读书,发现读书之乐。

第三,张潮阐述了读书与时间的关系。张潮认为不同的书适宜在不同的时间和季节阅读,人生不同时间段读书的情形和状态有差异。"读经宜冬,其神专也;读史宜夏,其时久也;读诸子宜秋,其致别也;读诸集宜春,其机畅也。"⑤张潮认为经、史、子、集各类书分别适宜在冬、夏、春、秋季节阅读,并分别说明理由,虽然是一家之言,但是其中不无道理。比如冬天人的心神更专注,适宜读经书;夏天昼长夜短,适宜读史书;诸子百家各有差异,适宜在秋天分别阅读;春天人的气机通畅,适宜读诗文集。张潮不仅对一年四季赋予其读书的意义,而且描绘了人生不同年龄段读书的状态。"少年读书,如隙中窥月;

---

① 张潮:《幽梦影》,南京:江苏古籍出版社,2001年,109页。
② 张潮:《幽梦影》,南京:江苏古籍出版社,2001年,93页。
③ 张潮:《幽梦影》,南京:江苏古籍出版社,2001年,159页。
④ 张潮:《幽梦影》,南京:江苏古籍出版社,2001年,169页。
⑤ 张潮:《幽梦影》,南京:江苏古籍出版社,2001年,1页。

中年读书,如庭中望月;老年读书,如台上玩月。皆以阅历之浅深为所得之浅深耳。"①由于人生不同时期阅历的变化对读书的深浅状态也有一定内在影响,因此从少年到中年,再到老年,以观月的变化比喻读书深浅的变化,通俗明了,颇有意趣。

第四,张潮认为人要会读书,善于读书,知道如何读书。张潮先谈了如何读经史书籍的看法:"经传宜独坐读,史鉴宜与友共读。"②张潮主张儒家经传,适宜独自阅读,理解其中思想内涵;史书适宜与朋友边读边交流。"先读经,后读史,则论事不谬于圣贤;既读史,复读经,则观书不徒为章句。"③他的意思是读书先读经书,再读史书,看待历史问题和论事就不会与圣贤之论偏差太大;读过史书,再读经书,就不会只看到章句的教条,而是更有体会。"高语山林者,辄不善谈市朝事。审若此,则当并废《史》《汉》诸书而不读矣。盖诸书所载者,皆古之市朝也。"④张潮认为读书人要重视读史书,知世论事不可不读史书。"创新庵不若修古庙,读生书不若温旧业。"⑤张潮以盖新庙不如修古庙做比喻,认为读生书从字词开始,不如多温习已读过的书,这样收获和成效更为显著。"善读书者,无之而非书:山水亦书也,棋酒亦书也,花月亦书也;善游山水者,无之而非山水:书史亦山水也,诗酒亦山水也,花月亦山水也。"⑥张潮认为读书人要会读书,善于读书者,会发现处处是可读之书,处处留心皆学问。"能读无字之书,方可得惊人妙句;能会难通之解,方可参最上禅机"。⑦ 读书的关键在于有所悟,这样才不会读死书、死读书。张潮以自己读书的体悟为例,

---

① 张潮:《幽梦影》,南京:江苏古籍出版社,2001年,39页。
② 张潮:《幽梦影》,南京:江苏古籍出版社,2001年,2页。
③ 张潮:《幽梦影》,南京:江苏古籍出版社,2001年,208页。
④ 张潮:《幽梦影》,南京:江苏古籍出版社,2001年,61页。
⑤ 张潮:《幽梦影》,南京:江苏古籍出版社,2001年,132页。
⑥ 张潮:《幽梦影》,南京:江苏古籍出版社,2001年,153页。
⑦ 张潮:《幽梦影》,南京:江苏古籍出版社,2001年,188页。

认为"《水浒传》是一部怒书,《西游记》是一部悟书,《金瓶梅》是一部哀书"。① 读书读到一定境界,就能见常人所未见之处。张潮对这三本书的理解,高屋建瓴,原因就在于会读书,能读懂书,而不会不知所云或人云亦云。

第五,张潮论述了读书的功效。张潮论读书最有趣味之处就在于此,书本无性无味,不寒不热,但是张潮借中药性味寒热之说,阐发他对读不同书籍的理解和体悟,让无性无味、不寒不热的书籍,经人阅读而产生了"药性"和"功效"。其中意味到底如何? 我们一起来分享张潮的《书本草》:②

【四书】有四种,曰《大学》,曰《中庸》,曰《论语》,曰《孟子》。俱性平,味甘,无毒,服之清心益智,寡嗜欲。久服令人醉面盎背,心宽体胖。

【五经】有五种,曰《易》,曰《诗》,曰《书》,曰《春秋》,曰《礼记》。俱性平,味甘,无毒,服之与四书同功。

【诸史】种类不一,其性大抵相同。内惟《史记》《汉书》二种,味甘,余俱带苦。服之增长见识,有时令人怒不可解,或泣下不止,当暂停,复缓缓服之。但此药价昂,无力之家往往不能得。即服,亦不易,须先服四书、五经,再服此药方妙。必穷年累月方可服尽,非旦夕所能奏功也。官料为上,野者多伪,不堪用。服时得酒为佳。

【诸子】性寒、带燥,味有甘者、辛者、淡者。有大毒,服之令人狂易。

【诸集】性味不一,有微毒,服之助气,亦能增长见识,须择其佳者方可用,否且杀人。

---

① 张潮:《幽梦影》,南京:江苏古籍出版社,2001年,107页。
② 王晫、张潮:《檀几丛书》,上海:上海古籍出版社,1992年,459页。

【释藏、道藏】性大寒,味淡,有毒,不可服,服之令人身心俱冷。唯热衷者宜用,胸有磊块者服之亦能消导,忌酒,与茶相宜。

【小说、传奇】味甘,性燥,有大毒,不可服,服之令人狂易。惟暑月神气疲倦,或饱闷后风雨作恶,及有外感者服之,能解烦消郁,释滞宽胸,然不宜久服也。

费此度日,药已顾所用何如耳,用之而当,虽蛇蝎亦足以奏功。韩信之背水阵,岳飞之不学古兵法是也。用之而不当,即茯苓亦足以殒命,赵括之徒读父书,王安石之信用周礼是也,此又用药者所当知。

五、汪辉祖读书功能论

汪辉祖(1730—1807),清代乾隆、嘉庆时期的良吏,后归乡里专事读书著说,积累典籍数万卷,藏于"环碧山房",编有《环碧山房书目》,著述主要有《元史本证》《二十四史同姓名录》《学治臆说》《佐治药言》《双节堂庸训》等。汪辉祖有关阅读的思想内容主要集中在《佐治药言》《双节堂庸训·蕃后》中,其阅读思想主要是宣扬读书致用的功能论。

汪辉祖认为读书人应该以读"应世经务"的有用书籍为贵,反对泥古不化、空谈阔论和做"两脚书厨"式的读书人。他讲道:"所贵于读书者,期应世经务也。有等嗜古之士,于世务一无分晓。高谈往古,务为淹雅。不但任之以事,一无所济;至父母号寒,妻子啼饥,亦不一顾。不知通人云者,以通解情理,可以引经制事。季康子问从政,子曰:'赐也达,于从政乎何有?'达即通之谓也。不则迂阔而无当于经济,诵《诗三百》虽多,亦奚以为?世何赖此两脚书厨耶!"①

汪辉祖结合自己的读书经验,主张读书以对己有益为准则。从

---

① 汪辉祖著,王宗志等注释:《双节堂庸训》,天津:天津古籍出版社,1995年,154页。

《佐治药言》

实用和效果的角度看,书中有用的内容很多,要结合自身情况,有所取舍,要做到"读一句,即受一句之益":"书之用无穷。然学焉,而得其性之所近,当以己为准。己所能勉者,奉以为规;己所易犯者,奉以为戒;不甚干涉者,略焉。则读一句,即受一句之益。余少时,读《太上感应篇》,专用此法。读'四子书',惟守'君子怀刑'及'守身为大'二语,已觉一生用力不尽。"①

汪辉祖认为读书人以治儒业为崇尚,目的不能仅限于科举当官,并且读书治学的功用在于泽被当今和后世。"子弟非甚不才,不可不业儒。治儒业日讲古先道理,自能爱惜名义,不致流为败类。命运亨通,能由科第入仕固为美善;即命运否塞,藉翰墨糊口,其途尚广,其品尚重嘲。故治儒业者,不特为从宦之阶,亦资治生之术。不特此也,文字之传可千古,而藏镪不过数世;文字之行可天下,而藏镪不过省、郡;文字之身价,公卿至为折节,而藏镪虽多,止能雄于乡里;文字之感乎,子孙且蒙余荫,而藏镪既尽,无以庇其后人。故君子之泽,以业儒为尚。"②

---

① 汪辉祖著,王宗志等注释:《双节堂庸训》,天津:天津古籍出版社,1995年,155页。
② 汪辉祖著,王宗志等注释:《双节堂庸训》,天津:天津古籍出版社,1995年,167—168页。

汪辉祖认为读书人不能务虚名,治儒业要追求实效。如果子弟到了十四五岁,发现其不善于读书学习,就可根据个人才能和资质,学习某具体的行业技能。他有言曰:"'业儒'二字须规实效,若徒务虚名,转足误事。富厚之家,不论子弟资禀,强令读书:丰其衣食,逸其肢体,至壮岁无成,而强者气骄,弱者性懒,更无他业可就,流为废材。子弟固不肖,实父兄有以致之。故塾中子弟,至年十四五不能力学,即当就其材质,授以行业。农、工、商、贾,无不可为。谚云:'三十六行,行行出贵人。'有味乎其言之也。"①

关于读书方法,汪辉祖认为读书要有所选择:"作文宜慎,读文先不可不择。尝见塾师授业,好选前人悲感恣肆之作,令子弟诵习,谓可开拓心胸,引申议论。读之者不能得其神髓,而仅学其皮毛,所误不小。吾友江西新城鲁洁非,素书往还,论文相契。别有唐宋八家选本,凡伤时感事之语,细加评节,具有苦心。"②所选文章如果不恰当,读者不仅不能明白其中的精神实质,反而有可能产生误导,因此读书要精于选择。

对于读书致用,汪辉祖有亲身体会。他在《佐治药言》中,记录了其曾在地方官府所遇到的一些案件及其处理过程。汪辉祖在《佐治药言·读书》中,根据自己的经验总结,认为幕僚乃至所有人,平时都应该多读点书,读书有益于明白事理,丰富知识,增长见识,提高自己治事理政等能力。"学古入官,非可贵之幕友也。然幕友佐官为治,实与主人有议论参互之任,遇疑难大事,有必须引经以断者,非读书不可。"③

汪辉祖叙述了他在秀水时所经历的一起案件,他作为幕僚反复

---

① 汪辉祖著,王宗志等注释:《双节堂庸训》,天津:天津古籍出版社,1995年,168页。
② 汪辉祖著,王宗志等注释:《双节堂庸训》,天津:天津古籍出版社,1995年,162页。
③ 汪辉祖:《佐治药言》,北京:中华书局,1985年,9页。

思索和寻求处理的办法。他突然记起了《礼经》一书中有类似案情的论断，就据此提出案件处理方案，得到上司的赞赏。他又记录了后来在乌程任职时的一起案件，他是根据宋代儒者陈淳《北溪字义》的一条论断，处理了该案件。他从这两起案件中总结道："向非旁通典籍，几何不坐困耶？"①他认为如果不是因为之前旁通典籍、博学多闻，结果岂不是身处困境束手无策吗？他接着说道："每见幕中公暇，往往饮酒围棋，闲谈送日，或以稗史小说消遣自娱。究之无益身心，无关世务，何若屏除一切，读有用之书以之制事，所裨岂浅鲜哉。"②他又结合所看到的情况，对幕僚们平时以饮酒下棋、闲谈胡侃打发日子等状况提出批评，认为这些行为对自己的身心没有益处，对处理世务也没有帮助。因此，他建议和劝勉人们多读点书，把所学知识用到处理实际事务当中去，其意义更大。

六、王筠阅读教学理念

王筠(1784—1854)，清代语言学家、文字学家。王筠少而好学，喜爱古文字，成长中博览群书，研读经史，尤其专长研究《说文解字》之学。《清史稿·王筠传》评曰："筠(王筠)治《说文》之学垂三十年，其书独辟门径，折衷一是，不依傍于人。论者以为许氏之功臣，桂、段之劲敌。"③王筠著有《说文释例》二十卷、《说文句读》三十卷、《说文系传校录》三十卷、《文字蒙求》四卷和《教童子法》一卷等书。王筠的阅读思想主要体现在《教童子法》中，其思想内容包括阅读教学的理念和方法等。

王筠在《教童子法》中最早提出"学生是人"这一理念，将人人心

---

① 汪辉祖：《佐治药言》，北京：中华书局，1985年，9页。
② 汪辉祖：《佐治药言》，北京：中华书局，1985年，9页。
③ 赵尔巽等：《清史稿》，卷四百八十二，北京：中华书局，1977年，13280页。

中所想而人人笔下所无的话大声喊出来,振聋发聩。"学生是人,不是猪狗",①一语体现出人本主义精神,他意识到学生在读书学习中的主体地位,主张在阅读教学中要以尊重学生为前提。王筠把"学生是人"作为其阅读教学思想的核心理念,又提出一系列相关理念和方法,诸如因材施教、循序渐进、快乐阅读等。

从"学生是人"的理念和前提出发,就要尊重学生在读书学习中的主体性地位,不能让学生只念书而成为"废才"。"今之教者,弟子入学,视为废才,到十三四岁,则又视为天才,何也? 书,不取其多、不取其熟、不取其解,但念藏经而已,是废才也"。② 教师不能不顾及学生的实际情况,要通过讲解帮助学生理解所读书籍内容,反之"读书而不讲,是念藏经也,嚼木札也,钝者或俯首受驱使,敏者必不甘心",③这样学生读书就好比念藏经一样枯燥乏味,并且有碍于学生读书的积极性。

从"学生是人"的理念和前提出发,就要尊重学生的个性,要因材施教,对于不同的学生,读书内容和难易程度要适宜,王筠曰:"如弟子钝,则识千余字后,乃为之讲;能识二千字,乃可读书,读亦必讲。然所识之二千字,前已能解,则此时合为一句讲之;若尚未解,或并未曾讲,只可逐字讲之。八九岁时,神智渐开,则四声、虚实、韵部、双声叠韵,事事都须教,兼当教之属对,且每日教一典故。才高者,全经及《国语》《国策》《文选》尽读之;即才钝,亦"五经"、《周礼》《左传》全读之,《礼》《仪》《公》《谷》摘抄读之。才高者十六岁可以学文,钝者二十岁不晚。"④王筠不仅根据学生年龄阶段的不同,而且结合学生才智水平、接受能力的不同,分别指导读书学习的内容,充分体现以学生为

---

① 王筠:《教童子法》,北京:中华书局,1985年,1页。
② 王筠:《教童子法》,北京:中华书局,1985年,3页。
③ 王筠:《教童子法》,北京:中华书局,1985年,1页。
④ 王筠:《教童子法》,北京:中华书局,1985年,1页。

本的阅读教学理念。

从"学生是人"的理念和前提出发,王筠提出快乐阅读的理念,这一理念也非常具有现代性和先进性意义。民间自古有教导学生苦读之说,然而提倡快乐阅读,在阅读意识方面,首先是对已有观念的挑战和突破,其次是对阅读教学和读书观念的创新。王筠在《教童子法》中有言为证:"人皆寻乐,谁肯寻苦?读书虽不如嬉戏乐,然书中得有乐趣,亦相从矣。"①从以学生为本的角度看,书中有乐趣更容易吸引并培养学生读书的兴趣,学生在快乐中阅读,其阅读效果更佳。

从"学生是人"的理念和前提出发,在安排教学内容时要科学合理,要遵循和培养学生读书学习的专心致志特性。识字、读经和作文要分别进行,让学生读经时能专心致志地读经,如王筠在《教童子法》中所讲:"截得断,才合得拢。教子者,总要作今年读书,明年废学之见,则步步着实矣。识字时,专心致志于识字,不要打算读经;读经时,专心致志于读经,不要打算作文。然所识之字,经不过积字成句,积句成章也。所读之经,用其义于文,为有本之文;用其词于文,亦炳蔚之文也。如其牵肠挂肚,瞻前顾后,欲其双美,反致两伤矣。"②

王筠在《教童子法》中另外引述了其他人有关读书的方法,诸如札录"强记之法","连号"记诵法,"各自理会"和问答解惑等方法,帮助学生记忆和理解所读书籍的内容。

---

① 王筠:《教童子法》,北京:中华书局,1985年,1页。
② 王筠:《教童子法》,北京:中华书局,1985年,4页。

第二节 推荐书目与阅读指导

1. 金圣叹推荐书目

金圣叹(1608—1661)曾经为他的儿子和甥侄辈们开列了一份推荐书目,包括《左传》《战国策》《庄子》《离骚》《公羊传》《谷梁传》《史记》《汉书》、韩、柳、三苏等书。他在推荐书目的基础上,辑录有100余篇经典文章,并借用张侗初先生《必读古文》的书名,在前面只加了"才子"二字,将其书命名为《才子必读书》,期望读的人之必成为才子。①

2. 陆世仪推荐书目

陆世仪(1611—1672)在《思辨录辑要·格致类》中有一份推荐书目,他认为读书当分年,以十年为一个阶段,每个阶段应分别开列推荐书目。

他说:"将所读之书分为三节,自五岁至十五为一节,十年诵读;自十五岁至二十五为一节,十年讲贯;自二十五至三十五为一节,十年涉猎,使学有渐次,书分缓急。"②

他认为第一个十年,当以诵读为主,书目包括:"十年诵读:小学、四书、五经、周礼、太极通书、西铭、纲目、古文、古诗、各家歌诀。"③

他认为第二个十年,当以讲贯为主,书目包括:"十年讲贯:四书、五经、周礼、性理、纲目、本朝事实、本朝典礼、本朝律令、文献通考、大

---

① 金圣叹:《读第六才子书〈西厢记〉法》,见《贯华堂第六才子书西厢记》,沈阳:万卷出版公司,2009年,18页。
② 陆世仪:《陆桴亭思辨录辑要》,北京:商务印书馆,1936年,45页。
③ 陆世仪:《陆桴亭思辨录辑要》,北京:商务印书馆,1936年,45—46页。

学衍义补、天文书、地理书、水利农田书、兵法书、古文、古诗。"①

他认为第三个十年,当以涉猎为主,书目包括:"十年涉猎:四书、五经、周礼、诸儒语录、二十一史、本朝实录及典礼律令诸书、诸家经济类书、诸家天文、诸家地理、诸家水利农田书、诸家兵法、诸家古文、诸家诗。"②

陆世仪对上述书籍类别,分别列出具体书目,并提出阅读的指导性建议,对后学读书有很大的参考和导引价值。

陆世仪最后总结道:"已上诸书力能兼者兼之,力不能兼则略其涉猎而专其讲贯,又不然则去其诗文,其于经济中,或专习一家,其余则断断在所必读,庶学者俱为有体有用之士,今天下之精神皆耗于帖括矣,谁肯为真读书人,而国家又安得收读书之益哉。"③他说根据读者自身阅读能力的差异,可酌情取舍。陆世仪的推荐书目是比较具体的,能切合实际,"使学有渐次,书分缓急",读者可根据情况有步骤有次序地阅读推荐书目,非常有实际推广价值。

3.郑板桥推荐书目

郑板桥(1693—1765),名燮,号板桥,工诗词、善书画,被称为"扬州八怪"之一。他和其堂弟郑墨感情深厚,常有书信往来。郑板桥在给郑墨的信中,曾列了一份推荐书目,他说:"吾弟读书,'四书'之上有'六经','六经'之下有左、史、庄、骚、贾、董策略,诸葛表章,韩文、杜诗而已,只此数书,终身读不尽,终身受用不尽。至如二十一史,书一代之事,必不可废。"④郑板桥给郑墨的推荐书目包括儒家经籍如"四书"等,史书如《左传》《史记》等,子书如《庄子》等,集部书如《离骚》和韩愈、杜甫的诗文集等。

---

① 陆世仪:《陆桴亭思辨录辑要》,北京:商务印书馆,1936年,46—47页。
② 陆世仪:《陆桴亭思辨录辑要》,北京:商务印书馆,1936年,47—48页。
③ 陆世仪:《陆桴亭思辨录辑要》,北京:商务印书馆,1936年,48页。
④ 郑板桥:《郑板桥集》,上海:上海古籍出版社,1962年,7页。

4. 陈寿祺推荐书目

陈寿祺(1771—1834)，清代儒学家，曾主讲鳌峰书院、清源书院。陈寿祺制定有《鳌峰崇正讲堂规约八则》，其中一条就是《择经籍》，他认为书籍浩如烟海，读者需要有所选择。他开列的推荐书目，分为经、史、子、集和小学类、经济类。"读经必观传注，朱子《论孟集注》《学庸章句》外，《御纂四经传说》《钦定三礼义疏》，固学者所当服习，《十三经注疏》颁在学宫，本以待高才嗜古者从事于斯，其中《毛诗》《礼记》二经正义当先玩阅，次及《周礼》《仪礼》《左氏传注疏》，其余酌择观之可也。《孟子》伪疏，浅陋勿观。此外，则唐李鼎祚《周易集解》、宋严华谷《诗缉》……此皆经说之渊薮也。许叔重《说文解字》……段氏《说文注》……此皆小学之阶梯也。史则《史记》《两汉书》《三国志》，必当熟看，庶得唐人三史立科之意。其余历代各史，视材质功力有余及之可也。此外《国语》《国策》《资治通鉴》……均学者必读之书。《史通》可明体例，《路史》《绎史》可资博闻，是亦其次。此皆史学之川渠也。子则周、秦、汉、魏、晋诸家，宋五子书及元明儒家著述，均各有所得，在学者明辨而审取之。考订之书则陈氏《礼书》、江氏《礼书纲目》……所以网罗放失，体大物宏。经济之书，则《通典》《文献通考》《续文献通考》《大学衍义补》《思辨录》《读史方舆纪要》《郡国利病书》《农政全书》……所以通知古今，可施实用，此皆问政之津梁也。集，则《昭明文选》《汉魏百三名家乐府诗集》《文苑英华》……唐李、杜、韩、白、高、岑、王、孟、韦、柳，宋苏、陆，金元遗山，元虞道园，明刘诚意……各家。专集选家，则《全唐诗录》《古诗选》《宋诗钞》《元诗选》《明诗综》《十二代诗选》，此皆文林之苑囿也。以上各种，学焉而各因其性之所近，聪颖者事半而功倍。迟钝者亦积小以成高。博学而屡守之，则一狐之腋，胜于千羊之皮。简练以为揣摩，则精骑三千，可敌游兵十万。至如质疑问难,触类引申,神明领悟,存乎其人。"①他还列出一些书目,劝告读者不要浪费时间阅读这些书,他说:"一切腐烂讲章(如《四书大全体注》《阐注》等),下劣选本(如《古文析义》《古唐诗合解》等),纤诡诗文(如陈眉公、钟伯敬等),鄙陋兔园册(如《潜确》《类书》等),并当屏绝,勿污耳目。"②

5. 王筠推荐书目

王筠(1784—1854)在《教童子法》中,根据年龄和才智水平,分别推荐所读书目并指导阅读。

"八九岁时,神智渐开,则四声、虚实、韵部、双声叠韵,事事都须教,兼当教之属对,且每日教一典故。才高者,全经及《国语》《国策》《文选》尽读之;即才钝,亦"五经"、《周礼》《左传》全读之,《礼》《仪》《公》《谷》摘抄读之。"③

---

① 陈谷嘉、邓洪波:《中国书院史资料》,中册,杭州:浙江教育出版社,1998年,1546—1547页。
② 陈谷嘉、邓洪波:《中国书院史资料》,中册,杭州:浙江教育出版社,1998年,1547页。
③ 王筠:《教童子法》,北京:中华书局,1985年,1页。

主要参考书目

阿尔维托·曼古埃尔. 阅读史. 吴昌杰译. 北京:商务印书馆,2002.

阿克敦. 德荫堂集//《清代诗文集汇编》编纂委员会. 清代诗文集汇编:256. 上海:上海古籍出版社,2010.

白新良. 中国古代书院发展史. 天津:天津大学出版社,1995.

曾祥芹. 阅读学新论. 北京:语文出版社,1999.

查慎行. 敬业堂诗集:卷十九. 四部丛刊清康熙本.

车文博. 心理咨询大百科全书. 杭州:浙江科学技术出版社,2001.

陈登原. 古今典籍聚散考. 上海:华东师范大学出版社,2010.

陈东原. 中国教育史:下. 福州:福建教育出版社,2009.

陈谷嘉,邓洪波. 中国书院史资料:中册. 杭州:浙江教育出版社,1998.

陈谷嘉,邓洪波. 中国书院制度研究. 杭州:浙江教育出版社,1997.

陈国符. 道藏源流考. 北京:中华书局,1963.

陈汉才. 中国古代教育诗选注. 济南:山东教育出版社,1985.

陈宏谋. 养正遗规. 北京:中国华侨出版社,2012.

陈锦. 补勤诗存//《清代诗文集汇编》编纂委员会. 清代诗文集汇

编.上海:上海古籍出版社,2010.

陈其泰,李廷勇.中国学术通史:清代卷.北京:人民出版社,2004.

陈青之.中国教育史:下.北京:东方出版社,2012.

陈祖武.清代学术源流.北京:北京师范大学出版社,2012.

陈祖武.中国学案史.上海:东方出版中心,2008.

程钧,葛玲.中国家教古训.太原:山西人民出版社,1991.

戴逸,李文海.清通鉴:10.太原:山西人民出版社,2000.

戴逸.繁露集.北京:中国社会科学出版社,1997.

澹归和尚著,段晓华点校.遍行堂集.广州:广东旅游出版社,2008.

丁原基.清代康雍乾三朝禁书原因之研究.台北:华正书局,1983.

法式善.存素堂诗初集录存.清嘉庆十二年(1807)王塘刻本.

范凤书.中国著名藏书家与藏书楼.郑州:大象出版社,2013.

范凤书.中国私家藏书史.郑州:大象出版社,2001.

方文.嵞山集.上海:上海古籍出版社,1979.

费正清,赖肖尔著,陈仲丹等译.中国:传统与变革.南京:江苏人民出版社,1992.

冯尔康,常建华.清人社会生活.沈阳:沈阳出版社,2002.

冯询.子良诗存.清刻本.

傅璇琮,施纯德编,鄂尔泰,张廷玉.翰学三书:2.词林典故.沈阳:辽宁教育出版社,2003.

傅璇琮,谢灼华.中国藏书通史:下.宁波:宁波出版社,2001.

冯班著,何焯评.钝吟杂录.北京:中华书局,1985.

高建平,丁国旗.西方文论经典:第5卷《从文艺心理研究到读者反应理论》.合肥:安徽文艺出版社,2014.

高时良.中国教育史纲(古代之部).北京:人民教育出版社,1991.

龚自珍.龚自珍全集:上.北京:中华书局,1959.

龚自珍著,郭延礼选注.龚自珍诗选.济南:齐鲁书社,1981.

龚自珍著,孙钦善选注. 龚自珍选集. 北京:人民文学出版社,2004.

顾炎武著,张京华校释. 日知录校释:上、下. 长沙:岳麓书社,2011.

顾志兴. 浙江藏书家藏书楼. 杭州:浙江人民出版社,1987.

归庄. 归庄集. 北京:中华书局,1962.

郭成康,林铁钧. 清朝文字狱. 北京:群众出版社,1990.

郭崑焘. 云卧山庄诗集. 清光绪十一年(1885)郭氏岵瞻堂刻本.

郭崑焘,郭苍焘. 郭崑焘集、郭苍焘集. 长沙:岳麓书社,2011.

郭嵩焘. 养知书屋集. 清光绪十八年(1892)刻本.

沈云龙. 近代中国史料丛刊三编:第49辑. 台北:文海出版社,1989.

杭世骏. 道古堂全集. 清乾隆四十一年(1776)刻光绪十四年(1888)汪曾唯修本.

恒仁. 丛书集成初编:月山诗集. 北京:中华书局,1985.

蘅塘退士编,章燮注疏. 唐诗三百首. 杭州:浙江人民出版社,1980.

侯外庐. 中国思想通史:第五卷《中国早期启蒙思想史 十七世纪至十九世纪四十年代》. 北京:人民出版社,1956.

胡承诺. 读书说(附年谱):一. 北京:中华书局,1985.

胡季堂. 培荫轩诗文集. 清道光二年(1822)胡鏻刻本.

胡应麟. 少室山房笔丛. 上海:上海书店出版社,2001.

华岩. 离垢集. 清道光十五年(1835)刻本.

黄爱平. 四库全书纂修研究. 北京:中国人民大学出版社,1989.

黄百家. 学箕初稿//《清代诗文集汇编》编纂委员会. 清代诗文集汇编:161. 上海:上海古籍出版社,2010.

黄本骐. 三十六湾草庐稿. 清三长物斋丛书本.

黄炳垕撰,王政尧点校. 黄宗羲年谱. 北京:中华书局,1993.

黄丕烈著,屠友祥校注.荛圃藏书题识.上海:上海远东出版社,1999.

黄镇伟.坊刻本(插图珍藏本).南京:江苏古籍出版社,2002.

黄宗羲著,陈乃乾编.黄梨洲文集.北京:中华书局,1959.

H. R. 姚斯,R. C. 霍拉勃.接受美学与接受理论.周宁,金元浦译.沈阳:辽宁人民出版社,1987.

纪昀.阅微草堂笔记.北京:中华书局,2013.

江藩著,钟哲整理.国朝汉学师承记.北京:中华书局,1983.

《教育大辞典》编纂委员会.教育大辞典:第5卷《教育心理学》.上海:上海教育出版社,1990.

金圣叹.金圣叹批唐才子诗杜诗解.北京:中华书局,2010.

金圣叹著,艾舒仁编次,冉苒校点.金圣叹文集.成都:巴蜀书社,1997.

金圣叹著,周锡山编校.贯华堂第六才子书西厢记.沈阳:万卷出版公司,2009.

金圣叹.唱经堂第四才子书杜诗解.沈阳:万卷出版公司,2009.

金圣叹著,周锡山编校.贯华堂第五才子书水浒传:上、下.沈阳:万卷出版公司,2009.

金圣叹.小题才子书.沈阳:万卷出版公司,2009.

金元浦."间性"的凸现.北京:中国大百科全书出版社,2002.

康熙.庭训格言.郑州:中州古籍出版社,2010.

雷梦辰.清代各省禁书汇考.北京:书目文献出版社,1989.

李伯元.官场现形记.上海:上海古籍出版社,1982.

李塨.李塨文集:上.石家庄:河北人民出版社,2011.

李塨著,冯辰校.恕谷后集:1-3册.北京:中华书局,1985.

李国钧.清代前期教育论著选:上、下.北京:人民教育出版社,1990.

李宏.戢思堂诗钞.清乾隆五十七年(1792)李奉瀚刻本.

李兰琴.中外友好史话.长沙:湖南人民出版社,1986.

李瑞良.中国古代图书流通史.上海:上海人民出版社,2000.

李调元.童山集.清乾隆刻函海道光五年(1825)增修本.

李玉安,黄正雨.中国藏书家通典.香港:中国国际出版社,2005.

李钟琴.中国文字狱的真相.台北:国家出版社,2011.

梁启超.中国近三百年学术史.北京:中国社会科学出版社,2008.

梁章钜撰,于亦时点校.归田琐记.北京:中华书局,1981.

梁章钜著,刘叶秋、苑育新校注.浪迹续谈.福州:福建人民出版社,1983.

《辽宁省教育志》编纂委员会.辽宁教育史志资料:第1集.沈阳:辽宁大学出版社,1990.

林伯桐撰著,陈沣补编.学海堂志.台北:广文书局,1971.

刘和文.张潮研究.合肥:安徽大学出版社,2011.

刘洪仁.古代通俗小说.成都:四川人民出版社,2009.

刘锦藻.皇朝续文献通考//《续修四库全书》编纂委员会.续修四库全书:817.上海:上海古籍出版社,1996.

鲁九皋.山木居士外集//《续修四库全书》编纂委员会.续修四库全书:1452.上海:上海古籍出版社,2002.

鲁迅.且介亭杂文.北京:人民文学出版社,1958.

陆世仪.陆桴亭思辨录辑要.北京:商务印书馆,民国二十五年(1936).

马克思,恩格斯著,中共中央马克思恩格斯列宁斯大林著作编译局编译.马克思恩格斯选集:1.北京:人民出版社,1995.

马一浮.马一浮卷//刘梦溪.中国现代学术经典.石家庄:河北教育出版社,1996.

南炳文,白新良.清史纪事本末:第三卷.上海:上海大学出版社,2006.

南炳文等.清代文化——传统的总结和中西大交流的发展.天

津:天津古籍出版社,1991.

蒲松龄著,盛伟编校.蒲松龄全集:第叁册.学林出版社,1998.

潘洪钢.细说清人社会生活.北京:中国社会科学出版社,2008.

阿兰·佩雷菲特著,王国卿等译.停滞的帝国——两个世界的撞击.北京:生活·读书·新知三联书店,1993.

彭而述.读史亭文集//《四库全书存目丛书》编纂委员会.四库全书存目丛书·集部:第201册.济南:齐鲁书社,1997.

齐格弗里德·洛卡蒂斯,英格里德·宗塔格等著,吴雪莲译.民主德国的秘密读者.北京:社会科学文献出版社,2013.

齐秀梅,杨玉良.清宫藏书.北京:紫禁城出版社,2005.

齐学裘.劫余诗选//《续修四库全书》编纂委员会.续修四库全书:1531.上海:上海古籍出版社,2002.

祁承爜等.藏书记(图文本).扬州:广陵书社,2010.

钱曾.读书敏求记.北京:书目文献出版社,1984.

钱澄之撰,彭君华校点.田间文集.合肥:黄山书社,1998.

钱大昕著,陈文和主编.嘉定钱大昕全集:潜研堂文集.南京:江苏古籍出版社,1997.

钱大昕.二十二史考异:上.京都:株式会社中文出版社,1980.

钱穆.中国近三百年学术史.北京:商务印书馆,1997.

钱谦益著,钱曾笺注,钱仲联标校.牧斋有学集:上.上海:上海古籍出版社,1996.

钱谦益.钱牧斋全集:2.上海:上海古籍出版社,2003.

钱谦益.钱牧斋全集:5.上海:上海古籍出版社,2003.

钱仪吉.碑传集.清道光刻本.

屈大均.皇明四朝成仁录十二卷//《四库禁毁书丛刊》编纂委员会.四库禁毁书丛刊·史部:50.北京:北京出版社,2000.

屈大均著,欧初、王贵忱主编.屈大均全集:四.北京:人民文学出版社,1996.

璩鑫圭.鸦片战争时期教育.上海:上海教育出版社,1990.

任继愈.中华传世文选·清朝文征:下.长春:吉林人民出版社,1998.

任松如.四库全书答问.成都:巴蜀书社,1988.

阮元.定香亭笔谈1—4册.北京:中华书局,1985.

阮元.重刻测圆海镜细草序//《续修四库全书》编纂委员会.续修四库全书:1042.上海:上海古籍出版社,1996.

萨特著,沈志明、艾珉主编.萨特文集:7·文论卷.文论卷.北京:人民文学出版社,2005.

上海商务印书馆编译所.大清新法令1901—1911:第1卷.北京:商务印书馆,2010.

上海书店出版社.清代文字狱档:增订本.上海:上海书店出版社,2011.

上海图书馆.中国丛书综录:2.上海:上海古籍出版社,1986.

释智旭.阅藏知津:第一册.上海:商务印书馆,民国二十年(1931).

《四库全书存目丛书》编纂委员会.四库全书存目丛书·史部:第121册.济南:齐鲁书社,1997.

《四库未收书辑刊》编纂委员会.四库未收书辑刊,玖辑·贰拾壹册.北京:北京出版社,2000.

宋长白.柳亭诗话.清康熙天茁园刻本.

孙殿起,姚觐编.清代禁书知见录.北京:商务印书馆,1957.

孙殿起,姚觐编.琉璃厂小志.上海:上海书店出版社,2010.

孙星衍.平津馆鉴藏记(附补遗续编).北京:中华书局,1985.

孙中旺.金圣叹研究资料汇编.扬州:广陵书社,2007.

索尔纳纂修,霍有明,郭海文校注.钦定学政全书校注.武汉:武汉大学出版社,2009.

谭修,周祖文.岳麓书院历代诗选注.长沙:湖南大学出版社，1995.

陶尔夫,韩式朋.中国历代诗词译释.哈尔滨:黑龙江人民出版社,1980.

屠倬.是程堂二集//《清代诗文集汇编》编纂委员会.清代诗文集汇编:535.上海:上海古籍出版社,2010.

万寿祺.隰西草堂诗集//《续修四库全书》编纂委员会.续修四库全书.1394.上海:上海古籍出版社,1996.

汪辉祖著,王宗志等注释.双节堂庸训.天津:天津古籍出版社,1995.

汪辉祖.佐治药言.北京:中华书局,1985.

王彬.禁书·文字狱.北京:中国工人出版社,1992.

王道成.科举史话.北京:中华书局,1988.

王夫之.王船山诗文集.北京:中华书局,1962.

王弘.砥斋集//《续修四库全书》编纂委员会.续修四库全书:1404.上海:上海古籍出版社,1996.

王介南.中外文化交流史.太原:书海出版社,2004.

王筠.教童子法.北京:中华书局,1985.

王利民.博大之宗——朱彝尊传.杭州:浙江人民出版社,2006.

王利器.元明清三代禁毁小说戏曲史料.上海:上海古籍出版社,1981.

王鸣盛.十七史商榷:上.上海:商务印书馆,民国二十六年(1937).

王念孙.赐书堂集钞序//《清代诗文集汇编》编纂委员会.清代诗文集汇编:406.上海:上海古籍出版社,2010.

王晫,张潮.檀几丛书.上海:上海古籍出版社,1992.

王士禛.带经堂集.清康熙五十年(1711)程哲七略书堂刻本.

王士禛撰,张世林点校.分甘馀话.北京:中华书局,1989.

王炜.《清实录》科举史料汇编.武汉:武汉大学出版社,2009.

王相. 友声集. 清咸丰八年(1858)信芳阁刻本.

王小虹等编译,中国第一历史档案馆编. 康熙朝满文朱批奏折全译. 北京:中国社会科学出版社,1996.

王英志选注. 袁枚诗选. 北京:人民文学出版社,2009.

王永彬著,雷明君译评. 围炉夜话. 武汉:崇文书局,2012.

王余光,徐雁. 中国读书大辞典. 南京:南京大学出版社,1993.

王余光. 藏书四记. 武汉:湖北辞书出版社,1998.

王云五主编,毛奇龄著. 西河文集. 上海:商务印书馆,民国二十六年(1937).

文革红. 清代前期通俗小说刊刻考论. 南昌:江西人民出版社,2008.

文庆,李宗昉等. 钦定国子监志:上、下. 北京:北京古籍出版社,2000.

翁连溪. 清内府刻书档案史料汇编:上. 扬州:广陵书社,2007.

翁连溪著,李文儒主编. 清代内府刻书研究:下. 北京:故宫出版社,2013.

吴道行,赵宁. 岳麓书院志. 长沙:岳麓书社,2012.

吴骞. 愚谷文存. 清嘉庆十二年(1807)刻本.

吴敬梓. 儒林外史. 南京:凤凰出版社,2011.

吴麟征. 吴忠节公遗集//《四库禁毁书丛刊》编纂委员会. 四库禁毁书丛刊·集部:81. 北京:北京出版社,2000.

吴茂信. 陈昌齐. 广州:广东人民出版社,2008.

吴乃华. 冲突与融合——近代以来的中国文化与西方文化. 北京:开明出版社,2000.

吴天任. 杨惺吾先生年谱. 台北:艺文印书馆,1974.

吴永贵. 中国出版史:上册,古代卷. 长沙:湖南大学出版社,2008.

西周生. 醒世姻缘传:中. 北京:中华书局,2005.

夏征农. 辞海(1999年缩印本). 上海:上海辞书出版社,2000.

肖东发,朱赛虹,何东红.中国官府藏书.贵阳:贵州人民出版社,2009.

肖东发.中国编辑出版史:上册.沈阳:辽海出版社,2005.

萧一山撰,杜家骥导读.清史大纲.上海:上海古籍出版社,2005.

徐孚远.钓璜堂存稿//郭秋显,赖丽娟主编,徐孚远撰,姚光整理.清代宦台文人文献选编:第一种,钓璜堂存稿,3.台北:龙文出版社股份有限公司,2012.

徐珂.清稗类钞:第12册.北京:商务印书馆,民国六年(1917).

徐少锦,陈延斌.中国家训史.西安:陕西人民出版社,2003.

徐世昌等编纂,沈芝盈、梁运华点校.清儒学案:五.北京:中华书局,2008.

徐雁,王燕均.中国历史藏书论著读本.成都:四川大学出版社,1990.

徐中约著,计秋枫,朱庆葆译.中国近代史:1600—2000 中国的奋斗.北京:世界图书出版公司,2008.

徐梓,王雪梅.蒙学歌诗.太原:山西教育出版社,1991.

许慎.说文解字.北京:中华书局,1963.

《续修四库全书》编纂委员会.续修四库全书.上海:上海古籍出版社,1995.

严佐之.近三百年古籍目录举要.上海:华东师范大学出版社,1994.

颜元著,王星贤、张芥塵、郭征点校.颜元集:上、下.北京:中华书局,1987.

杨镜如.紫阳书院志(1713—1904).苏州:苏州大学出版社,2006.

杨乾坤.中国古代文字狱.西安:陕西人民出版社,1999.

姚鼐.惜抱轩诗文集.清嘉庆十二年(1807)刻本.

叶昌炽著,王欣夫补正,徐鹏辑.藏书纪事诗(附补正).上海:上海古籍出版社,1989.

叶德辉.书林清话.扬州:广陵书社,2007.

叶良仪.余年闲话//《四库未收书辑刊》编纂委员会.四库未收书辑刊,拾辑·拾壹册.北京:北京出版社,2000.

叶树声,许有才.清代文献学简论.合肥:安徽大学出版社,2004.

伊格尔顿著,伍晓明译.二十世纪西方文学理论.西安:陕西师范大学出版社,1987.

永瑢,纪昀等.四库全书总目提要.北京:中华书局,1965.

永瑢等.历代职官表:二十册.北京:中华书局,1985.

于敏中等.钦定日下旧闻考.北京:北京古籍出版社,1985.

余嘉锡.目录学发微.北京:中国人民大学出版社,2004.

余正焕,左辅,张亨嘉.城南书院志 校经书院志略.长沙:岳麓书社,2012.

俞正燮.癸巳存稿.北京:中华书局,1985.

袁栋.书隐丛说//《四库全书存目丛书》编纂委员会.四库全书存目丛书·子部:第116册.济南:齐鲁书社,1995.

袁枚.袁枚全集.南京:江苏古籍出版社,1993.

袁枚著,王英志校点.随园诗话.南京:江苏古籍出版社,2006.

袁咏秋,曾季光.中国历代国家藏书机构及名家藏读叙传选.北京:北京大学出版社,1997.

张潮.幽梦影.南京:江苏古籍出版社,2001.

张岱年.孔子大辞典.上海:上海辞书出版社,1993.

张厚余,侯文正.傅山文选注.太原:北岳文艺出版社,2007.

张金吾撰,冯惠民整理.爱日精庐藏书志.北京:中华书局,2012.

张静庐.中国近代出版史料:二编.北京:中华书局,1957.

张静庐.中国现代出版史料:甲编.北京:中华书局,1954.

张履祥著,陈祖武点校.杨园先生全集:中.北京:中华书局,2002.

张岂之.中国思想学说史·明清卷:上.桂林:广西师范大学出版社,2007.

张舜徽.清人文集别录.武汉:华中师范大学出版社,2004.

张文虎.舒艺室诗存.清光绪刻本.

张文虎.舒艺室杂著//沈云龙.近代中国史料丛刊:968.台北:文海出版社,1974.

张秀民著,韩琦增订.中国印刷史:上.杭州:浙江古籍出版社,2006.

张耀南,陆丽云,孙宇阳.戊戌百日志.北京:北京燕山出版社,1998.

张英,张廷玉著,江小角,陈玉莲点注.聪训斋语 澄怀园语——父子宰相家训.合肥:安徽大学出版社,2013.

张应昌.清诗铎:下.北京:中华书局,1960.

张政烺.中国古代职官大辞典.郑州:河南人民出版社,1990.

章炳麟.訄书.上海:古典文学出版社,1958.

章开沅.清通鉴.长沙:岳麓书社,2000.

章学诚.校雠通义.北京:中华书局,1985.

昭梿.啸亭杂录:续录.上海:上海古籍出版社,2012.

赵尔巽等.清史稿.北京:中华书局,1977.

赵连稳,朱耀廷.中国古代的学校、书院及其刻书研究.北京:光明日报出版社,2007.

赵翼.瓯北集:下.上海:上海古籍出版社,1997.

赵云田.中国文化通史:清前期卷.北京:北京师范大学出版社,2009.

震钧.国朝书人辑略.清光绪三十四年(1908)刻本.

郑板桥.郑板桥集.上海:上海古籍出版社,1962.

郑士德.中国图书发行史(增订本).北京:中国时代经济出版社,2009.

郑伟章,李万健.中国著名藏书家传略.北京:书目文献出版社,1986.

支伟成. 清代朴学大师列传. 长沙：岳麓书社，1998.

中国第一历史档案馆. 清实录. 北京：中华书局，1985.

中国第一历史档案馆. 清代档案史料·纂修四库全书档案：上、下. 上海：上海古籍出版社，1997.

中国第一历史档案馆. 中国第一历史档案馆馆藏档案概述. 北京：中国档案出版社，1985.

中国科学院图书馆. 续修四库全书总目提要：经部. 北京：中华书局，1993.

中国社会科学院外国文学研究所《外国文学研究资料丛刊》辑委员会. 外国理论家、作家论形象思维. 北京：中国社会科学出版社，1979.

中国艺术研究院外国文艺研究所《世界艺术与美学》编辑委员会. 世界艺术与美学. 北京：文化艺术出版社，1988.

周洪宇. 教育经典导读：中国卷. 武汉：华中科技大学出版社，2013.

朱柏庐著，陆林，吴家驹选注评析. 朱柏庐诗文选. 南京：江苏古籍出版社，2002.

朱汉民，邓洪波. 岳麓书院史. 长沙：湖南教育出版社，2013.

朱景英. 畲经堂诗文集. 清乾隆刻本.

朱葵菊. 中国思想通史：清代卷. 武汉：武汉大学出版社，2011.

朱赛虹，曹凤祥，刘兰肖. 中国出版通史：清代卷，上. 北京：中国书籍出版社，2008.

朱熹撰，朱杰人，严佐之，刘永翔主编. 朱子全书：第27册. 上海：上海古籍出版社，合肥：安徽教育出版社，2002.

索 引

【人名】

A

- 阿克敦　114
- 爱新觉罗·玄烨　161
- 奥古斯都　200
- 奥维德　200

B

- 白晋　17,19
- 鲍廷博　28,46,227
- 毕沅　28,87
- 勃朗伽　20

C

- 蔡启傅　223
- 蔡显　185,186,188
- 曹溶　83,94,95
- 曹学佺　86
- 陈安兆　183,184,197
- 陈宏谋　142,146,156
- 陈锦　113,220
- 陈启源　225
- 陈寿祺　159,289
- 陈廷敬　27
- 陈祖武　20
- 程瑶田　224

D

- 戴敦元　220

- 戴进贤 52,55
- 戴克里先 200
- 戴昆 181,182,186,187
- 戴名世 10,177
- 戴移孝 181—183,186,187
- 戴震 33,111,233
- 邓玉函 18,20
- 狄德罗 17
- 丁原基 197
- 窦克勤 32,99
- 杜知耕 32
- 段玉裁 233
- 多尔衮 1

F

- 法式善 173,174,216
- 冯班 164,165
- 冯询 213
- 冯云鹏 219
- 伏尔泰 17,18,200
- 傅山 50,107,165

G

- 耿介 32
- 龚自珍 5,6,126,176,179
- 归庄 4,108

- 郭崑焘 175,222
- 郭纳爵 16

H

- 杭世骏 221
- 何焯 230
- 何国宗 52
- 何元安 27
- 荷马 200
- 恒仁 171
- 蘅塘退士 143
- 弘历 171,202
- 侯方域 109
- 胡承诺 89,91,268—276
- 胡积堂 112
- 胡季堂 169,170
- 胡中藻 185,187
- 华岩 218
- 皇太极 1
- 黄爱平 197
- 黄百家 84
- 黄本骥 220
- 黄丕烈 28,214

J

- 纪昀 38,64,202

- 加鲁斯 200
- 江藩 232
- 蒋友仁 55
- 金堡 212
- 金圣叹 211,237,239—255,287

K

- 卡利古拉 200
- 孔兴浙 155

L

- 赖肖尔 7
- 雷梦辰 202
- 雷孝思 17,19
- 李伯元 141
- 李调元 111,219
- 李塨 149,150,256,258,263—265
- 李宏 219
- 李如一 90,214
- 李时珍 54
- 李维 200
- 李文熠 151—153
- 李文藻 69
- 李兆洛 147,228
- 李之铉 32
- 李之藻 52
- 李灼然 32
- 李自成 1
- 利玛窦 18,19,52,54
- 梁章钜 235
- 刘坤一 121
- 鲁国玺 58
- 鲁九皋 212
- 陆世仪 108,136,287,288
- 陆耀 155

M

- 马卡比 200
- 马若瑟 17,18
- 马一浮 91
- 毛晋 70,225
- 毛奇龄 217
- 梅毂成 52,53
- 明安图 52
- 缪艮 122

N

- 南承烈 223
- 南怀仁 19,20,52,55
- 努尔哈赤 1

O

- 欧阳厚　98

P

- 彭而述　4
- 蒲松龄　51,63,110,123,124,126
- 普罗泰戈拉　200

Q

- 齐学裘　209
- 钱澄之　4,295
- 钱大昕　153,228,232
- 钱功父　83
- 钱谦益　51,83,84,90,94,95,112,113,196,201,208,213
- 钱熙祚　28,46,47
- 钱仪吉　32
- 钱曾　213
- 屈大均　51,57,203
- 全祖望　84,88,231

R

- 冉觐祖　32
- 阮元　14,45,46,51,97,227

S

- 萨特　241
- 桑调元　151
- 宋长白　224,225
- 苏源生　32
- 孙从添　88,91,94,96
- 孙殿起　198
- 孙奇逢　31,99
- 孙星衍　28,46,51

T

- 汤若望　19,20,52
- 屠倬　174

W

- 万寿祺　4
- 汪辉祖　281—283
- 汪缙　211
- 汪琬　27

- 汪文柏 95
- 王夫之 51,109,113,114
- 王弘 4,109
- 王筠 137,138,235,284—286,290
- 王懋竑 223
- 念孙 33,34,234
- 王清任 54
- 王士禛 27,51,69,167,168,225,226
- 王相 216
- 王永彬 209
- 威尔赖特 239
- 维吉尔 200
- 卫方济 17
- 吴敬梓 51,110,111,126
- 吴麟征 3
- 吴谦 54
- 吴伟业 107,108

X

- 西周生 51
- 萧一山 8
- 谢道承 170,171
- 熊三拔 18,20
- 徐孚远 3
- 徐光启 20,52

- 徐懋德 52,55
- 徐元文 217
- 徐中约 7,127

Y

- 颜元 125,158,159,256—267
- 杨桂森 143,157
- 杨五川 83
- 杨雍建 10,191
- 叶良仪 209
- 殷铎泽 16
- 尹嘉铨 205,206
- 胤禛 161
- 俞正燮 10,191
- 袁栋 210
- 袁继咸 188,189
- 袁枚 51,96,97,111,226,227

Z

- 查慎行 217
- 张潮 276—280
- 张履祥 4
- 张文虎 46,221
- 张之洞 28,121

- 章学诚 35,49,86—88,153
- 昭梿 25
- 赵灿英 57
- 赵汝师 83
- 赵翼 209
- 郑板桥 51,288
- 郑方坤 84
- 郑燮 28,110
- 周榘 111
- 周永年 86,232,233
- 朱景英 172
- 朱筠 37,87
- 朱彝尊 85,86,94
- 朱用纯 166,167
- 庄廷鑨 10,177

【文献名】

B

- 《板桥全集》 110
- 《板桥诗钞》 110
- 《抱经堂丛书》 28
- 《本草纲目拾遗》 54
- 《笔啸轩书画录》 112
- 《必读古文》 287
- 《碧落后人诗集》 181,182,186
- 《遍行堂集》 212

C

- 《才子必读书》 287
- 《藏书纪事诗》 94
- 《测圆海镜》 45
- 《查办违碍书籍条款》 195,196,201
- 《长江万里图》 111
- 《嘲私塾诗》 144
- 《初学集》 51,84
- 《船山遗书》 109
- 《春明梦余录》 106
- 《词林典故》 114
- 《辞海》 92
- 《赐书堂集钞》 234
- 《聪训斋语》 168

D

- 《大藏经》 65,103,104
- 《大清会典》 14,24,65—67,132
- 《大清律例》 65,177
- 《大学疑思辨断》 183,197
- 《大学臆说》 32

- 《戴氏遗书》 111
- 《弟子规》 29,143
- 《东涧诗钞小传》 84
- 《窦静庵先生遗书》 32
- 《读杜心解》 27
- 《读书敏求记》 34,35
- 《读书说》 89,91,268
- 《读书四十偈私记》 211
- 《读书四首》 173
- 《读四书大全说》 109
- 《读易老私》 211
- 《钝吟杂录》 164

F

- 《分甘馀话》 167,168,226
- 《分类字锦》 14

G

- 《古夫于亭稿》 27
- 《古欢社约》 96
- 《古今图书集成》 14,24,25,64,76—78
- 《古文渊鉴》 51,56,63,64,132,134
- 《官场现形记》 141
- 《贯华堂第五才子书水浒传》 253
- 《广东新语》 203
- 《归庄集》 4
- 《癸巳存稿》 10,191
- 《国朝中州文征》 32

H

- 《红楼梦》 21,51,58
- 《花影词》 277
- 《皇舆全图》 19
- 《浑盖通宪图说》 52

J

- 《戢思堂诗钞》 219
- 《几何原本》 52,55
- 《坚磨生诗钞》 185,187
- 《绛云楼书目》 34,83,84
- 《绛云楼书目题辞》 83,95
- 《绛云楼题跋》 84
- 《教童子法》 137,284,286,290
- 《节韵幼仪》 136
- 《借书园书目》 86
- 《经训堂丛书》 28
- 《镜烟堂十种》 32
- 《九州山水考》 106

- 《举业筌蹄》 147

K

- 《坤舆图说》 19,55

L

- 《梨洲先生神道碑文》 84
- 《理学要旨》 32
- 《历法西传》 19,52
- 《历象考成》 52,53
- 《聊斋志异》 51,58,59,110,123,126
- 《列朝诗集》 84
- 《琉璃厂书肆记》 69
- 《琉璃厂小志》 70
- 《柳亭诗话》 224
- 《六柳堂集》 188,189
- 《陆桴亭思辨录辑要·小学》 136

M

- 《慢亭诗钞》 111
- 《梅村集》 108
- 《梅村家藏稿》 51,108
- 《明儒学案》 85,92,229

- 《明史稿》 84
- 《牧斋诗集》 84

N

- 《农政全书》 20,289

P

- 《佩文韵府》 14,64
- 《平定三逆方略》 14,23,49
- 《平津馆丛书》 28

Q

- 《七录斋集》 107
- 《乾坤体义》 19,52
- 《钦定日下旧闻考》 114
- 《清稗类钞》 144
- 《清代内府刻书目录解题》 26
- 《清宫藏书》 65
- 《清凉散》 111
- 《清凉山志》 111
- 《清圣祖实录》 64
- 《清实录》 23
- 《清史稿》 31,71,127,231—235

- 《阙里小志》 111

R

- 《儒林外史》 21,51,58,110,121,126

S

- 《三国演义》 29,58
- 《上善堂藏书纪要》 92
- 《师友札记》 32
- 《十七史商榷》 36,232
- 《十一经音训》 32
- 《士礼居丛书》 28
- 《世界地图册》 54
- 《世祖章皇帝实录》 10,191
- 《守山阁丛书》 28,46
- 《书隐丛说》 210
- 《舒艺室杂著》 46
- 《恕谷学教（从颜习斋先生教条而斟酌之）》 149
- 《双节堂庸训》 281
- 《水浒传》 11,58,193,237,242,244—245,247—254,280
- 《水西书屋藏书目录》 86
- 《四朝人物略》 106
- 《四库全书总目》 25,34,57,76
- 《颂斋书画录》 212
- 《随园诗话》 51,111
- 《随园随笔》 97,111

T

- 《泰西水法》 20
- 《汤子遗书》 27
- 《唐诗三百首》 29,139,143
- 《唐诗三百首补注》 29
- 《题族叔植园公遗集》 213
- 《天朝的崩溃》 6
- 《天府广记》 106
- 《天下才子必读书》 237
- 《庭训格言》 24,161
- 《童山诗集》 112

W

- 《汪子文录》 211
- 《围炉夜话》 209
- 《文木山房集》 110
- 《瀚云山房乙卯藏书目记》 87
- 《吴忠节公遗集》 3
- 《五人墓碑记》 107

- 《五种遗规》 142
- 《午亭文编》 27
- 《武英殿聚珍版丛书》 40,41,62,80

X

- 《西文四书解》 17
- 《西厢记》 193,237,240—243,254—255
- 《闲渔闲闲录》 185—186,188
- 《现代汉语大辞典》 208
- 《啸亭杂录》 25
- 《心斋诗钞》 277
- 《醒世姻缘传》 51,60,138
- 《续钞堂藏书目·序》 84
- 《宣宗成皇帝实录》 65

Y

- 《鄢陵文献志》 32
- 《研山斋集》 106
- 《养正遗规》 142
- 《也是园书目序》 213
- 《医林改错》 54
- 《医宗金鉴》 54
- 《隐山鄙事》 32

- 《永乐大典》 14,37,80,115,231,233
- 《幽梦影》 277
- 《有学集》 51,84
- 《余年闲话》 209
- 《渔洋精华录》 27
- 《愚谷文存》 224,228
- 《雨村诗话》 111
- 《御选古文渊鉴》 63,132
- 《御制百家姓》 143
- 《御制耕织图诗》 63
- 《御制四书大全》 99
- 《御纂朱子全书》 99,129,132,134
- 《渊鉴类函》 14,64,168
- 《远镜说》 20
- 《远西奇器图说》 20
- 《阅藏知津》 104

Z

- 《增广贤文》 143
- 《张子正蒙注》 109
- 《郑板桥集》 51
- 《知不足斋丛书》 28,45,46,227
- 《中国:传统与变革》 7
- 《中国丛书综录》 160

- 《中国的智慧》 16
- 《中国读书大辞典》 106
- 《中国思想通史》 5
- 《中国哲学家孔子》 16,17
- 《中国政治伦理学》 16
- 《中文大辞典》 208
- 《中庸理事断》 183,197
- 《中州道学编》 32
- 《重刻测圆海镜细草序》 45
- 《周书昌别传》 86
- 《周易折中》 14,47,56
- 《朱子全书》 14,25,47,66,132,135
- 《子不语》 111
- 《佐治药言》 281—283

【专有名词】

A

- 爱新觉罗氏 1,71

B

- 白鹭洲书院 146,155,157
- 百泉书院 31

C

- 才子佳人小说 60,61
- 藏书七阁 41
- 崇儒重道 12,13,15,26,33,47,73,77,131,170

D

- 大梁书院 31,32,151
- 地理学 52,54,55,109,230

F

- 方略馆 22,23,49,74

G

- 广雅书院 31

H

- 海东书院 156

J

- 集类图书 51

- 绛云楼 34,82—84,94,95,214,229
- 经类图书 47
- 经纬图法 19

K

- 康熙 1,9—11,13,14,16—19,23—25,27,30,32,47,49,51—53,55—57,60,61,63—65,72,80,86,95,96,98,99,103,104,107,109,110,115,116,125,127,129,132,134,143,146,148,149,151,156,158,161—164,169,170,176,177,191,192,223,263,268
- 考市 68—70

L

- 拉丁文 17
- 林氏四写 27

M

- 明道书院 31

N

- 南阳书院 31
- 拟话本小说 60
- 女真族 1

P

- 曝书亭 85

Q

- 七录斋 107
- 起居注馆 22,23

R

- 人情小说 60

S

- 三角测量 19,20
- 色情小说 60,61
- 神怪小说 60,61
- 时事小说 60,61
- 史类图书 49
- 士绅阶层 7

- 书船　68，70
- 书铺　66，67，69
- 书摊　68，69
- 书业中心　68
- 数学　19，24，25，32，45，46，52，53，55，109
- 嵩阳书院　31，32，99

T

- 天文学　32，52，55
- 通俗文学类图书　21，37，58

W

- 文汇阁　41，44，75，76，78
- 文津阁　41，75—77
- 文澜阁　41，44—47，75，76，78
- 文清书院　31，32
- 文溯阁　41，75，76
- 文渊阁　41—43，74—76，79
- 文源阁　41，74，76，77
- 文字狱　2，5，9—11，42，176—191，199，205—207，213
- 文宗阁　41，44，75—78
- 武英殿修书处　23，53，67，79

X

- 小农经济　7，118
- 辛亥革命　1
- 兴学取士　9，12，15，33，56
- 续钞堂　84，229

Y

- 鸦片战争　1，5，6，18，126
- 医学　52，54，234
- 犹太图书馆　200
- 豫南书院　31
- 圆明园　40，74—77
- 阅读政策　42

Z

- 漳南书院　258，159
- 朱阳书院　31，32
- 子类图书　50
- 紫云书院　31，32
- 自然科学类图书　21，37，52
- 尊经书院　31

说明

本套书部分照片从有关书籍中选取,特向拍摄者致谢。由于客观条件限制,很难一一寻找书中照片的作者,请有关作者与出版社联系,并提供足够的证明材料,以便及时支付稿酬。